Eugen Drewermann / Michael Albus
Wege aus dem Niemandsland

Eugen Drewermann / Michael Albus

# Wege aus dem Niemandsland

oder: Wo unsere Seele ein Zuhause findet

Patmos Verlag

**VERLAGSGRUPPE PATMOS**

PATMOS
ESCHBACH
GRÜNEWALD
THORBECKE
SCHWABEN

Die Verlagsgruppe
mit Sinn für das Leben

Für die Schwabenverlag AG ist Nachhaltigkeit ein wichtiger Maßstab ihres Handelns. Wir achten daher auf den Einsatz umweltschonender Ressourcen und Materialien. Dieses Buch wurde auf FSC®-zertifiziertem Papier gedruckt. FSC (Forest Stewardship Council®) ist eine nicht staatliche, gemeinnützige Organisation, die sich für eine ökologische und sozial verantwortliche Nutzung der Wälder unserer Erde einsetzt.

Bibliografische Information der Deutschen Nationalbibliothek Die Deutsche Nationalbibliothek verzeichnet diese Publikation in der Deutschen Nationalbibliografie; detaillierte bibliografische Daten sind im Internet über http://dnb.d-nb.de abrufbar.

1. Auflage 2014
Alle Rechte vorbehalten
© 2014 Patmos Verlag der Schwabenverlag AG, Ostfildern
www.patmos.de

Umschlaggestaltung: Finken & Bumiller, Stuttgart
Umschlagabbildung: photocase.de/Andrea Schiffner
Druck: GGP Media GmbH, Pößneck
Hergestellt in Deutschland
ISBN 978-3-8436-0482-6 (Print)
ISBN 978-3-8436-0483-3 (E-Book)

# Inhalt

# Vorwort

Eugen Drewermann und ich haben auf ganz unterschiedlichen Ebenen immer wieder die Erfahrung gemacht, und machen sie immer noch, dass viele Menschen, die auf der Suche nach einer sinnvollen Gestalt ihres Lebens unterwegs sind, wieder und wieder zwischen Fronten geraten, die sie ohnmächtig und müde, ja erschöpft werden lassen. Als Einzelne stehen sie allzu oft vor der Situation, dass sie erst einmal den Ansprüchen und Forderungen politischer, gesellschaftlicher und kirchlicher Institutionen genügen müssen, bevor sie »eingelassen« werden, eine Heimat, ein Zuhause finden können. Viele dieser Ansprüche und Forderungen können sie nicht in Übereinstimmung mit ihren eigenen Erfahrungen, mit ihrer eigenen Sehnsucht nach einem für sie tragbaren und vor allem lebbaren Zuhause bringen. Dann erfahren sie sich nicht selten als heimat- und obdachlos. Das zwingt sie schließlich entweder zu resignieren oder zu rebellieren. Sie befinden sich andauernd in einem Niemandsland – und wissen nicht mehr, wie sie herauskommen können.

Diese oft verzweifelt Suchenden, diese Heimatlosen im Niemandsland, in den Niemandsländern ihres Lebens hatten wir im Blick als wir uns zu einem langen und intensiven Gespräch zusammensetzten, um nach Gründen, vor allem aber nach Auswegen zu suchen, die ihnen eine Hilfe sein können oder sein könnten. Wir brachten dabei unsere eigenen Erfahrungen auf sehr unterschiedlichen Wegen und Ebenen zur Sprache. Unsere eigenen und die mit anderen Menschen, die uns begegneten und begegnen. So ist dieses Buch entstanden. Es ist die mehrfach überarbeitete Abschrift eines frei gehaltenen Gesprächs – mit dem Vorteil von Spontaneität und Lebendigkeit, mit Widerspruch und Zustimmung, aber auch mit dem Nachteil einer gewissen Sprunghaftigkeit und »Leichtigkeit«, nicht Leichtfertigkeit, in den Formulierungen. Diesen doppelgesichtigen Charakter wollten wir unbedingt erhalten, weil wir meinen, dass im Gespräch sich mehr Lebendigkeit entfalten kann als in einem Monolog. Das Gespräch zwischen Zweien hält Fragen und Antworten im Fluss, lässt Verfestigungen weniger zu, als das Gespräch oder die Auseinandersetzung mit sich selbst, es zwingt fortlaufend zur Korrektur und zu neuen Anläufen, trägt auch den Charakter des Fragmentarischen, des Bruchstückhaften, bleibt am Ende, bei aller Bemühung zur Schlüssigkeit, offen, ermöglicht weitere Gespräche und eigenes Nach-Denken. Das waren Absicht und Ziel unseres Unternehmens. Ob wir die Absicht verwirklichen und das Ziel erreichen konnten, müssen die Leserinnen und Leser selbst entscheiden. Es ist ein Angebot, mit dem Frau und Mann nicht anders als subjektiv umgehen können und sollen. Uns ging es um einen Gang ins Offene, auf dem wir andere Menschen mitnehmen wollten. Wir hoffen und wünschen, dass uns dies halbwegs gelungen ist. Wir lassen unserem Gespräch nun freien Lauf. »Freier Lauf« heißt auch: innehalten und schauen, wohin man gehen könnte – dann weiterlaufen und weiterlaufen lassen.

Eugen Drewermann ist ein Gesprächspartner, der zur Aufmerksamkeit zwingt und immer wieder aufhorchen lässt. Seine durch Erfahrung gesättigten Einsichten und Fragen rufen – immer wieder und immer noch – Widerspruch hervor. Aber auch Zustimmung – und die Feststellung, dass da einer redet, der selber auf der Suche, der nicht »fertig« ist. Solche Menschen können – keine leichten – Wege weisen aus dem Niemandsland. Ich danke ihm von Herzen, dass er sich auf das Gespräch eingelassen hat.

Danken möchte ich persönlich auch den Freunden Elfriede und Rupert Quaderer sowie Verena Baader, die mir eine Hilfe waren im konzentrierten Arbeitsprozess vom gesprochenen Wort zum geschriebenen Text.

MICHAEL ALBUS

**Niemandsland**

Der Begriff *Niemandsland* (lateinisch *terra nullius*) bezeichnet ein Gebiet, das niemandem gehört, also herrenlos ist, staatsrechtlich herrenlos ist, oder von niemandem besiedelt und gepflegt oder bewirtschaftet wird, oder zwischen den Fronten eines Krieges liegt.

Im übertragenen Sinn wird damit auch ein besonders unwirtliches Gebiet bezeichnet.

Terra nullius war ein bereits im römischen Recht geläufiger Begriff.

Umgangssprachlich wird das Niemandsland auch das Gebiet zwischen den Kontrollstellen bei Grenzübergängen, bzw. auch der von den jeweiligen Staaten kontrollierte Grenzgebietsstreifen bezeichnet, der üblicherweise nicht unkontrolliert betreten werden darf.

*Aus Wikipedia, der freien Enzyklopädie*

# Das Niemandsland

## Gefährliches Land zwischen den Fronten

Michael Albus: Niemandsland, das Land, das niemandem gehört. In die Umgangssprache ist das Wort im Ersten Weltkrieg (1914–1918) gekommen. Es gibt viele Geschichten und Berichte darüber, was sich im Niemandsland oder in den Niemandsländern während der großen Kriege abgespielt hat. Es war ein lebensgefährliches Land. Wenn man sich hinein begab, drohte der sichere Tod. Was ist Niemandsland – angewendet auch auf unser Leben?

Eugen Drewermann: Der Hintergrund ist eine Welt voller Gewalt, in der Recht durch die herrschende Macht diktiert wird. Es gibt kein Gebiet der Erde, das von Natur aus jemandem gehört hätte. Irgendwann ist es besetzt worden. Die Regel war, dass derjenige, der zuerst kam, auch das Besitzrecht beanspruchte. Dann aber, gezwungen durch Not, durch Vertreibung, durch Klimakatastrophen, durch Völkerbewegungen, wurde ein bestimmtes Gebiet zum Desiderat eines anderen, der nicht aus Willkür, sondern aus Überlebensnot Anspruch darauf erhob. Also gab es quer durch die ganze menschliche Geschichte aggressive Auseinandersetzungen um Besitzansprüche. Kein Gesetz im Umgang von Lebewesen miteinander ist so alt ist wie das Revierprinzip. Irgendwo muss jemand sich zu Hause fühlen können, irgendwo muss er ein Recht haben, Nachkommen zu zeugen. Irgendwo muss er ein Areal haben, in dem er erwarten darf, seine Ernährungsgrundlage zu finden. Wenn ihm das streitig gemacht wird, wenn er daraus vertrieben wird, verliert er nicht etwas, sondern alles.

Michael Albus: Das gilt nicht nur für den Menschen. Aus der Verhaltensforschung wissen wir, dass es bei Tieren auch so ist.

EUGEN DREWERMANN: Jeder, der ein Aquarium hat, wird sehen, dass die kleinsten Guppys sich nach dieser Regel verhalten. Und dass ein kleinerer Fisch sogar einen größeren Artgenossen im kleinen Gebiet zwischen den Wasserpflanzen vertreiben wird, denn das ist seine Heimat. Normalerweise wird das auch akzeptiert. Aber wenn von außen Not herandrängt, wird ein Gebiet strittig. Dann soll die Macht entscheiden, was vom Recht her nicht festgelegt ist. Quer durch die Evolution der Biologie zieht sich dieses »Prinzip« und bestimmt auch weite Teile der Kulturgeschichte. Ein Beispiel: Die Grenzen Polens – heute sind sie rechtens. Wer sie streitig machen wollte, würde sich am Völkerrecht versündigen. Aber sie sind, wie jeder weiß, zustande gekommen durch reine Machtwillkür.

Wenn wir genauer hinschauen und direkt in die militärische Wahrnehmung gehen, ist Niemandsland das Gebiet, das noch keiner dem anderen entreißen konnte, wo eine Pattsituation in der aggressiven Auseinandersetzung eingetreten ist und eine Zone entsteht, die noch nicht definitiv zu besetzen war. Also liegt sie unter Beschuss. Es ist lebensgefährlich, sich da hineinzuwagen. Schlimmer noch: Jeder, der darin verletzt wird, wird unversorgt liegen gelassen. Frontsoldaten schildern immer wieder, wie ihre Kameraden geschrien und geschrien haben, bis sie tot waren. Nicht einmal die Sanitäter haben sich da hineingetraut. So war Niemandsland. Die Parole war entscheidend: Wer gehört zu uns? Wer ist da? Dann musste man die richtige Formel wissen. Sie nicht zu kennen, wurde mit dem Tod bestraft. – Ich wüsste kein besseres Bild für das Niemandsland als die Darstellung von Franz Radziwill: Ein Stahlhelm, durchlöchert, auf einem Pfahl, – ein Mahnsymbol dafür, dass es solche Niemandsländer nicht geben dürfte. Schon weil zwei Gruppen das gleiche Terrain beanspruchen, sollte man imstande sein, zu reden darüber, wie man es gemeinsam teilt, denn nur das wäre Leben.

MICHAEL ALBUS: Also muss man festhalten, dass der Begriff des Niemandslands etwas mit Machtanspruch zu tun hat.

EUGEN DREWERMANN: Und mit der Unfähigkeit, Gewalt zu vermeiden durch einen gepflegten Dialog über die Ansprüche, die jeder als rechtens von seiner Perspektive aus betrachtet. Die Gewalt ist die Ersatzsprache für eine Verständigung, die nicht mehr zustande kommt. Im 16. Jahrhundert hat Erasmus von Rotterdam richtig bemerkt, wie absurd die ganze Kriegsführung ist. Man führt sie um Rechtsansprüche. Kein Krieg, der nicht geführt würde im Namen Gottes, im Namen der Gerechtigkeit, im Namen der Moral, im Namen der Bestrafung für völkerrechtliche Verbrechen, doch wesentlich wird Krieg geführt, weil man nicht einig wird über die Frage, was nun rechtens sei; und dann soll der tüchtigere Mörder auf dem Schlachtfeld als Sieger festsetzen dürfen, dass ihm immer schon das Recht gehörte. Die Rechtlosigkeit diktiert, wenn sie nur stark genug gewesen ist, sich durchzusetzen, die Gültigkeit des Rechts. Wenn es dabei bleibt, gibt es kein Recht, sondern allein ein Gleichgewicht der Kräfte, ein »Gleichgewicht des Schreckens« – so nannte man den »Frieden« in der Zeit des Kalten Krieges.

## Ohne Aggression kann man nicht leben

MICHAEL ALBUS: Jetzt taucht schon die Frage nach der Aggression auf. Ich kann dem anderen nicht das lassen, was er beansprucht, worauf er ein Anrecht hat. Ich muss zugreifen. Da ist etwas in uns, in mir, das plötzlich ausbricht.

EUGEN DREWERMANN: Psychologisch oder verhaltensethologisch ist Aggression im Grunde eine gute, eine notwendige Sache. Sie sorgt dafür, dass Ansprüche geltend gemacht werden. Das Entscheidende ist, dass wir die Bedürfnisse, die wir haben, zu artikulieren lernen, so dass der andere uns verstehen kann.

MICHAEL ALBUS: Sie sagen: Aggression ist im Grunde etwas Positives. Warum mutiert sie dann in fast den meisten Fällen zu etwas Negativem?

EUGEN DREWERMANN: Das Hauptproblem ist die mangelnde Verständigung. Statt einmal vorauszusetzen, es sei möglich, durch Pflege von Sprache, von Dialog sich dem anderen begreifbar zu machen, fürchtet man, dass der andere so verschieden von einem selber ist, dass er überhaupt nicht begreifen wird, was man selber möchte. Dann stauen sich die Wünsche auf, dann ist das Misstrauen, abgelehnt zu werden, fast schon eine Gewissheit. Dann mobilisiert man Energien, um die vermutete Abwehr des anderen zu durchbrechen. Der wieder bekommt Angst vor der Gewalt, die er langsam wachsen spürt, und sinnt auf Ähnliches. Er hat gar kein Interesse mehr, den anderen zu verstehen, er will sich vor ihm schützen; also zieht er einen Schützengraben oder setzt Palisaden, um den Angriff abzuwehren. Und dann muss er den Feind besiegen, damit er die Gefahr für alle Zeiten loswird. So kann jeder Konflikt eskalieren. Das Rezept zur Deeskalation müsste darin liegen, dass wir die besten Fähigkeiten intensivieren, über die wir Menschen verfügen: miteinander zu reden. Das Problem der Evolution ist: Wir haben beliebig viele Jahrhunderttausende vor dem Spracherwerb die Keule erfunden und noch früher den Faustkeil. Damit können wir immer noch besser umgehen als mit den Schwierigkeiten, die die menschliche Sprache uns bereitet.

MICHAEL ALBUS: Sigmund Freud gibt im Briefwechsel mit Albert Einstein auf die Frage von Einstein, wie man denn der Aggression begegnen könne, die Antwort, der Eros sei eine Möglichkeit, der Aggression zu begegnen. Aber nun ist der Eros doch auch eine Kraft, die voller Probleme und Aggressionen ist.

EUGEN DREWERMANN: Freud dachte triebtheoretisch und in diesem Punkt fast mythologisch. Der Briefwechsel mit Einstein ist ja recht spät zustande gekommen, bereits unter dem Eindruck des Aufmarschs des Faschismus in Deutschland. Was Freud meinte, ist nicht übel. Aggression ist unter anderem ein Ausdruck von Verlangen. Man geht auf einen anderen zu. Das ist die lateinische Urbedeutung von »aggredi«. Da kommt etwas in Bewegung. Man hat positiv oder negativ an einem anderen ein Interesse. Und sonderbarerweise ist sogar das negative Interesse am anderen, vermischt mit Neugier, oft genug eine Einladung, es gemeinsam zu versuchen. Mancher Mann wird sich erinnern, wie er als Junge mit zwölf Jahren das Mädchen, das er eigentlich lieb hatte, erst einmal mit einem Schneeball beworfen hat als Anfang einer Kontaktaufnahme. Das war aggressiv, aber das Mädchen sollte ihn daraufhin freundlich anlächeln, und wenn es das tat, konnte man noch besser als mit Schneebällen Kontakt aufnehmen. – Oder verweisen wir auf ein geschichtliches Beispiel: Zwischen Abendland und Orient haben die Kreuzzüge einen ungeheuren Kulturaustausch eröffnet, weil man anfing – wenn auch aggressiv zunächst – sich langsam kennenzulernen und dann auch besser zu verstehen.

Was Freud in seiner Theorie von dem Triebgegensatz von Eros und Thanatos, von Liebe und Tod, vorschwebte, ist die Möglichkeit, durch gefühlsmäßige Verbindung etwas Neues gemeinsam in die Welt zu bringen. Das Problem der Aggression, der Destruktion, sah er in die Balance gebracht durch die Kraft der Sexualität. Uralte Triebmächte, die von der Abgrenzung der Aggression hinführen zur gemeinsamen Fähigkeit, Leben zu zeugen und damit das gesamte Geschehen in der Welt zu bereichern, bedingen einander. Ich glaube, dass es recht spekulativ gedacht ist, von der Aggression zur Erotik zu kommen, doch die Triebvermischung von Aggression und Sexualität, die Freud beschrieb, hat eine lange psychologische Entwicklung.

Ein einfacherer Ansatz für das Zusammenspiel von Distanz (Aggression) und Nähe (Eros) wird in der gewaltfreien Kommunikation von Marshall Rosenberg, in der Schule der GFK, geübt. Man macht Trainingskurse, Gruppenstunden, in denen nichts anderes versucht wird, als jede aggressive Äußerung zurückzuführen auf ein originäres Bedürfnis. Wie äußert man ein Bedürfnis so, dass es den anderen nicht beleidigt, sondern sich mitteilt? Und wie hört man dem anderen so zu, dass er eine Chance bekommt, verstanden zu werden? Man übersetzt also die Aggression, die man wahrnimmt, in die Frage: Was für ein Bedürfnis steht dahinter? Wenn das sprachfähig gemacht wird, verliert die Aggression ihre Gefährlichkeit, geht man nicht mehr konfrontativ aufeinander zu, sondern besetzt man das Niemandsland von zwei Seiten friedlich und stellt fest: Man kann gemeinsam mitten zwischen die Fronten, die als solche gar nicht mehr existieren, ein gemeinsames Haus errichten, eine Wohnstätte für beide.

Wie schwierig das freilich im Konkreten ist, lässt sich vielleicht am besten zeigen an einem Beispiel aus der Zeit der Völkerwanderung, als die Westgoten jahrzehntelang auf der Suche waren nach nichts anderem als nach einem Land, in dem sie sich hätten niederlassen können. Ihr König Alarich wollte keinen Krieg mit Rom. Er wollte lediglich für Zehntausende von Menschen einen Raum haben, auf dem sie ihre Äcker bestellen und leben könnten, unter Kontrolle der Römer, mit den Abgaben, die nötig waren, um sie zufriedenzustellen, und dann einfach geduldet werden. Hinter ihnen war kein Leben mehr. Hinter ihnen kamen die Hunnen. Hinter ihnen lagen Naturkatastrophen. Es gab Leben eigentlich nur in der Richtung, wo es gesucht wurde: im Gebiet des römischen Imperiums. Dass die Römer dies verweigert haben, hat am Ende dazu geführt, dass man Rom im Jahre 410 plünderte. Aber wieder nicht, um es zu plündern, geschah das, sondern nur um zu sagen: »Jetzt lasst uns doch hier leben! Wir wollen euch nichts tun.« Das ganze scheiterte an den Machtkabalen in Ravenna. Man wollte Macht haben aus rein persönlichem Egoismus. Man sah nicht Menschen, man sah im Grunde nur sich selber. Das führte schließlich dazu, dass die Westgoten weiterzogen, dass sie bis nach Spanien marschieren mussten. Dort bauten sie für zweihundert Jahre ein eigenes, wunderbares Reich auf, das dann von den Arabern zerstört wurde. Wie viel ist nötig, dass man Menschen leben lässt? Das ist im Grunde die Frage des Niemandslandes.

MICHAEL ALBUS: Und sie vermischt sich mit der Frage der zwischenmenschlichen Beziehungen. Ganz im Grunde steht auch die Frage: Kann der Mensch leben ohne Aggression? Geht das überhaupt?

EUGEN DREWERMANN: Nein, ich glaube, man kann nicht leben ohne Aggression. Man muss lernen, darf lernen, sollte lernen, die Dinge, die sich lohnen, offensiv zu vertreten und mit der gebührenden Deutlichkeit dem anderen mitzuteilen. Wenn das nicht geschieht, ist die erste Folge, dass die Abgrenzungen schon zwischen Mann und Frau, zwischen zwei Menschen in der Ehe oder zwischen einem Liebespaar nicht mehr eindeutig sind. Dann überrennt der eine die unsichtbaren Grenzen des anderen, die nicht angezeigt wurden, und fügt ihm in seiner Welt Schaden oder Schmerzen zu, ohne das eigentlich zu wollen. Plötzlich bekommt er Vorwürfe – aber viel zu spät: Dies hier ist meine Grenze, du hast sie überschritten, heißt es. Der andere konnte die Grenze aber gar nicht sehen, weil sie nicht markiert war. Er fühlt sich jetzt zu Unrecht beschuldigt. Also beginnt die nächste Stufe der Auseinandersetzung: Der eine gilt als ein Grobian, weil er die Grenze nicht gesehen hat, die der andere nicht definiert hat. Der andere hinwiederum gilt als Schwächling, der vielleicht, wenn er allzu scheu ist oder rücksichtsvoll, nie den Mut hatte, seine Aggression ins Spiel zu bringen – er wird sich jetzt vermutlich noch mehr ins Schneckenhaus zurückziehen. Und dann kann eine Beziehung, die eigentlich von beiden Seiten her als äußert wünschenswert erschien, buchstäblich in Sekundenschnelle ins Dilemma geraten.

Es ist also wichtig zu lernen, dass man subjektiv berechtigte Interessen hat. Es ist sehr wichtig zu lernen, wie man für diese Interessen eine angemessene Sprache findet. Unterdrückt man diese Fähigkeit, tut man dem anderen Unrecht, weil man von vornherein ihm nicht zutraut, dass er überhaupt die Bereitschaft besitzt, die eigenen Interessen zu verstehen, dass er im Grunde zu unsensibel ist, zu brutal ist, zu wenig rücksichtsvoll ist, – dass er ein Mensch ist, mit dem man nicht zusammenleben kann. Eine solche Unterstellung ist tatsächlich eine unwiderlegbare Beleidigung, die nur dadurch zustande kommt, dass man die eigenen Sphären nicht wirklich markiert.

Aggressionen haben im Ursprung den Sinn, zu zeigen: Bis dahin bin ich bereit, dir entgegen zu kommen, und von da an betrachte ich – möglicherweise – dich als übergriffig, grenzwertig, zudringlich, eindringlich; von da an fängst du an, mir wehzutun und unangenehm zu sein. Nichts weiter ist zunächst die Aufgabe der Aggression. Wird sie unterdrückt, vielleicht sogar chronisch, kann sie dazu führen, dass Menschen überhaupt das Gefühl haben, dass sie selber immer kleiner werden und die anderen immer größer, – eine Welt von Zwergen und Riesen.

Speziell alle Depressionen sind mehr oder minder so geartet. Man hat – Freud würde jetzt sagen – orale Gehemmtheiten, weil man nie hat lernen dürfen, eigene Wünsche über die Lippen zu bringen. Es war verboten. Man durfte dem anderen nicht lästig werden, man durfte nicht in die Interessen der anderen eingreifen, weil es überhaupt nicht passend schien, weil man darum betteln musste, überhaupt leben zu dürfen. Wenn das die Welt in Kindertagen bereits war, muss man sehr vorsichtig und leise auftreten.

15

Es gibt einen Mythos in der Antike, der das beleuchtet, die Geschichte von einem Mädchen, dem die Göttin Hera die Sprache genommen hat. Dieses Mädchen heißt Echo. Echo hat, eigentlich sehr redefreudig, Hera bei dem Versuch aufgehalten, ihren Gatten Zeus auf frischer Tat beim Ehebruch zu ertappen, und die Göttin rächt sich nun, indem sie Echo dazu verurteilt, nicht mehr sprechen zu können, sondern nur noch nachzureden, was andere ihr vorsagen, und davon auch nur noch den letzten Teil. – Ich kann mir schwer denken, dass ein psychischer Sachverhalt der aggressiven Gehemmtheit sich deutlicher beschreiben ließe als in einem solchen Zustand der Echo. Man will niemandem mehr widersprechen, man will niemandem in die Quere kommen, man will nur noch freundlich sein, man wirft sich in den anderen hinein, man wiederholt seine Worte. Man ist eigentlich nur noch das, was der andere in den Wald hineinruft, in Wiedergabe. Die Frage lautet: Wie kann man einer Echo jetzt sagen, dass sie ein Recht besitzt, sich selbst zu artikulieren, selber von sich zu reden, in ganzen Zusammenhängen sich begreifbar zu machen? Das zu vermitteln ist eine lange, lange Übung.

MICHAEL ALBUS: Das heißt, um noch einmal zum Begriff des Niemandslandes zurückzukommen: Es wird unausweichlich Niemandsländer geben, solange wir leben?

EUGEN DREWERMANN: Das Niemandsland ist leichter erträglich als der Zustand einer Echo. Eine Echo ist gar nicht mehr. Sie ist eigentlich nur noch eine akustische Wahrnehmung. Sie hat gar kein »Land« mehr zu eigen. Sie schwebt im Grunde nur noch über dem Gelände, sie ist als Person gar nicht mehr gegenwärtig. Sie ist aufgelöst in einer Schallbildung, die von anderen ausgeht. Zum Niemandsland gehört wenigstens noch die konfrontative Auseinandersetzung zwischen realen Partnern, die dann auch die Chance haben, sich auf besserem Niveau als auf dem der kriegerischen Auseinandersetzung zu begegnen. Eine Echo muss man allererst zurückrufen aus ihrem Geisterstatus. Das ist, wie wenn man eine Tote wieder aus dem Hades auf diese Erde zurücklockt – es ist unendlich mühsam.

MICHAEL ALBUS: Die Gefahr im Niemandsland ist auch, dass man sich auflöst, dass man zu nichts wird.

EUGEN DREWERMANN: Mir fällt das bittere Bonmot des preußischen Militärtheoretikers Carl von Clausewitz ein: »Der Aggressor ist immer friedfertig.« Er wollte damit sagen: Jeder Angreifer hat kein anderes Interesse als die komplette Unterwerfung desjenigen, den er angreift. Er braucht kein Niemandsland, weil das Terrain, auf das er Anspruch erhebt, nach seiner Vorstellung ihm sowieso gehört. Es ist also bereits ein Unrecht des Gegners, dass er sich verteidigt und den Einmarsch behindern will. Das muss man ihm abgewöhnen. Der Aggressor ist in dem Sinne immer friedfertig, als er gar keinen Krieg möchte. Das muss man erst einmal begreifen. Diejenigen, die sich dem Totalanspruch der stärkeren Macht nicht beugen, sind von vornherein die Terroristen, die Guerillakämpfer, die Verbrecher, sie sind diejenigen, bei denen man von vornherein das Recht hat, sie nach Den Haag vor den Internationalen Gerichtshof zu bringen; die Supermacht selber kann man nicht nach Den Haag bringen, sie hat qua Macht immer schon recht.

MICHAEL ALBUS: Niemandsländer entstehen oder werden sichtbar durch Sprachlosigkeit.

EUGEN DREWERMANN: Sprachlosigkeit drängt zur Gewalt. Aber das Niemandsland besteht in der Neutralisierung eines Anspruchsfeldes bei Gleichgewichtigkeit der Kombattanten. – Ein solcher Streifen, der seit über einem halben Jahrhundert derart existiert, ist zum Beispiel der 38. Breitengrad in Korea. Man hat in den Waffenstillstandsverhandlungen 1954 – von Frieden ist bis heute nicht die Rede – sich auf eine Pattsituation verständigt, nichts weiter. Das ist ein klassisches Niemandsland. Der 38. Breitengrad ist immer noch gefährlich. Wenn irgendein Schiff die Demarkationslinie überfährt, kann sofort scharf geschossen werden. Dann gibt es wieder die Unklarheit: Liegt eine Verletzung der Waffenstillstandslinien vor oder nicht, oder ist das ein geplanter Übergriff, eine Provokation der Gegenseite? Dadurch können alle möglichen neuen Kriegshandlungen ausgelöst werden.

MICHAEL ALBUS: Im Grunde genommen ist das Niemandsland auch ein Land, in dem es, vom ersten Anschauen her, keine Wege gibt. Man irrt darin umher.

EUGEN DREWERMANN: Es gibt keine ausreichende Kommunikation. Um bei dem koreanischen Beispiel zu bleiben: Man hat in Panmunjom 1951 angefangen zu verhandeln, indem man buchstäblich gar nichts sagte. Man traf sich jeden Tag um eine bestimmte Uhrzeit in einer Baracke, man verbeugte sich voreinander, und dann hatte das Affenspiel sein Ende; man drehte sich um und ging wieder auseinander – ohne ein einziges Wort. Die Lösung sollte nicht in der Gemeinsamkeit liegen, schon gar nicht im Austausch, sondern vielleicht in der Veränderung der äußeren Kräfteverhältnisse: Wenn der Sowjetblock einbräche, dann wäre Südkorea im Vorteil gegenüber Nordkorea. Wenn der Kapitalismus unterginge, wäre das Umgekehrte der Fall. Bis dahin musste man abwarten.

MICHAEL ALBUS: Also ist das Niemandsland ein Land, in dem sich nichts ändern soll, in dem der Status quo einfach bestehen bleibt. Und der wird zusätzlich bewaffnet mit Angst.

EUGEN DREWERMANN: Es gibt keinen anderen Weg heraus, als zu der Feststellung zu gelangen, dass die Erde niemandem gehört, sondern allen gemeinsam ist. Erst wenn das feststeht, müsste man nicht um Land streiten, sondern um die Art des Umgangs miteinander. Aber das setzt die Zurücknahme all dessen voraus, was in die Auseinandersetzung hineingeführt hat. Man müsste ganz von vorne anfangen. Man müsste die Sprache wiederfinden, die man nicht gehabt hat, als man gegeneinander mit Gesang und Bajonett oder schon sprengbereiter Handgranate aufeinander losging.

MICHAEL ALBUS: In dieser Betrachtung liegt ein ganz großes Stück Pessimismus.

EUGEN DREWERMANN: Es liegt mit darin, dass es erwiesenermaßen kaum möglich ist, dass innerhalb der Auseinandersetzungen, in denen

Niemandsländer entstehen, die Kombattanten noch fähig sind, sich in ein realistisches Gespräch der Versöhnung zu begeben. Auch das hat Clausewitz ganz richtig gesagt:»Jeder Krieg hat die Tendenz in sich, zum äußersten zu schreiten, insofern nicht hemmende Faktoren auf ihn einwirken.« Dieses Hemmende kann die überanstrengte Wirtschafts- und Produktionslage an der Heimatfront sein, das können aber auch Interessen anderer Staaten sein, die sich mit einmischen. Darin liegt natürlich auch ein Ansatzpunkt zur Konfliktlösung. Wie organisieren wir hemmende Kontrollfaktoren eskalierender Konflikte? Wir bräuchten eine Vermittlungs- und Appellationsinstanz, an welche Partner, die sich miteinander nicht verständigen können, sich wenden dürften oder müssten.

Dieser Aspekt ist sehr wichtig, und er hat gewissermaßen die Logik der Geschichte auf seiner Seite. Wir sind sehr stolz darauf, dass wir das Gewaltmonopol des Staates etabliert haben. Das hat die Rechtsüberzeugung zur Grundlage, dass innerhalb des einzelnen Staatsgebildes Bürger, die nicht imstande sind, sich zu verständigen, sich an die örtlichen Gerichte wenden müssen, damit ein auf die Rechtsbasis gestützter Urteilsspruch erfolgen kann. Keiner der Bürger jedenfalls hat das Recht, seine eigenen Ansprüche mit Gewalt gegenüber einem anderen geltend zu machen. Das ist gemeint mit Gewaltmonopol des Staates. Ein solches funktioniert heute bereits innerhalb jedes einzelnen Staates, aber es funktioniert noch nicht international zwischen den Staaten. Das aber müssten wir erreichen. Es ist der nächste Schritt der geschichtlichen Logik: Wir bräuchten eine internationale Schiedsstelle, an welcher lokal nicht lösbare Konflikte unter bestimmten Voraussetzungen zur Appellation delegiert und dann entschieden werden könnten – mit Durchsetzungsanspruch und -fähigkeit. Wir bräuchten dann so etwas wie ein Gewaltmonopol der UNO.

Ich betone das deshalb, weil völlig konträr dazu derzeit eine Art Gewaltmonopol der US-Amerikaner besteht: Amerikaner können beschließen, anzugreifen wen und was sie wollen, sogar mit humanen Gründen; sie sind immer im Recht, egal was sie tun, ob sie die ganze Welt abhören, ob sie die ganze Welt kontrollieren, ob sie bombardieren, ob sie mit Drohnen gezielt töten, – sie brauchen dafür keinen Gerichtsbeschluss. Es genügt, dass sie befinden, es müsste zu ihrem Vorteil sein. Das ist das Gegenteil dessen, was gemeint ist mit Gewaltmonopol der Völkergemeinschaft. Es müsste eine internationale Schiedsstelle geben, die neutral bleibt gegenüber allen einzelstaatlichen oder gruppenbezogenen Interessen, so wie wir von einem Richter erwarten, dass er sich an die Rechtslage hält und an nichts weiter, dass er nicht bestechlich ist, nicht korrumpierbar, dass er nicht von vornherein Partei ergreift für irgend ein Machtgebilde oder ein Finanzsystem, sondern dass er nach Rechtslage urteilt und neutral entscheidet. Wenn ein solches Appellationsgericht international rechtswirksam zu etablieren wäre, gäbe es eigentlich auf dieser Welt keine Niemandsländer mehr, die nicht auflösbar wären.

MICHAEL ALBUS: Wenn, wenn, wenn ... Warum immer wenn?

EUGEN DREWERMANN: Weil wir immer noch dazu neigen, dass der Egoismus einzelner Staatengebilde, Kulturgruppen, Religionsgemeinschaften, Totalansprüche stellt und dann die Durchsetzung gegenüber beliebig vielen Widerständen sich zum Ziel macht.

MICHAEL ALBUS: Das Niemandsland als Bühne, auf der, im Grunde genommen, das Drama des Menschen spielt.

EUGEN DREWERMANN: Noch, noch ist das leider so. Das Leid derer, die im Niemandsland umgekommen sind, ist für beide Seiten längst schon unerträglich gewesen im Ersten Weltkrieg. Jeder wusste: Das mag jetzt ein Deutscher sein, der da stirbt, das kann aber auch ein Franzose sein oder wer auch immer – nein, es ist ein Mensch, er schreit jetzt nicht mehr auf Französisch oder Deutsch, er schreit wie ein Mensch, der Schmerzen hat und der dabei ist zu krepieren und der am liebsten erschossen werden möchte, weil der Schmerz nach einem Bauchschuss unerträglich ist. Es kann ihn aber keiner holen. Es kann ihm noch nicht einmal jemand den Gnadenschuss geben. Daraus konnte man vor beinahe 100 Jahren schon im tausendfachen Maßstab erkennen, dass die ganze Situation, die wir Krieg nennen, menschlich nicht haltbar ist. Wir führen noch Kriege, aber ...

MICHAEL ALBUS: Woher nehmen Sie den Optimismus, wenn Sie »noch« sagen?

EUGEN DREWERMANN: Ich nehme ihn aus der Wahrnehmung von Menschen, die imstande sind zu hören, zu fühlen, persönlich zu reagieren und sich die Erlaubnis zu nehmen, die Evidenz der Humanität als Handlungsgrundlage, als Anspruch rückzumelden. Die Schwierigkeit ist, dass auf der höheren Entscheidungsebene alles überhört wird, nicht gesehen wird, was im unmittelbaren Kontakt selbstverständlich ist, ja, dass man die Menschen Generation für Generation immer wieder neu dazu erzieht, blind und taub zu werden gegenüber menschlichem Leiden. Dann vermitteln sich die Erfahrungen nicht. Die Leute, die aus dem Ersten Weltkrieg kamen, haben, wie Erich Maria Remarque, zwölf Jahre gebraucht, bis sie »Im Westen nichts Neues« schreiben konnten, und als das Buch herauskam, waren große Teile im deutschen Sprachraum schon wieder dabei, aufzumarschieren für den nächsten Weltkrieg.

MICHAEL ALBUS: Es gibt überhaupt keinen Krieg, der zu Ende geführt werden kann.

EUGEN DREWERMANN: Das war ja die Meinung des Friedensfreundes Erasmus von Rotterdam schon im 16. Jh.: Der Krieg ist eine einzige Widersprüchlichkeit, wenn man ihn moralisch oder rechtlich betrachtet, indem er vorgibt, dass man mit Gewalt Recht durchsetzen könnte.

MICHAEL ALBUS: Sie müssen noch besser erklären, woraus Ihr Optimismus kommt, dass diese Haltung eigentlich doch zu überwinden wäre. Ich bin mir da nicht mehr sicher.

EUGEN DREWERMANN: Ich habe ganz großes Vertrauen zu Menschen, die man in ihrer Welt erst einmal belässt. Wir mögen groß geworden sein unter sehr schwierigen Bedingungen, aber wir haben auch gelernt, aufeinander zu reagieren. Wenn jemand sieht, wie ein anderer weint, ist es spontan, darauf mit Mitleid zu reagieren.

Wenn man jemanden schreien hört in Not, ist man unmittelbar motiviert, ihm zu helfen. So sind wir Menschen auch. Das Problem ist, dass auf der Entscheidungsebene von Politik und Wirtschaft, von größeren Organisationsformen, die Basisevidenz des Menschlichen ausgeschaltet wird. Man lässt die Einzelnen nicht handeln, wie sie fühlen würden, wenn sie dürften, sondern man trainiert ihnen das Mitleid, die unmittelbare Reaktion der Menschlichkeit weg. Man zwingt sie, darauf keine Rücksicht zu nehmen.

Ein Mann, der über den Zweiten Weltkrieg viel nachgedacht hat, ist der Berliner Historiker Jörg Friedrich. Er hat vor ein paar Jahren eine intensive Diskussion zu der Frage ausgelöst, wie es denn möglich ist, den Zweiten Weltkrieg als Legitimation dafür zu nehmen, dass den ganzen Rest des 20. Jahrhunderts, fünfzig Jahre lang, immer wieder Kriege begründet wurden damit, dass der Zweite Weltkrieg gegen Hitler-Deutschland nötig war und dass es doch ein guter Krieg war: Er musste sein. Auch die Bombardements mussten sein. Weil die Deutschen mit dem Kriege angefangen hatten, war es umso wichtiger, dass man es den Deutschen heimzahlte. Am Ende, 1945, waren die Alliierten erstaunt, dass es nur 500 000 Tote gab in den Häuserschluchten so ziemlich aller total zerbombten deutschen Großstädte – nur 500 000. Die Luftabwehr war bis zuletzt entsprechend stark gewesen. An der Front herrschte ungefähr ein Verhältnis von 1:10 – und ähnlich waren die Totenzahlen der Bombenopfer gemessen an der Zahl der abgeschossenen Piloten. Friedrich fragte, von wann an denn die Skrupel bei der Rechnerei beginnen sollten? 500 000 Tote rechtfertigen »natürlich« den Zweiten Weltkrieg als erfolgreich angesichts der Verbrechen der Nazis. Das mag rechnerisch sogar noch irgendwie in militärischer Logik plausibel klingen. Wenn man aber jetzt bedenkt, wer unter die 500 000 Toten zu zählen ist? Das waren Leute in Altenheimen, die nicht gerettet werden konnten, das waren Kinder, die in den Bunkern bei lebendigem Leibe verbrannt sind, das waren Menschen, die tagelang unter dem Schutt verröchelt sind. In all dem sind Zivilisten vom Krieg berührt worden, die den Krieg überhaupt nicht wollten und ganz sicher subjektiv völlig unschuldig waren. Von wann an sollen die Skrupel beginnen? Friedrich fragte so zynisch, wie man es in dem Zusammenhang wohl muss, um den

Zynismus der gesamten Denkweise zu demaskieren: Sollen die Skrupel beginnen bei zwei Millionen Toten oder bei sechs Millionen Toten? Ab wann ist ein Krieg eigentlich schlecht? Wann fangen wir an, die Mittel zu problematisieren, wenn uns der Zweck genehm ist? Vielleicht stimmt die ganze Logik von instrumentalisierter Unmenschlichkeit und vermuteter Menschlichkeit im Enderfolg nicht. Vielleicht kehren wir zurück zu den Ideen von Immanuel Kant, der davon spricht, dass Menschen niemals als Mittel zum Zweck zu gebrauchen wären. Wenn Krieg immer wieder darin besteht, Menschen als Mittel zum Zweck einzusetzen, dann ist die ganze Rechnung von Anfang an unmoralisch. Man darf nicht töten, um Leben zu schützen. Es ist von Anfang an der falsche Ansatz. Man kann nicht Recht durchsetzen durch Rache und Gewalt. Man kann die Wahrheit nicht befördern durch die Lüge, nicht Menschlichkeit durch Grausamkeit. Wir müssen anfangen, prinzipiell zu denken. – Nun habe ich die Vermutung, und bin nicht ohne Optimismus, dass wir von den Stadtstaaten der alten Sumerer lernen können, vor rund fünftausend Jahren bereits, zu begreifen, dass die Geschichte eine Logik hat. Die Stadtstaaten in Mesopotamien um 3000 vor Christus haben zum ersten Mal so etwas eingeführt wie jenes Gewaltmonopol der staatlichen Kontrolle, von dem wir lernen müssten, es international nach dem gleichen Lösungsansatz zu Ende zu denken.

## Wie sich die Fronten bilden: Es beginnt in Kindertagen

MICHAEL ALBUS: Ich will einen neuen Anlauf nehmen. Die Situation, die wir in Umrissen beschrieben haben, ist komplex bis kompliziert. Ich frage mich immer intensiver: Wie ist das alles zustande gekommen? Wie hat sich das aufgebaut? Sie haben das jetzt kulturgeschichtlich, politisch ein wenig beschrieben, an Bewegungen im letzten Jahrhundert und bis in unsere Zeit hinein. Aber wie baut sich das ganz konkret bei Personen auf? Wenn ich an meine Kindheit zurückdenke, wie ich erzogen worden bin, dann habe ich so ein Aufbaumodell, das ich heute menschlich eher als ein Abbaumodell empfinde. Wie baut sich so etwas auf, dass ich schrecklich kontrolliert lebe? Als Kind hat man mir systematisch versucht, die Abenteuerlust, das Ausleben auszutreiben. Da gab es starke Verbündete meiner Eltern. Das war die bürgerliche Gemeinde, das war die Schule, das war die Polizei, das war die Kirche. Man hat uns ganz bewusst zu einem Sicherheitsdenken und -leben erzogen, das im Grunde genommen einem Wahn geglichen hat. Ich trauere dem manchmal nach, dass ich damals nicht über die Stränge geschlagen habe, wie ich es eigentlich hätte tun wollen und tun sollen. Ich war eingesperrt in einen Drahtverhau von lauter Regeln, Vorschriften, Geboten und Ängsten, die immer die Ängste der Erwachsenen waren, nicht meine Ängste. Später habe ich gemerkt, wie leicht ich zu vereinnahmen war von Systemen aller Art. Wie baut sich so etwas auf? Das ist ja auch die Situation des modernen Menschen, dass er sich im Drahtverhau befindet. Ich empfinde mich manchmal so ohnmächtig, dass ich mich kaum befreien kann aus den Fesseln, die mir andere angelegt haben. Ohnmacht – genauso! Manchmal Verzweiflung fast.

EUGEN DREWERMANN: Es beginnt alles in Kindertagen, und so schildern Sie es ja auch. Das Entscheidende ist, dass ein Kind die Wirklichkeit nicht einschätzen kann, nicht kennen kann, und dass sie ihm vermittelt werden muss durch die Personen seines Vertrauens, durch die Eltern. Ein Kind hat zunächst nicht Angst vor der Wirklichkeit draußen, schon weil es sie nicht kennt. Es hat aber absolute Angst, verlassen zu werden von den Eltern, von den Vertrauenspersonen, die ihm die Wirklichkeit erklären, aber es auch schützen vor der Wirklichkeit. Die Grundangst eines Kindes ist nicht die Realangst, sondern die Verlassenheitsangst. Es stellt fest, dass die Eltern mit Liebesentzug reagieren können. Und diese Strafe des Liebesentzugs bedingt die konkrete Form der Angst vor Verlassenheit: Die Eltern könnten sich zurückziehen. Sie könnten sich sogar abwesend stellen, wenn sie anwesend sind. Sie sind dann halt für das Kind nicht da, sie haben Wichtigeres vor. Das ist ein Mittel, ein Kind zur Anpassung zu nötigen. Es ist hilflos genug, es hat keine Chance, ohne die Eltern zu überleben. Es unterliegt also den Prägungen der Eltern. Dagegen kommt es nicht an. Die Eltern unterliegen der Verantwortung insofern, als die Art, wie sie ihr Kind prägen, gesellschaftskonform sein soll. Sie wollen eigentlich ja nicht einen Eskapisten, einen Wirklichkeitsflüchtling großziehen, sondern ein Kind, das unter den Bedingungen der gegebenen Kultur eine sinnvolle Überlebens- und Gestaltungsform erhält.

MICHAEL ALBUS: Das lebenstüchtig sein soll …

EUGEN DREWERMANN: Deshalb nennt man die Eltern auch Kulturagenten. Sie vermitteln die Werte, die in der Kultur relevant sind, die Verhaltensweisen, die erwünscht sind. So formen sie bis in die Feinheiten hinein, wie man redet, wie man sich kleidet, wie man isst, wie man spricht, wie man sich benimmt.

MICHAEL ALBUS: »Mach einen Diener!«, »Sag danke!«

EUGEN DREWERMANN: Dagegen ist nichts zu sagen, es muss sein. Die Frage ist, in welcher Art es stattfindet. Eine Erziehung, die stark angstgeprägt ist, wird vor allem in der Zeit, von der Sie jetzt sprechen, autoritär und leistungsorientiert gewesen sein. Das heißt, man fragte nicht, was im Kinde vor sich geht, man hatte bereits ein fertiges Leistungs- und Wertsystem, das eins zu eins vermittelt wurde: So hat man zu sein, weil man hier lebt: »Und weil du mein Junge bist und weil du deine Füße unter meinen Tisch setzt, musst du gehorchen, und du fügst dich dem, was ich sage, denn ich – der Vater – kenne die Welt, und du darfst sie nicht kennenlernen, außer du begreifst, dass sie ist, wie ich sage!« Das ist, was man jetzt Gehorsam nennt, und sofern man nicht gehorsam ist, setzt es die entsprechenden Strafen, um den Gehorsam zu erzwingen. Dann ist Angst latente Aggression, unterdrückte Lust zum Aufstand. Alles das, was Sie schildern, erzeugt ein permanentes Gefühl der Unsicherheit und des Schuldgefühls: Darf man dem, was man selber denkt, trauen? Eigentlich möchte man das, man hat aufgrund der eigenen Intelligenz keine Zweifel, dass zwei mal zwei vier ist. Aber wenn es zugeht wie bei George Orwell: Wie viele Finger sind dies? – und die Antwort soll lauten: sieben, obwohl man sieht, es sind vier Finger, dann wird man sich bequemen müssen, sich die Folter zu ersparen, und man wird sagen: »Es sind sieben Finger.« Am Ende hat das richtig zu sein, was die gebietende Autorität für richtig definiert. Dann ist die Entfremdung total.

MICHAEL ALBUS: Die perfekte Erfahrung von Ohnmacht.

EUGEN DREWERMANN: Es ist die absolute Erfahrung von Ohnmacht. Es ist die Erfahrung, dass man das Eigene unterdrücken muss zugunsten der Anpassung nach außen. Es ist der Verlust des Anspruchsrechts, dass man sich selber noch in einen wirklichen Dialog einbringen könnte. Das ergibt ein gestohlenes Leben, es bewirkt die Delegation an die Funktionsinteressen der verwalteten Autorität im eigenen Familienverband und dahinter dann an die erweiterten Institutionen von Kirche, Schule, Staat, Gesellschaft, Beruf. Ins Unendliche wachsen sich dann die Zonen der Entfremdung, des Niemandslandes aus in Reaktion auf die Schäden, die man in der alten Pädagogik, in der Paukerschule, deutlich wahrnahm, die im übrigen nicht ineffizient war, die in ihrer Weise sogar funktionierte, wie sie sollte.

MICHAEL ALBUS: Nur, zu was war sie effizient?

EUGEN DREWERMANN: Dahinter standen auch damals bereits wirtschaftliche Interessen. Es war eine Zeit, in der der freie Unternehmer gefordert war, wo Kreativität, Erfindungsreichtum, Machtorientiertheit wirklich wünschenswert waren für die Gesellschaft. Denken wir nur daran, dass in den fünfziger Jahren des 20. Jahrhunderts das Handwerk bei uns noch einen ganz großen Raum einnahm. Staunenswert war, was da gemacht wurde. Auf den autoritären Erziehungsstil haben wir dann vor 45 Jahren mit der Experimentalphase der antiautoritären Erziehung geantwortet: Alexander Neill und die Folgen. Wir haben geglaubt, dass, wenn Autorität so schädlich ist, wie im Faschismus zu sehen, wir die Selbstbestimmung den Kindern überlassen sollten, und damit völlig illusionär den Kindern etwas zugemutet, das sie nicht leisten können. Sie können nicht wissen, warum eine heiße Herdplatte gefährlich ist, wenn man sie berührt. Das muss man ihnen sagen. Wie man mit Messer, Schere, Strom und Licht umzugehen hat, das können Kinder nicht wissen. Man muss ihnen Gefahren ersparen, indem man auch Befehle gibt,

Grenzen zeigt und damit Erfahrungen verhindert, die man gar nicht machen sollte, weil sie tatsächlich gefährlich sind. In solchen Zonen gibt es keine andere Erziehung, als normativ Gehorsam einzufordern, wo Autorität zu wahren sinnvoll ist. In der antiautoritären Erziehungsform hat man erlebt, dass die Kinder bis ins Unendliche hinein rebellieren konnten, Konflikte provozieren konnten, bis man dahinter kam, dass das Ganze den Zweck hat, so lange an die Wand zu klopfen, bis man spürbar Autorität wiedergemeldet bekommt. Man wollte so viel Anarchie erzeugen, dass am Ende Ordnung aus dem Chaos neu generiert würde. Man meinte, Kinder wollen das. Sie wollen einfach nicht in einer Welt aufwachsen, die nicht überschaubar ist.

Ich gehe einmal zurück auf das vielleicht wunderbarste Beispiel des Lernens in Autorität, den Spracherwerb. Es ist wunderbar, dass ein Kind lernen kann, in einer biologisch, neurologisch festgelegten Zeitspanne, wie man aus dem Durcheinander, das Eltern ihrem Kind vorsprechen, einen grammatikalischen Apparat generiert, der das alles als Ordnung repräsentiert und durchschaubar macht. Das ist ein Wunder, zeigt aber, dass Kinder mitten im Chaos erwarten, dass sie auf eine in sich geordnete Welt treffen. Eltern werden niemals grammatikalisch so korrekt sprechen, wie die Grammatik es vorschreibt. Aber ein Kind ist imstande, aus dem Durcheinander genau diese Ordnung zu extrahieren. Es ist möglich. Mit dem Vokabelgedächtnis ist es auf charakteristische Weise anders. Sie treffen irgendwo in New York City oder in Rio de Janeiro Leute, die große Mühe haben, deutsche Vokabeln zu finden, denen Sie dabei helfen müssen, aber sie reden Deutsch exakt in ihrer Grammatik. Dann können Sie sicher sein, sie haben bis zum sechsten, achten Lebensjahr Eltern gehabt, die sie in deutscher Sprache erzogen haben. Der Vokabelgebrauch ist ausgedünnt, der heutigen Lebenssituation nicht angepasst worden, aber die Mechanik, richtige Sätze zu generieren, funktioniert immer noch. So stark ist das Ordnungsbedürfnis jedes Kindes, das heranwächst.

Entscheidend ist jetzt, dass man weder die Freude des Kindes, Sprachen zu lernen, noch die Leichtigkeit des Spracherwerbs, noch die Lust, sich selber experimentell neue Formen des Sprechens beizubringen, unterbinden darf. Da genügt es, ein Gegenüber zu haben, das die Freude am Sprechen einfach vermittelt dadurch, dass man spricht. Man wird die Lesefreudigkeit eines Kindes anregen, indem man ihm Geschichten vorliest. Man wird seine Freude an Märchen, an Romanen später, dem Kind beibringen, indem man ihm Geschichten erzählt, die es in den Schlaf begleiten, indem man eine Welt, die dem Kind gemäß ist, zwischen Fantasie und Wirklichkeit, so spannend macht, dass es davon kaum genug bekommen kann, bis es im Vertrauen, da die Mutter ja dabeisitzt, schließlich in Ruhe einschläft.

Diese Welt zu erhalten, sollten wir nun übertragen als Erziehungsmodell in das Gegensatzpaar von Freiheit und Bindung, dann hätten wir einen ganz wichtigen Teil in einem der möglichen Niemandsländer geschlossen. Freiheit und Bindung könnten wir auf das Allerselbstverständlichste zueinander vermitteln durch persönliche Begegnung.

An dem Beispiel des Spracherwerbs und dann am Lernen von Lesen und Schreiben lässt sich auch deutlich machen, wie Dinge schiefgehen können. Man hat, weil sich das Sprechen von Kindern so wunderschön erwerben lässt, gemeint, dass auch das Schreiben ähnlich einfach sich vermitteln ließe. Im Deutschen schreibt man ja angeblich, wie man spricht. Daraus versuchte der Reformpädagoge Jürgen Reichen ein Lernprinzip für die Rechtschreiberziehung abzuleiten: »Lesen durch Schreiben«. Als erstes illustrieren Bilder Buchstaben – Affe für A, Banane für B usw., und dann sollten die Kinder schreiben, was sie hören. Das sollte funktionieren, weil der Weg fast aller Schriftentwicklung seinen Anfang beim Bildrebus genommen hat. Doch es funktioniert überhaupt nicht. Inzwischen beklagen Pädagogen, dass ganze Generationen mit der Reichen-Methode verunstaltet wurden dadurch, dass man bis zum vierten Schuljahr die freie Art des Schreibens eingeführt hat. Kinder schreiben, wie sie hören, schön; aber so kann es nicht funktionieren, weil die Art, wie wir schreiben, nicht identisch ist mit der Art, wie wir sprechen, und die Genauigkeit der Betonung allein schon durch die Dialektvarianten überhaupt nicht zulässt, dass es eine einheitliche Ordnung im Schriftbild geben kann. Da brauchen wir jetzt autoritäres Lernen, im gewissen Sinne einen Rückgriff auf das Pauken – das muss jetzt geübt werden, anders wird Rechtschreibung nie gelernt. Also wird so lange geübt, bis es gekonnt wird, und es wird erst dann als gekonnt aufgefasst, wenn es fehlerfrei ist. Da ist Autorität unverzichtbar. Sie hat aber zur Voraussetzung, dass wir die Kinder nicht erschrecken wollen, nicht ängstigen wollen, nicht abhängig machen wollen. Wir wollen lediglich sagen: Wir eröffnen die Fähigkeit, ein Buch zu lesen, ein Buch zu schreiben, sich selber in Briefform mitzuteilen, indem du das jetzt lernst. Das ist eine wunderbare Form der Teilhabe, und die ermöglichen wir. Es geht aber nicht anders, wir müssen dich jetzt bei der Hand nehmen, wir müssen dir den Weg zeigen. Das kannst du jetzt nicht wissen. Das ist keine Demütigung, das ist einfach realistisch. – Diese Kombination ist jetzt entscheidend: Trau dem Kind zu, das zu finden, was es finden kann, und gib ihm die Hilfe, die es selber sich nicht zu schaffen vermag.

MICHAEL ALBUS: Das Problem ist inzwischen wohl nicht die Wiedereinführung des Paukens, wohl aber der Erhalt von Freiheit und Eigenständigkeit. Sie beschreiben in Ihrem Syntheseversuch etwas, finde ich, was in der Realität der jetzigen Gesellschaft keinen Platz hat. Woher nehmen Sie den Optimismus, dass das geht? Oder dass es gehen könnte – vorsichtiger noch gesagt?

EUGEN DREWERMANN: Es geht in jedem Falle, weil wir immer noch Lehrer haben, die auf das Gleichschleifen nach Standards sich nicht ausrichten lassen möchten. Der Widerspruch in unserer Gesellschaft allerdings ist gewaltig. Wir schicken bis in weite Kreise der Mittelschicht die Kinder in ein normiertes Anpassungssystem von Leistungskonformität nach den PISA-Grundlagen. Das machen wir, um große Teile der Bevölkerung funktional für die Interessen von Wirtschaft und Banken zu halten. Weil das alles aber zu Abhängigkeiten, im Grunde zu *geringen* Leistungen führt, haben wir gleichzeitig eine ausufernde Kultur von Privatschulen. Dahin schicken die Reichen ihre Kinder. Da lernt man vollkommen anders, spielerisch, durch Austausch, durch viele Formen, in denen man Freude weckt an kultiviertem Umgang miteinander; da ist es selbstverständlich, dass man Sprechen nicht paukt, sondern anknüpft an die Fähigkeit zu reden. Dass man Englisch und Französisch und womöglich auch Russisch und Chinesisch mit vierzehn Jahren lernt, ist da selbstverständlich. Mit anderen Worten: Da, wo in Freiheit Geldmittel zur Verfügung gestellt werden, um Lernen im Wechselspiel von Freiheit und autoritärer Bindung zu erzeugen, ist die Oberschicht bei uns längst gut bedient. Nur unser offizielles, – nicht administeriell, sondern – ministeriell verwaltetes Schulsystem darf das nicht wissen. Das ist das Erstaunliche. Wir etablieren fast wie in Amerika ein System, in dem die Reichen Zugang haben zu allem, was sie wollen, – so wie die Adelsgesellschaft noch im 17./18. Jahrhundert sich repräsentierte: Sie durfte und sie konnte alles, nur die Bevölkerung hatte zu kuschen. Dieses System haben wir, in Gestalt von Arm und Reich, heute immer noch in den Schulen. Was wir brauchen, ist, dass das, was sich die Reichen längst genehmigen, zum Standard unserer Pädagogik in der Ganztagsschule wird.

Auch das sind ja noch Dinge, die archaisch anmuten. Wir, Sie und ich, haben, als wir groß wurden, noch dreigliedrig die »Volksschule« gehabt, wohin das Volk auch kam, dann die Mittelschule für den Mittelstand und dann das Gymnasium, die Oberschule, für die Oberschicht. Demokratisch war das alles nicht. Wir brauchen eine Pädagogik, die diese Unterschiede verringert, indem Freiheit und Bindung eine Einheit im Lernvorgang, in der Pädagogik selber bilden. Ich halte das nicht für utopisch. Ich denke, das ist ein dringendes Bedürfnis, vor allem, weil es erfolgsorientiert vielmehr an günstigen Ergebnissen zeitigt. Albert Einstein hat in den dreißiger Jahren des vergangenen Jahrhunderts immer wieder beklagt, dass man ernsthaft erwartet, dass geniale Leistungen geboren würden, wenn man den Kindern die Fantasie verbietet, die Freude am eigenen Lernen unterdrückt. Konrad Lorenz hat ganz ähnlich gemeint, dass ein Genie nichts anderes sei als ein Erwachsener, der sich seine Hobbys in Kindertagen nicht habe verbieten lassen. Er hat schon damals mit Gänsen und mit Enten gespielt und wurde ein begnadeter Verhaltensforscher.

MICHAEL ALBUS: Ich frage: Was machen die Reichen, die diese Freiheit eingeräumt bekommen, weil sie Geld haben und ihre Kinder auf Privatschulen schicken können? Was machen deren Kinder damit, wenn sie die notwendigen Freiheiten »gelernt« haben – und dann sich wieder so verhalten – in der Nachfolge ihrer Eltern – wie die Reichen?

EUGEN DREWERMANN: Das ist das nächste Problem, dass wir ein Eliteschulsystem für die Reichen zu ihrer eigenen Standesreproduktion eingerichtet haben, indem wir mehr oder weniger egomanische und geldgierige Kreaturen züchten, die nicht Menschlichkeit gelernt haben, sondern jetzt wieder im Elitewettbewerb miteinander konkurrieren müssen. Ich glaube, dass auch das keine Zukunft hat. Schon weil man nicht übersehen kann, dass so kein Leben möglich ist. Es muss irgend wozu auch mal gut sein, Geld zu erwerben. Es muss einen Sinn haben. Was mich immer wieder beeindruckt, ist die unglaubliche Quälerei so vieler für die paar Prozent, die objektiv ihren Profit kassieren, und nicht einmal die werden dabei glücklich, die dann den Gewinn in Händen tragen. Auch sie haben ja nicht wirklich gelebt, sie haben sich vergeudet an Geld, an Macht, an Reichtum, an funktionale Werte, an endlose Ängste in Konkurrenz – der kleinste Fehler kann den völligen Ruin nach sich ziehen –, an Marktgesetze, die mit Vernichtungsdrohung ständig Leistung vorantreiben und erzeugen sollen. Was wäre so schlimm daran, wenn wir politisch einmal eine höhere Besteuerung der Superreichen durchsetzen könnten? Wir haben ja erlebt, dass der Superreichtum bisher dahin geführt hat, dass die Bankenspekulation aufgeblasen wurde. Die Superreichen wussten tatsächlich nicht mehr, wohin sie mit dem Geld sollten. Das einzige, was sie gelernt hatten, war die Lektion, dass Geld im Kapitalismus einzig dazu taugt, noch mehr Geld zu scheffeln. Das ging in der Realwirtschaft überhaupt nicht mehr, darum wurde die Zockerei bei den Banken gestartet, mit all den »schönen« Folgen, die die Steuerzahler jetzt übernehmen müssen. Mit dreistelligen Milliardenbeträgen müssen wir diejenigen retten, die mit dem Geld nicht wussten wohin und sich dabei arm gerechnet haben. Das ist inzwischen aber auch schon wieder passé. Der neue Luxus wird die Immobilienspekulationsblase.

MICHAEL ALBUS: Da sind wir voll drin ...

EUGEN DREWERMANN: Betongold! – ja, da sind wir mitten drin. Mit der Folge, dass die Mietpreise immer höher steigen, damit die Superreichen die Häuser bauen, die sie am teuersten verscherbeln können. Auch da wird man sehen, dass diese Praktik keinen Sinn macht. Warum nimmt man das überflüssige Geld in den Händen von Leuten, die zu dumm sind, damit etwas Ordentliches anzufangen, nicht per Gesetz weg und gibt es denen, die es brauchen und die damit etwas Ordentliches anfangen zum Wohle der Gesellschaft? Das ist ganz kommunistisch gedacht, aber es scheint für den Fortschritt unserer Kultur absolut erforderlich. Denn das, was wir jetzt machen, ist schlicht unmenschlich und unkultiviert. Es gehört sich nicht. Bei einem bisschen Schamgefühl würde jeder sagen: Es gehört sich nicht!

MICHAEL ALBUS: Sie haben jetzt eine ganze Reihe von Situationen beschrieben, die unsere gegenwärtige Situation kennzeichnen, politisch, wirtschaftlich, kulturell, pädagogisch. Ich will mich dem Komplex von einer anderen Seite her zu nähern versuchen. – Wie stellt sich aus Ihrer Sicht als Psychotherapeut die gegenwärtige Situation des Menschen dar – jetzt einmal von Beispielen abgesehen, sondern zurückgeführt aufs Wesentliche? Was ist anders gegenüber früher? Wo sind Freiheitsräume geschwunden und Sicherheitssysteme gewachsen?

EUGEN DREWERMANN: Das ist sehr schwer im abstrakt Allgemeinen zu beantworten. Eigentlich ist jede seelische Erkrankung, die therapiebedürftig ist, darauf zurückzuführen, dass jemand mit sich nicht identisch ist, dass er nicht das lebt, was in ihm eigentlich gemeint und angelegt ist, dass er sich selbst in weiten Teilen nicht kennt, weil man ihm Angst gemacht hat, sich kennenzulernen, weil er vieles an eigenen Bedürfnissen verdrängen musste, um sich besser nach außen anpassen zu können, weil man ihm beigebracht hat, nicht auf sich selber zu hören, sondern auf das, was ihm vorgeschrieben wurde von außen, weil man ihm Schuldgefühle gemacht hat für ganz normale Bedürfnisse, weil man seine Energie, sich abzugrenzen, eingeebnet hat durch den Aufbau von Druck, so stark, dass gar kein Widerstand mehr möglich war, – indem man sogar in das eigene Denken und eigene Fühlen Schuldgefühle gesetzt hat.

Schauen wir uns zur Verdeutlichung dieser Prozeduren einmal den religiösen Bereich an. Da hat man im Hintergrund das fertige Dogma, das schon den intellektuellen Zweifel an seinen Inhalten unter Sünde stellt, die gebeichtet und bereut werden soll, – von den Triebbedürfnissen gar nicht erst zu reden, etwa von den sexuellen Themenstellungen, wo die bloße Empfindung schon, wo die Vorstellung bereits von etwas sexuell Lustvollem als Todsünde galt, auf welche die Höllenstrafe stehen konnte. In früheren Zeiten waren zumindest für Leute, die katholisch erzogen wurden, diese beiden Problempunkte vorherrschend: Denkverbot und Triebrepression, und sie sind es in den entsprechenden Altersklassen auch heute noch. Darf ich selber denken? Darf ich für möglich halten, dass eine göttliche Institution wie die katholische Kirche mit dem Nachfolger Petri, dem Stellvertreter Gottes im heiligen Amt, an der Spitze, etwas sagen könnte, an dem ich das Recht hätte zu zweifeln oder es sogar für falsch zu halten? Wenn erst einmal ein Kind so erzogen wurde, dass zweitausend Jahre Kirchengeschichte gegen die persönliche Entwicklung stehen, ist es nicht ganz einfach, therapeutisch den Mut zu gewinnen, noch einmal das Leben von vorne beginnen zu lassen. In aller Regel ist dann ein entsprechender Leidensdruck innerlich nötig, um überhaupt die Arbeit an sich selbst zu motivieren, um genug Pressluft in den Hammer zu bringen, der solche dogmatisch und moralisch festgefügten Mauern aufbrechen kann. Aber es geht erfahrungsgemäß immer wieder, weil jeder Schritt in die Freiheit damit beginnt, sich selbst zu belohnen. Es ist am Anfang fast unmöglich, auch nur zu glauben, dass draußen etwas anderes anzutreffen sein könnte, als in den Innenräumen des Gedächtnisspeichers erlernter Zwänge eingelagert wurde. Aber tritt man erst mal aus den geprägten Schemata heraus, ist vom ersten Schritt an die Begegnung mit dem anderen lohnend. Das ist ein Motiv zum Weitermachen. Es bestätigt sich durchs Tun. Die inneren Prozesse sind dann fast immer dieselben: Die Standards, die man als Kind gelernt hat, begleiten mit der permanenten Einrede jeden Schritt ins Eigene, lassen Schuldgefühle aufkommen, setzen Bestrafungsfantasien frei, führen womöglich zu Selbstsabotagen, führen zu neuen Symptombildungen. Daran liegt es, dass eine psychotherapeutische Behandlung zumindest in analytischer Form lange Zeit braucht und dass das nicht so schnell geht, wie unsere Krankenkassen wünschen. Aber es ist eine Form der Menschlichkeit, die dabei gelernt und vermittelt wird.

Die Generation, die heute aufwächst, wird mit Problemen dieser Art vielleicht kaum noch zu tun haben. Schuldgefühle für Sexualität sind im Zeitalter der vermarkteten Pornografie schwer vorstellbar. Was sich die Zwölfjährigen schon auf dem Pausenhof heute herunterladen, hat nichts mehr zu tun mit den Spätfolgen des Viktorianischen Zeitalters, wirklich nicht.

Der Autoritätsverfall, vor allem der kirchlichen Institution, liegt unter anderem auch wohl darin, dass sie Schuldgefühle im Sexualbereich kaum mehr vermitteln kann. Von daher gibt es eigentlich gar keine »schwere Sünde« mehr, die sie vergeben müsste; deshalb ist sie als Heilsinstitution ziemlich überflüssig geworden. Wofür gibt es dann noch die Kirche? »Schwere« Sünden kann man höchstens im Steuerrecht noch begehen, ansonsten müsste man schon mit großer krimineller Energie aufwarten, um noch Vergebung durch den Herrgott zu brauchen. Die meisten Spielregeln des Lebens kann man so beherrschen, dass man damit zu Rande kommt.

Die Probleme, die wir heute haben, bilden sich deshalb eigentlich spiegelbildlich am anderen Ende, nicht im Intimbereich persönlichen Denkens und Fühlens, sondern im Bereich verwalteter Öffentlichkeit. Wie kann man mit einer Vielzahl sozialer Ängste umgehen?

Beginnen wir bei den Studierenden. – Welches Motiv soll man haben, etwas zu studieren? Da kann die Auswahl des Faches schon sehr schwierig werden, merkwürdigerweise bei intelligenten Studierenden noch mehr als bei dem Trott des Durchschnitts. Die Auswahl entscheidet ja über ein ganzes Leben. Aber die Auswählenden kommen sich vor wie Buridans Esel zwischen den zwei gleichen Heuhaufen: Es schmeckt eigentlich alles nicht und es sieht auch irgendwie alles genau gleich aus. Die Therapie in solcher Lage kann nur darin liegen, anzuknüpfen bei den wirklichen Interessen, auch an den Motiven, um eine wirkliche, menschliche, anspruchsvolle Aufgabe sich zuzumuten. Wo sieht man mit zwanzig oder fünfundzwanzig Jahren ein Problem, auf das man zugeht, weil seine Lösung auf den Nägeln brennt? Was kann man selber dazu beitragen? Dann lohnt sich womöglich sogar ein Jurastudium, mit dem ganzen endlosen Paragrafenkram. Wenn dabei herauskommt, dass man ein paar Menschen auf dieser Erde Gerechtigkeit verschafft, dann lohnt es sich, den ganzen Wust zu kennen, so wie man die Tastatur einer Orgel zu beherrschen lernt, bis man darauf ein Konzert gibt. Und dann werden die Staatsanwälte es erleben im Gerichtssaal, wie man als Strafverteidiger jemanden rauspaukt, bis dass ihm Recht wird. Gerechtigkeitswille kann ein Motiv werden, eventuell auf dem Hintergrund, dass man als Kind in autoritärer Erziehung kaum ein eigenes Recht besaß oder bekam. Andere können aufstehen gegen das Unrecht, das die Wirtschaft uns antut. Solche lernen Volkswirtschaftslehre mal nicht, um den Profit ihrer Firma später zu verbessern, sondern um die Austauschrelationen auf dem Weltmarkt zu durchdenken, um eine Form von Wirtschaft aufzubauen, die zwischen Nord und Süd bestehende Konfliktfelder abbaut statt neue zu erzeugen.

Mit anderen Worten: Was ich therapeutisch oft erlebe, bei Studierenden etwa, ist die fehlende Motivation, die Dürrephasen des Lernenmüssens zu durchschreiten, weil kein vernünftiges Ziel am Horizont steht. Man möchte nicht nur lernen, um später irgendwas zu machen, um Geld damit zu verdienen. Das ist für die allermeisten, vor allem für diejenigen, die noch menschliche Regungen besitzen, zu wenig. Sie wollen sich nicht als Ersatzcomputer vermarkten. Sie möchten persönlich irgendetwas vor sich sehen, an das sie glauben können. In solchen Fällen besteht die Psychotherapie darin, herauszufinden, woran sich lohnt zu glauben.

Damit bin ich wieder bei den religiösen Hintergründen. Denn selbst wenn all die hochgesteckten idealen Zielsetzungen faktisch nicht voll oder gar nicht erreichbar sind, hat es sich menschlich und persönlich immer noch gelohnt, darauf zuzugehen. Selbst der Misserfolg, selbst das Scheitern ist kein Argument, etwas Richtiges sein zu lassen. Dafür allerdings braucht man einen Hoffnungshorizont bis ins Unendliche, der sich nicht mehr rein empirisch oder immanent vermittelt.

## Der Hoffnungshorizont als religiöser Hintergrund

MICHAEL ALBUS: Meinen Sie, dass dieser Hoffnungshorizont heute da ist? Wenn er da ist, wie wird er dann vermittelt?

EUGEN DREWERMANN: Religiös betrachtet, existiert immer ein Horizont der Hoffnung, es gilt ihn nur zu finden; das allerdings kann individuell wie kollektiv je nach der Situation verschieden schwerfallen.

MICHAEL ALBUS: Und wie?

EUGEN DREWERMANN: Man konzentriert sich auf Inhalte und Optionen, die einem am meisten entsprechen, und denen geht man nach; dann erschließt sich ein Feld, das so gar nicht zu denken war, oder vielmehr enthüllt es sich als immer schon vorhanden, nur dass es bisher so nicht wahrgenommen wurde.

MICHAEL ALBUS: Wer zeigt diesen Horizont? Wo sehen Menschen in der jetzigen gesellschaftlichen Situation diesen Horizont? Wer vermittelt ihnen die Möglichkeit oder die Kraft, wahrzunehmen, ob dieser Horizont sich erweitern lässt?

EUGEN DREWERMANN: Ich schildere einmal ein kompliziertes Problem, in dem aber das, wonach Sie fragen, ineinander geht. Ein Vater wollte seinen Sohn besonders »fordern und fördern«, wie unsere Politiker sich ausdrücken. Er wollte ihm das Beste schenken. Er wollte seine geistige Begabung unterstützen. Der Sohn sollte etwas Tüchtiges im Leben lernen, er sollte im Grunde wie der Vater selber werden. Nicht ganz zugegeben hat der Vater sich dabei, dass er auch stolz sein wollte auf seinen Sohn, dass der Sohn die Ersatzträume seines eigenen unerfüllten Lebens übernehmen sollte. Aber auf seine Weise hatte er es irgendwie zunächst recht vielversprechend geschafft, bis bei dem Sohn Lernstörungen auftauchten. Er hatte keine Lust mehr an der Schule. Er verträumte viele Stunden, er verpasste den Anschluss an den Lernstoff, er hing rum, er wurde demotiviert. Der zu beobachtende Leitungsabfall machte dem Vater große Sorgen. Der Sohn blieb sitzen. Aber dann plötzlich wollte er unbedingt sein Abitur machen. Er machte auch sein Abitur. Er war sogar dabei, einen Studienplatz zu suchen. Es war Weihnachten. Der Sohn hatte eine neue Gitarre geschenkt bekommen und spielte auf der Gitarre unterm Weihnachtsbaum. Dann ging er hinaus und kam nicht wieder. Er hatte sich das Leben genommen. – Für den Vater war klar: er hat beim besten Wollen alles falsch gemacht. Wie kann er damit leben? Es kam heraus, dass der Junge nur deshalb sitzengeblieben war, weil er seine Lehrerin lieb gewonnen hatte. Das durfte natürlich nicht sein, ein Schüler hat nicht seine Lehrerin zu lieben. Er war gerne sitzengeblieben, weil die Lehrerin die Klasse, die aufrückte, wieder übernahm. In der Klasse wollte er sein. Das Abitur bedrohte ihn damit, die einzige Frau zu verlieren, an die er sein Herz gehängt hatte. Er fühlte sich so einsam, wie er sich nie gefühlt hatte, nur weil er das Abitur geschafft hatte. Die Eltern verstanden das alles nicht – wie denn auch? Er hatte ihnen gehorcht, er hatte ihnen sogar die Freude gemacht, Weihnachten so zu feiern, dass es für sie richtig schön war, so wie es schon mit sechs Jahren für sie schön gewesen war: Weihnachtslieder unterm Baum singen. Aber das konnte seine Zukunft nicht mehr sein. Weil die Kindheit so schön, so behütet, so geordnet war, konnte es jetzt für ihn keine Zukunft geben. Der Aufbruch in die fremde Welt, die er nie wirklich kennengelernt hatte, bedrohte ihn mit Lebensangst. Es schien ihm besser, gar nicht mehr zu leben. Das Problem des Jungen bestand letztlich darin, dass er mit der Welt, in die man ihn hineinerzogen hatte, nicht klarkommen konnte, weil sie mit ihrer Mischung aus Verwöhnung und Leistungsforderungen eine eigene persönliche Entwicklung kaum zuließ und das nötige Selbstvertrauen durch ständige Versagensängste ersetzte; und die einzig vorstellbare Synthese von Liebe und Leistung in Gestalt der Lehrerin stand unter gesellschaftlichem Tabu. Viel schlimmer aber natürlich war die Situation des Vaters. Er musste sich fragen: Was habe ich falsch gemacht? Was hätte ich machen müssen? Es war etwas geschehen, das auf Erden nicht wiedergutzumachen war.

Ich weiß in solchen Situationen gar nichts anders, als in virtuellen Vorstellungen als möglich einmal anzunehmen, was die Religion eigentlich ständig sagt: Der Tod sei gar nicht der Tod. Er sei der Anfang eines Gesprächs, das ins Unendliche weitergehe. Also stellen wir uns vor, dieser Vater würde reden mit seinem verstorbenen Sohn. Was hätte dieser ihm zu sagen? Rein empirisch, psychologisch kann man sich sehr schnell auf eine entsprechende Botschaft einigen: Vater, ich hätte dir zu sagen, dass du jetzt – tüchtig wie du bist, als ein leistungsstarker und bewunderter Akademiker, der du geworden bist – für mich noch mal der Junge wirst, der ich nie sein durfte. Das ist das Beste, was ich dir schenken könnte mit meinem Selbstmord. Vater, bitte, lebe das selber, was tödlich geworden ist für mich, weil du es dir selbst verboten hast. Eröffne dir die Freiheit, nach der ich in einer anderen Welt suche, weil sie in dieser deiner Welt nicht zu finden ist und war. – Dann denke ich wirklich religiös: Der Vater möchte seinen Sohn wiederfinden, aber er wird ihn nicht wiederfinden, es sei denn, er erlaubt sich, genau diese Dinge nachzubessern bei sich selber, die er nachträglich seinem Sohn hätte schenken wollen. So etwas ähnelt dem, was man in der Religion ein Fegefeuer nennt. Der Dialog hört nie auf. Er darf aber nicht stehenbleiben bei der Schuld, auch nicht im einseitigen Abarbeiten nur der eigenen Schuld. Der Gedanke: Ich habe jetzt noch die Chance, mich zu verbessern, das tröstet den Betreffenden überhaupt nicht, weil eben diese Chance demjenigen genommen wurde, den man im Grunde über alles geliebt hat. Auch der brauchte eine Chance, nachzureifen und sich weiterzuentwickeln. Das Lernen muss wechselseitig und gemeinsam sein über die Grenze hinaus, die im Tod nur scheinbar eingetreten ist. Plötzlich entdeckt man den Glauben an ein Weiterleben nach dem Tod buchstäblich als unbedingte Wahrheit; sonst ist die Welt zum Verrücktwerden, sonst ist die Schuld erdrückend, sonst gibt es keine Vergebung. Man selber kann sich selbst nicht vergeben, man hat alles falsch gemacht. Am liebsten würde man sich selbst wie zur Sühne das Leben nehmen; aber dann hätte man lediglich zwei Tote auf dem gleichen Friedhof zu beerdigen. Also brauchen wir eine Lösung im Leben. Aber dann darf der Tod nicht die endgültige Lebensschranke sein, sondern nur eine Tür, die sich öffnet für ein weiteres, gemeinsames Sich-Begegnen im Lernen und Reifen in der Ewigkeit. – Plötzlich, in einer solchen Situation der Hoffnungslosigkeit und Ausweglosigkeit, entdeckt sich etwas, das zuvor nie glaubhaft schien, ja, das in der Mehrheit der Gesellschaft für schlicht unsinnig gilt, als psychische Notwendigkeit, um ein Problem zu lösen, das auf andere Weise ganz sicher nicht zu lösen ist.

MICHAEL ALBUS: Wenn Sie sagen, es geht im Grunde nicht ohne religiösen Hintergrund, was verstehen Sie dann unter Religion?

EUGEN DREWERMANN: Dass weder die Gesellschaft, noch die Umwelt, noch die Nachwelt, noch der Staat, noch die herrschende Macht von Wirtschaft, Militär und Finanzwelt das Recht haben zu bestimmen, wer wir sind. Der Freiraum, der dann entsteht, ist der, den wir Gott nennen.

MICHAEL ALBUS: Das ist ziemlich anarchistisch.

EUGEN DREWERMANN: Es ordnet sich im Gegenüber einer Zuwendung, die nichts weiter möchte, als dass wir selber leben, was wir sind. Es ist nicht Chaos, auch nicht Anarchie, es ist ein Sich-Ordnen und Zusammenwachsen im Gegenüber einer Macht, die möchte, dass wir sind.

MICHAEL ALBUS: Ich sehe die Zeigefinger schon, die Drohfinger ...

EUGEN DREWERMANN: Ja, natürlich! Religion ist im Grunde eine Freisetzung des Menschen aus den Zwängen, die ihn sonst in jeder Kultur überkämen, indem die Institutionen, die nicht Gott sind, sich an dessen Stelle setzen. Sie setzen sich absolut, ohne es zu sein. Religion schafft die Erlaubnis, sie alle lächerlich zu finden. Sie sind nicht Gott, sie bilden es sich nur ein. Solche Freiheit muss man atmen, und alle Therapie, wenn sie gut tut, führt genau da hin. Ich komme dabei nicht aus ohne Religion, obwohl ich nicht darauf bestehe, dass eine ganz bestimmte Religion geglaubt wird oder eine bestimmte Art, die Bibel zu lesen, dogmatisch vorgeschrieben wird.

MICHAEL ALBUS: Deswegen war meine Frage: Was verstehen Sie unter Religion?

EUGEN DREWERMANN: Ich verstehe darunter eine Haltung, jenseits aller empirischen Gründe zu vertrauen, eine Hoffnung, die sich nicht festmacht in dem, was an erfolgsorientierten Erwartungen realisierbar ist, den Glauben an Vergebung für eine Schuld, die begangen wurde, ohne dass sie von den Menschen, die betroffen wurden, selbst vergeben werden könnte, eine geduldige Zuversicht der Liebe und das Sich-Hinstrecken auf ein Leben, das im Tode nicht zerbrochen wird. Das alles ist in meinen Augen Religion.

MICHAEL ALBUS: Sind wir dann nicht unheilbar religiös?

Eugen Drewermann: Ja! Zumindest sollten wir es sein. Therapie jedenfalls ist eine Form, daran zu erinnern. Ich möchte es mit Sören Kierkegaard sagen, den ich über alles schätze. Er meinte, Religion sei eine Synthese zwischen Endlichkeit und Unendlichkeit. Das wäre dann vorweggenommen die von uns gesuchte Synthese in all den Niemandsländern, die dazwischenliegen.

# Zwischen den Fronten

## Ich bin nicht der andere: Menschliche Beziehungen

MICHAEL ALBUS: Niemandsländer liegen zwischen Fronten, die innerhalb von uns verlaufen, in unserer Seele, in unserem Kopf verlaufen, und Fronten, die außerhalb sind. Ich fange an mit der Frage nach den Beziehungen zwischen Menschen. Das ist ein wichtiges Thema, weil es das Leben der Menschen direkt betrifft.

EUGEN DREWERMANN: Eine Beziehung zwischen Ich und Du kann nur dann gelingen, wenn jeder mit sich einigermaßen identisch ist. Wenn das nicht gegeben ist, hat man die Situation eines Brückenbaus an zwei Uferseiten, die beide nicht wirklich befestigt sind: Es wird eine schwierige Konstruktion. Mit anderen Worten: Beziehungen setzen Identität und Identifikation voraus. Das Schicksal des anderen wird mein eigenes, wenn ich zu ihm eine intensive Beziehung aufbaue. Ich bin aber trotzdem nicht der andere. Beide Bestimmungen erzeugen eine enorme Spannung. Ich identifiziere mich mit der Person, die ich lieb habe, deren Wohl ich befördern möchte, deren Schicksal mich zutiefst betrifft, das ich zu meinem eigenen mache. Ich kann aber nicht aufhören, ich selber zu sein; ich muss also das Eigene so gestalten, dass ich mir zu eigen mache, was im anderen ist. Diese Spannung ist außerordentlich kreativ, sie gerät aber in Krisen hinein, wenn aus der Beziehung eine Flucht in zwei mögliche Richtungen wird: Man kann zum einen aus Unsicherheit in den anderen hineinfliehen, man kann zum anderen aus Unsicherheit in sich selber hineinfliehen, – man pendelt zwischen Ichverlust und Ichbehauptung hin und her.

Flieht man in den anderen, unterwirft man sich ihm, möchte man sein wie er, in Ablehnung dessen, was man selber ist. Dann lässt man sich vom anderen sagen, wer man zu sein hat, und man tut alles, was der andere will. Man bemüht sich, seine Gedanken zu lesen, man versucht, dem Wunschbild zu entsprechen, das man im anderen vermutet oder das von ihm geäußert wird. Wenn man Glück – oder Pech – hat, ist der andere sogar sehr einverstanden mit dieser Rolle seiner Dominanz, seines Herrschaftswissens. Er verspürt vielleicht sogar angesichts der Hilfsbedürftigkeit oder Unselbstständigkeit einen Auftrag zur eigenen Verantwortung, die er entsprechend wahrnimmt: Ich muss der Wissende sein. Ich bin die Autorität. Ich habe geradewegs die Pflicht, den anderen bei der Hand zu nehmen und ihm zu zeigen, wo es lang geht. Dann kann eine solche Beziehung über lange Zeit hin funktionieren, denn beide beziehen aus dem Ungleichgewicht der Beziehung ihren Vorteil, sie stabilisieren beide jeweils ihr Ich. Auch die dominante Persönlichkeit ist ja in dieser Form mit sich nicht identisch. Sie braucht und benötigt den anderen, um zu sich selbst zu finden. – Im Hintergrund spielt natürlich wieder die Geschichte der eigenen Biografie: Welche Rolle hat man in der Familiensituation schon in Kindertagen übernehmen müssen? Welche Beziehungen, die dort einmal geherrscht haben, welche Rollenspiele, welche Zuordnungen wurden verinnerlicht und haben den Charakter geformt, haben Teile der eigenen Persönlichkeit gebildet? Dieses Spiel aus Kindertagen geht dann weiter im Erwachsenenalter. Entsprechend schwer ist es, Beziehungen, die außerordentlich eng sein können, andererseits aber auch Reibungen und wechselseitige Formen von Leid verursachen können, bis hin zum Krankheitswert, bewusst zu machen, nachzuarbeiten, therapeutisch aufzulösen und beide Personen in ihre eigentliche Identität zurückzuführen und damit auch ihre Beziehung zu verbessern. Darf man das machen? In welchem Umfang kann das gelingen? Das ist ein Abenteuer für alle Beteiligten, weil es garantierte Erfolge dabei nicht gibt.

MICHAEL ALBUS: Ist es falsch, wenn ich sage: Ich bin eine Front, und das Du ist eine Front?

EUGEN DREWERMANN: Worüber wir gerade sprechen, ist die Konfliktvermeidung durch Selbstpreisgabe, ist die Frontauflösung auf der einen Seite durch Überlaufen: Man flieht in den anderen hinein, man träumt sich in eine Harmonie, die keinen Konflikt mehr zulässt. Die bloße Möglichkeit, dass durch ein Missverständnis ein Konflikt aufkommen könnte, wird in einer solchen Harmoniebeziehung bereits als Katastrophe empfunden. Das ist, wie wenn man eine Kristallvase funkelnd auf dem Regal stehen hat und schon eine kleine unachtsame Bewegung des Ellenbogens die ganze Schönheit in Sekunden zerschmettern kann. Das ist auch in Beziehungen möglich, die so kostbar sind und so filigran erlebt werden wie eine solche Kristallvase. – Die Flucht kann umgekehrt auch nach innen erfolgen. Etwa so: Jemand fühlt sich augenblicklich bedroht, wenn der andere ihm zu nahe zu kommen scheint. Er möchte sich selber bewahren. Er geht zwar Beziehungen ein, aber nur unter Kontrollbedingungen. Er muss Herr der Lage bleiben. Er darf nicht verführbar werden durch Gefühle, die er nicht beherrschen kann. Auch das kann viele Hintergründe haben. Frauen haben Männer als übergriffig erlebt und gelernt, von weitem schon auf der Flucht zu sein vor zu viel Nähe. Sie haben erlebt, dass sie mit den Gefühlen, die sehr impulsiv sein können, ganze Teile in sich selber abspalten müssen. Und diese innere Zerrissenheit zeigt sich dann nach außen. Man macht sich in gewissem Sinne unberührbar. – So geht zum Beispiel die Geschichte vom Dornröschen: Man steht in dem Ruf, eine schlafende Schönheit zu sein, die geweckt werden möchte, umgibt sich aber mit einer Dornenhecke, die lebensgefährlich wird für jeden, der versucht, sich anzunähern.

MICHAEL ALBUS: Dornenhecke als Front.

EUGEN DREWERMANN: Ja! Im Märchen waren es schon viele Leute, die versucht haben, sich Dornröschen zu nähern. Erst der letzte hat es geschafft nach all den Vorversuchen. Es ist ein Abenteuer, in solche Beziehungen einzudringen, weil im Hintergrund ein Sicherungssystem uralter Ängste steht. Dann bauen sich nicht eigentlich Niemandsländer auf, man verschiebt einfach nur das Terrain. Man nötigt den anderen, zu einem zu kommen. Wenn er das schafft, mag er willkommen sein. Wenn nicht, hat er keine Chance, auch nur als Trauerfall gebucht zu werden.

MICHAEL ALBUS: Steckt in der Ich-Du-Beziehung nicht auch eine Unmöglichkeit: Ich werde mich nie ganz in den anderen versetzen können. Der andere wird sich nie ganz in mich versetzen können. Da gibt es eine Front, die bleibt.

EUGEN DREWERMANN: Es gibt Philosophen, Psychologen, die daraus ein metaphysisches oder erkenntnistheoretisches Problem gemacht haben. Jean-Paul Sartre hat in »Das Sein und das Nichts«, seinem philosophischen Hauptwerk, die Ich-Du-Beziehung als Unmöglichkeit der Harmonie dargestellt, indem er ihr das erkenntnistheoretische Schema der Subjekt-Objekt-Beziehung unterlegt hat. Wenn ein Mensch dem anderen begegnet, entsteht für ihn laut Sartre die Frage, welch ein Bewusstsein das andere Bewusstsein instrumentalisiert für seine eigene Weltauslegung. Wenn ich dem anderen als Objekt begegne, kann ich mich ihm nicht wirklich nähern. Da hat Sartre zweifelsohne recht. Aber was er nicht für möglich hält, ist, dass man den anderen gerade nicht objektiviert, sondern als Subjekt entdeckt, in einer eigenen Würde, mit Respekt vor seiner Eigenart, und voller Neugier gerade sie kennenlernen möchte. Ich und Du setzt voraus, dass zwei Personen miteinander in einen Dialog treten. Es geht gerade nicht ums Objektivieren. Es geht im strengen Sinne nicht einmal um Erkennen als gegenstandsgerichtetes Wissenwollen. Es geht um Verstehen. Das heißt, man nimmt probeweise den Ort ein, an welchem der andere sich befindet, man versetzt sich in ihn hinein, ohne dabei aufzuhören, man selber zu sein. Man kommt dabei nicht umhin, ständig zu vergleichen: Wie ist der andere? Wo unterscheidet er sich von mir? Und das Erstaunliche ist: Die Andersartigkeit des anderen wächst mit der Nähe. Man nimmt sich immer genauer wahr. Und wenn man nun findet, dass das, was der andere ist, dem entspricht, was einem selber fehlt, so dass man es braucht, um ganz zu werden, ist die Liebe vollkommen. Dann bleiben die Unterschiede voll erhalten, sie fordern sich sogar wechselseitig, indem die Ergänzungsbedürftigkeit subjektiv immer eindeutiger wird. Man lebt in der Beziehung den Vorteil, dass der andere gerade die Dinge kann und tut und repräsentiert, die einem selber mangeln. Das ist wunderschön.

MICHAEL ALBUS: Aber in uns ist doch auch eine Sehnsucht nach Verschmelzung. Ich erinnere mich an einen Trickfilm für Kinder,

»Vater und Tochter« heißt sein Titel, wo am Anfang ein Mädchen seinen Vater verliert. Der Vater geht ins offene Meer hinein, verschwindet dort. Das Kind lebt sein Leben, man sieht es immer hin und her ziehen, an der Küste entlang fahren. Es wird älter und älter, und am Schluss wird es plötzlich wieder jünger, und, im Trickfilm kann man das sehr schön machen, es stürmt auf den Vater zu, und die beiden verschmelzen miteinander. Ich glaube, dass die Sehnsucht nach Verschmelzung keine Erfüllung finden kann. Das ist genau die Front, die ich oft in Ich-und-Du-Beziehungen erlebe. Ich möchte etwas, was ich nicht erreichen werde: Das Land meiner Sehnsucht. Ich möchte eins werden mit dem anderen. Das ist der alte Mythos, dass der Mensch ergänzungsbedürftig ist. Wie komme ich raus aus dieser Unmöglichkeit? Ich komme nicht raus! Dann geschehen Verletzungen in Beziehungen.

EUGEN DREWERMANN: Wenn man einen Totalanspruch aus einer Sehnsucht macht, wird man wohl meistens scheitern. Wenn man aber akzeptiert, dass man in immer neuen Erfahrungen in die Richtung dessen, was man ersehnt, sich entwickeln kann, ist es ein wunderbarer Weg.

Die Psychoanalytiker haben seit den Tagen von Otto Rank, um 1915, gemeint, dass die Liebe gar nicht anders könne, als auf Verschmelzung hinauszuwollen. Sie haben sogar die wechselseitige Umarmung von Mann und Frau so interpretiert: Im Grunde wolle der Mann zurück zu seiner Mutter, zu der Ureinheit vor seiner Geburt. Er möchte revidieren, überhaupt auf der Welt zu sein, und wieder in ein fiktives Paradies völliger Behütetheit und Unbedrohtheit, in eine Sphäre sehnsuchtsvoller Wärme eintreten, die ihn umgibt. Ein bisschen ungerecht ist es, dass diese Fantasie nur aus der Perspektive des Mannes formuliert wird. Wo bleibt die Frau dabei? Schon das ist ein Ungleichgewicht. Nehmen wir aber einmal an, die Psychoanalytiker hätten recht, – wohin die Liebe möchte, sei eine Verschmelzung zweier Personen in einer umfangenden wechselseitigen Einheit, dann darf man denken, dass es auch für eine Frau so erlebbar ist, dass sie ganz wird in der Einheit mit dem Mann, den sie umarmt. Dann hätte der griechische Philosoph Platon mit seiner Idee recht, die

Menschen sehnten sich nach Liebe, weil sie im Grunde nur als halbe Wesen existierten, wofern sie sich nicht wechselseitig fänden und zur Ganzheit, die vom Ursprung her gemeint ist, ergänzten. Die Wahrheit ist: Man kann auf der Ebene der Biologie oder der Physiologie Einheit nicht herbeizaubern. Wenn Liebe wirklich schön ist, wenn Sexualität gelingen soll, ist sie ein seelisches Erlebnis. Und wie man als Person mit dem anderen verschmilzt, ist das wirkliche Geheimnis. Auch das war eine Entdeckung der Psychoanalyse: Sexualität muss man lesen als Symbol. Sie ist eine körperliche Sprache, die am klarsten wiedergibt, was in der Seele ist. Und deshalb ist sie auch diagnostisch für die Therapie höchst geeignet. Sigmund Freud meinte, dass die Sexualität deshalb wichtig sei, weil sie als körpergebundene Sprache seelische Vorgänge ausdrücke und dadurch hoch symbolisch werde. Sexualität hat etwas zu bedeuten, sie steht nicht für sich allein. Das ist in unseren Tagen sehr wichtig zu sagen, wo man den physiologischen Lusterwerb absolut überbetont ...

MICHAEL ALBUS: Die ganze Pornoszene ...

EUGEN DREWERMANN: ... und dabei den Begegnungscharakter fast eliminiert. Gleichwohl, wenn Sie sagen, es geht in dem zitierten Film um die Symbolik des Meeres, legt sich nahe, auch das Meer als ein Symbol für das Weibliche zu sehen. Die Harmoniesehnsucht, wenn sie überstark wird, hat einen stark regressiven Zug, sie repräsentiert eine Beziehungsform, die ins Kindliche zurückgeht, letztlich in die Dualunion zwischen Mutter und Kind in den ersten Lebensmonaten. Da wird außergeburtlich für eine lange Zeit eine Situation geschaffen, die daran erinnert, wie es vor der Geburt war. Die ganze Behütetheit des Kindes in den Anfangstagen seines Lebens möchte noch eine Weile lang die vorgeburtliche Einheit fühlbar machen, damit der Schmerz der Trennung nicht so groß ist. Menschen, die in der Kindheit schon viel zu früh von der Mutter abgelöst wurden, die eigentlich gar keine eigenen Schritte der Entwicklung gehen durften, sondern sich fundamental weggestoßen fühlten, werden sich immer wieder danach sehnen, das zu bekommen, was ihnen seit den Anfangstagen ihres Lebens fehlt. Und dann sind reaktiv dazu die Harmonievorstellungen von entsprechender Heftigkeit und Enttäuschbarkeit. Der andere ist nicht meine Mutter, er ist nicht mein Vater. Er ist ein anderer Erwachsener, den ich als Erwachsengewordene oder Erwachsengewordener in eine Ich-Du-Beziehung von Gleichberechtigten einschließen soll. Da muss eine ganze Entwicklung nachgeholt werden. So schön es ist zu erleben, wie Einheit sich anfühlt, setzt sie doch die Arbeit wechselseitig voraus, zu dem Eigenen und Fremden sich aufzuranken, auf dass jemand als Selbstgewordener einem anderen in seiner Eigenart auf gleicher Höhe begegne. Man kann die Unterschiede im Niveau, das dauernd wechselt, immer wieder ausgleichen, aber auch das ist ein Akt des Verstehens und der Verständigung. Es geht nicht von allein.

Mit anderen Worten: Harmonie ist eine wunderbare Sache, wenn sie über die Widersprüche lernt, sich immer neu zu formen, in etwa so, wie in der siebten Sinfonie von Beethoven: Wenn man nur Dreiklänge spielen wollte, die alle sich harmonisch anhören, hätte man die Liebe als Kitsch. Das wäre eine sehr oberflächliche Art der Begegnung und sehr regressiv und infantil. Es wäre gewiss attraktiv, aber es hätte nicht die Dynamik und die Wahrheit, die dazu gehört, sich wirklich zu begegnen.

Ein Problem der Begegnung besteht vor allem darin, dass in jede Beziehung auch gewisse Wunschbilder mit hineingenommen werden, denn auch wenn wir sagen, jemand solle als mit sich identische Person dem anderen begegnen, ist seine Identität ja selber schon geprägt aus einer Kette von Identifikationen. Der Charakter eines Kindes wird geprägt durch die Identifikation mit den jeweiligen Bezugspersonen. Die gehen in die Geschichte der Biografie ein. Und deren Resultat sind dann wir selber. Insofern ist dieses Wechselspiel von Identität und Identifikation, auch bei der Liebe von Erwachsenen, nicht neu. Man sieht in dem anderen ein Stück weit den eigenen Vater, die eigene Mutter noch einmal wieder, die man zum Teil in sich trägt, zum Teil vermisst, und sucht es als etwas Vertrautes neu zu entdecken. Diese Bilder bringt man mit. Es ist eine spannende Frage, wie weit sie zu dem passen, was der andere wirklich ist. Der vielleicht lässt sich voller Freude, einen Partner der Liebe gewonnen zu haben, darauf ein, tut so, wie wenn dessen Wunscherwartung just in ihm zur völligen Erfüllung käme. Dann wird es außerordentlich schwierig, ihn eines Tages zu enttäuschen und zu erklären: Ich bin im Grunde aber noch ganz anders. – Es ist wie im Märchen vom »Marienkind«: Es gibt noch ein verbotenes 13. Zimmer, das wir nie betreten haben.

Eine Bedingung der Harmonie ist deswegen Wahrhaftigkeit. Sie setzt wieder jenes Vertrauen voraus, das das Gegenteil von Angst ist. Dazwischen sind die Spannungen.

MICHAEL ALBUS: In mir steigt ein Bild auf. Ich sehe mich am Rande eines uralten Gräberfeldes im Norden von Chile stehen. Auf dem Boden liegt eine Mumie in Embryohaltung. Die Sehnsucht nach Verschmelzung muss so groß sein, habe ich mir damals gedacht, dass ich im letztmöglichen Verhalten zum Tod den Körper wieder in die Form bringe, die im Anfang war.

EUGEN DREWERMANN: Das war ganz allgemein so in der Begräbniskultur über Jahrtausende, vor allem am Anfang des Neolithikums, dass man die Verstorbenen in der Hockstellung beisetzte in der Mutter Erde. Man hofft in diesem Symbol auf Regeneration, auf Auferstehung.

MICHAEL ALBUS: Man bringt in einer symbolischen Handlung zum Ausdruck, was ich im Leben nicht erreicht habe, was aber meine Sehnsucht war.

EUGEN DREWERMANN: So kann man es sagen. Es wäre schön, wenn man endlich wieder da ankäme, von wo man seinen Ausgang nahm. Dann wäre das ganze menschliche Leben ein Ring der Zeit, der sich schließt. Auch psychologisch wäre das sehr schön. – Ich glaube, dass an solchen Vorstellungen etwas dran ist: Je älter man wird, kehrt man zurück in das, was man war. Man hat vieles gelernt, das man im Jugendalter nicht wirklich verstanden hat. Man hat mit mathematischen Formeln oder physikalischen Gleichungen hantiert. Aber dass man Weisheit, Philosophie, Welterklärung sich dabei hat öffnen sehen, das war nicht der Fall. Das begreift man vielleicht erst sechzig Jahre später, und dann fängt es an, einen noch einmal zu interessieren. Oder: Man hat griechische Mythen gelernt, aber nie geahnt, dass sie ein ganzes Leben erklären können. Mit der Bibel ist es nicht anders. Kurz: Was man als Kind beigebracht bekommen hat, reift nach. So schließt sich am Ende ein Kreis. Es wäre schön, man könnte damit auch das Einverständnis sich selber geben, dass es gut war, so groß geworden und überhaupt geworden zu sein. Dann ist es rückblickend noch einmal eine Bejahung: Dieser mein Lebensweg ist in Ordnung und kehrt zu seinen Anfängen zurück, eine Annahme, die einem möglich wird, weil man sich irgendwie schon immer angenommen fühlte, nicht ausgeworfen als Zufall der Natur.

MICHAEL ALBUS: Können wir versuchen, die Härte, die Unmöglichkeit noch einmal zu formulieren? Wie komme ich raus aus der Härte der Fronten zwischen Ich und Du, aus der Unmöglichkeit, eine Sehnsucht konkret werden zu lassen, die Sehnsucht nach Verschmelzung zum Beispiel?

EUGEN DREWERMANN: Das ist nicht unmöglich. Es ist nur dann sehr schwierig, wenn man die Sehnsucht nach Verschmelzung als Totalität setzt, als etwas, das unbefragbar die Voraussetzung jeder Begegnung darstellt. Verschmelzung ist das Ergebnis einer Begegnung, die immer neu versucht werden muss. Und sie ist gefährdet, durch die Struktur der Persönlichkeiten, die miteinander konfrontiert sind. Unter dem Druck von Angst entstehen, wie gesagt, Fluchtbewegungen nach innen, ins Narzisstische, oder aber in den anderen hinein, so dass man, statt selber zu leben, nur noch in der Wunscherfüllung des anderen aufgehen möchte. Angst ist es, die jede Brückenbildung zwischen Ich und Du gefährden kann, weil an einer der beiden Uferseiten keine Befestigung existiert. Dann ist die ganze Brückenkonstruktion im günstigen Fall noch in der Schwebe, meistens aber bereits kurz vor dem Zusammenbruch. Wie jetzt der eine dem anderen hilft, mehr er selber zu werden durch die Liebe, das ist die Bedingung jeder Harmonie. Ich glaube keinesfalls, dass das unmöglich ist. Jede Psychotherapie versucht, reale Liebesbeziehungen vorzubereiten oder ersatzweise zu ergänzen. Zumindest ist dies das Ziel. Ich glaube, dass Liebe gelingen kann.

MICHAEL ALBUS: Die Scheidungszahlen, auch die Zahl derer, die schon gar nicht mehr in eine Beziehung hineingehen, die eine

Verbindlichkeit signalisiert oder zum Vorschein bringt, wachsen. Auch die Frequenz, die Häufigkeit des Eingehens von Beziehungen wächst. Das Beziehungsfeld wird immer hektischer.

EUGEN DREWERMANN: Das ist richtig und hat wieder viele Ursachen. Wir leben insgesamt in einer Welt, die immer beschleunigter wird. Noch im 19. Jahrhundert waren Beziehungen weniger gebunden an Gefühl und Persönlichkeit, sondern sehr stark sozial geprägt. Man heiratete in den Bauernhof des Nachbarn ein, man wurde verheiratet. Es stand im Grunde schon fest: wenn es ein Mädchen wird, dann wird es einen bestimmten Jungen später heiraten. Dieses Reglement diente auch der Eigentumskontrolle, der Regelung der Erbschaftsverhältnisse, es stellte Überschaubarkeit im Dorf her, es setzte Stabilität in die Voraussetzung der Nahrungsgewinnung, es bedeutete Sicherheit. Wir haben in der Romantik dann gelernt, die Persönlichkeit viel stärker in den Vordergrund zu rücken. Das war wunderbar, weil Intentionalität, Personalität, Reflexivität, die ganze Breite des Seelischen Eingang finden konnte in die Beziehung. In gewissem Sinne war das sogar eine vorweggenommene Antwort auf die Barbarei des Industriezeitalters. Man wollte die Seele retten gegen ihre Mechanisierung, man »wusste«, dass in einem total verplanten Arbeitsverhältnis von vierzehn Stunden Arbeitszeit in der Fabrik alles ersterben wird, was den Namen Liebe verdient.

MICHAEL ALBUS: Unter die Räder kommt ...

EUGEN DREWERMANN: ... unter die Räder, buchstäblich. Deshalb wollte man ein Gegengewicht bilden und betonen, dass Glück zumindest da möglich ist, wo ein Mensch den anderen wirklich liebt. Und das sollte nicht zerstört werden. Gegeben war damit die Gefahr einer dramatischen Überforderung. Dieser eine Mensch, den ich jetzt lieb gewinne, ist der Ersatz für die ganze Welt, die immer kälter, immer fremder, immer abartiger wird, die immer mehr Zwang repräsentiert und Entfremdung. Dieser eine Mensch sollte die Freiheit verkörpern, die ich als Person brauche. Er also ist der Engel, der vom Himmel schwebt. Er ist gefühlsmäßig auch der Ersatz für die Religion, die immer mehr verloren geht. Die Geliebte wird immer mehr zur Göttin, der Geliebte zum Gott. Er ist aber nur ein Mensch. Wie man den religiösen Hintergrund wieder einführt, indem man sich wechselseitig die Chance gibt, nur mal Mensch sein zu dürfen, das ist schon wieder ein Kunststück in unseren Tagen. Man braucht einen absoluten personalen Hintergrund, um mit Vertrauen in die Ungewissheit einer neuen Beziehung hineinzugehen.

Heute kommt zu allem noch als ein neuer Faktor der Zerstörung möglicher Beziehungen die Mobilität hinzu, die wir inzwischen jedem Arbeitnehmer vorschreiben. Er muss flexibel sein. Er braucht ein Auto, das ist selbstverständlich. Hundert Kilometer Anfahrtsweg zum Arbeitsplatz sind zumutbar. Er muss auch seine Wohnung jederzeit wechseln können. Drei Kinder sind da gar kein Einwand. Von Freiburg nach Berlin – warum nicht? Fernbeziehungen sind in politisch korrekter Betrachtung arbeitskompatibel, dann sieht man sich halt nur am Wochenende. Mit anderen Worten: Wir verlagern sämtliche Interessen so weit außerhalb der Frage, wie Menschen sich begegnen können, dass alles zur Zerreißprobe wird. Wenn wir ständig in neue Verhältnisse hinein wechseln müssen, um überhaupt die paar Euro zu verdienen, die uns erlauben, dass wir uns ernähren können, werden Menschen genauso austauschbar, wie das Arbeitsverhältnis selbst, und das lernen wir. Wir betrachten unter diesen Umständen uns schon von vornherein als Lebensabschnittspartner – »muss man mal sehen«. Ewige Treue zu versprechen ist ein Ritual bei der Hochzeit, aber eigentlich eben zu der Kondition, »wenn es mal gut geht«. Für die Frommen lautet die Formel: Wenn Gott den Bund wirklich geschlossen hat, dann können wir das tun. Aber wenn der »Teufel« drin ist, müssen wir schauen, was da wird.

Darin liegt freilich auch eine tiefe Wahrheit des Menschlichen. Man kann sich nicht für eine ganze Zukunft versprechen. Man kann nicht unter Eid sagen: »Ich bin dein Glück und werde es bis zum Lebensende sein, es sei, der Tod bringt uns auseinander.« Damit überfordert man sich. Gerade weil man sich wechselseitig liebt, wird eine neue, stürmische Entwicklung beginnen können, deren Ergebnis nicht vorauskalkulierbar ist, nicht wirklich planbar. – Ich kenne Beziehungen, die auseinandergegangen sind in Respekt vor der

Andersartigkeit, die entwickelt und entdeckt wurde, weil man sich sehr geliebt hat. In solchen Fällen ist es infam, wenn die katholische Kirche erklärt:»Wir können eine Ehe, die als Sakrament geschlossen wurde, nur scheiden, wenn sich zeigt, dass das Sakrament gar nicht zustande kam, weil die Personen krank waren bei ihrem Eheabschluss. Sie gehörten gar nicht sich selber, sie konnten ein freies Versprechen einander gar nicht geben.« Die Wahrheit ist genau gegenläufig: Die Beziehung war womöglich sehr fruchtbar, sie hat zwanzig Jahre lang positiv die Charaktere zweier Menschen geformt, sie hat sich aber nach und nach auseinander entwickelt durch eine Reihe von Komponenten, die nicht vorhersehbar waren. Beide stehen jetzt dankbar voreinander, sich die Freiheit schenken zu können, die nun eintritt. Eine Frau sagte mir einmal voller Wut:»Jetzt trete ich aus der Kirche aus. Die zwanzig Jahre mit meinem Mann waren kein nichts. Dann bin ich eben nicht katholisch.« Und sie hatte recht. Sie wollte nur ein Mensch sein, der sich das Recht nahm, aus zwanzig Jahren Gemeinsamkeit etwas zu lernen, das eine neue Zukunft bietet.

MICHAEL ALBUS: Im Grunde macht mir das Angst, was Sie gerade sagen: Dass es so ist, dass, wenn ich dem anderen in Liebe die Möglichkeit einräume, anders zu werden oder selbst zu werden, sich zu verändern, dass am Schluss diese Liebe im Vollzug des Andersseins oder des Andersgewordenseins in eine Trennung mündet.

EUGEN DREWERMANN: Das muss nicht sein, kann aber der Fall sein. Stellen Sie sich vor, ein Mann, fünfunddreißigjährig, liebt als Dozent seine Studentin, zwanzigjährig. Dann muss er wissen, dass das eine Tochter-Vater-Beziehung ist und dass er eine Person vor sich hat, die in seinem Schatten sich noch sehr dynamisch entwickeln wird in eine Zukunft, die sie selbst nicht kennt und die er seinerseits nicht manipulieren darf. Natürlich ist es sein Wunsch, sich für all die Begleitung eines Tages belohnt zu finden in ewiger Freude. Aber ob das so kommt, ist nicht zu garantieren. Mit anderen Worten: Jesus hat mal wieder recht, wenn er sagt (Mt 5,34):»Ihr sollt nicht schwören.« Auch nicht ewige Treue, ergänze ich. Ihr könnt das nicht. Ihr seid nicht die Herren der Zukunft. Das müsst ihr Gott überlassen und ihm vertrauen, statt euch selber.

MICHAEL ALBUS: Aber Lust will Ewigkeit.

EUGEN DREWERMANN: Hat Nietzsche gemeint, ja.

MICHAEL ALBUS: Liegt er falsch damit?

EUGEN DREWERMANN: Lust, hat er erklärt, ist ewige Wiederkehr, sie dreht sich im Kreise. Was wir demgegenüber meinen, ist eine Entwicklung, linear, die braucht Ewigkeit, aber nicht den Kreislauf. Deshalb spreche ich viel lieber von einem Vertrauen, das vorgängig schon da ist und sich bezieht auf eine absolute Person, die uns erlaubt, den anderen in seiner Gestalt als Abbild zu verstehen. Mit anderen Worten: als relatives Bild für das Absolute. Wir können unser Vertrauen nicht endgültig in einen anderen Menschen setzen. Aber wir können mit Vertrauen ausgestattet eine Menge an Gemeinsamkeiten aufbauen.

MICHAEL ALBUS: Nochmal gefragt: Was ist dann die Aufgabe einer Beziehung, auch einer Liebesbeziehung, angesichts der Unmöglichkeit der Verschmelzung?

EUGEN DREWERMANN: Noch einmal: Die Verschmelzung ist ja nicht unmöglich, aber sie ist als totale und dauerhafte schwer denkbar. Sie ist als immer neue Erfahrung ...

MICHAEL ALBUS: ... eine temporäre Erscheinung ...

EUGEN DREWERMANN: ... temporär und in der Entwicklung stationär. Verschmelzungserlebnisse sind Meilensteine, die zeigen, wie es weitergehen kann. Vielleicht ist das Bild einer Spirale gar nicht schlecht: Man besteigt einen Turm, und die Wendeltreppe dreht sich immer wieder über die gleichen Punkte. So betrachtet, bildete die Verschmelzung eine innere Achse, und es kämen zyklische und lineare Bewegung in eins.

## Wie die Fronten aufbrechen?

MICHAEL ALBUS: Wie können die beschriebenen Fronten der zwischenmenschlichen Beziehungen aufgebrochen werden?

EUGEN DREWERMANN: In Beziehungsschwierigkeiten oder sogar Beziehungskatastrophen treten in aller Regel ungelöste Spannungen im Inneren nach außen und muten dem anderen die Lösung einer Aufgabe zu, die man selber angehen müsste. Das geht nur, indem man mit Hilfe eines anderen sich selber noch einmal fragt, wie man wurde, wer man ist, wer man selber ist und wer man sein möchte.

Ein Konfliktpaar, mit dem sehr schwer zurechtzukommen ist, lässt sich als *Konflikt von Gefühl und Verstand* definieren. Wenn in einer Bundestagsdebatte jemand eine Rede hält, ist sie umso langweiliger, je rationaler sie geprägt ist. Umgekehrt, eine sehr stark emotionale Rede wird wahrscheinlich von dem nachfolgenden Sprecher damit beantwortet, dass das alles unrealistisches Wunschdenken, populistisch, nicht objektiv, nicht sachlich sei. Emotionalität und Rationalität lassen sich auch in die Begriffe von *Subjektivität und Sachlichkeit* bringen. Psychoanalytisch kann man die Beziehung zwischen Ich und Es, nicht zwischen Ich und Du, sondern zwischen Ich und Es, als affektiv oder auch als emotional beschreiben, während der Zugang des Ich zur Wirklichkeit als rationaler Bezug aufgefasst wird; Emotionalität ist sehr stark mit der Innenresonanz auf sich selber verbunden. Tatsächlich kann man sagen: Je intensiver jemand fühlt, umso weniger klar ist er imstande zu denken. Rein neurologisch kann man zeigen, wie unterschiedlich die Hirnteile aktiviert werden, je nachdem, ob das limbische System in voller Stärke arbeitet oder der präfrontale Cortex, von dem aus die Gedanken gesteuert werden. – Die Wahrheit ist, dass jede Zugangsform zur Wirklichkeit sich verkürzt, wenn wir Emotionalität und Rationalität, die einen Gegensatz bilden, voneinander isolieren, statt sie als zusammengehörig zu begreifen. Es ist eine große Gefahr in meinen Augen, dass wir Kinder nur noch rational ansprechen. Die gesamte Ausbildung, die wir haben – von Bildung ist die Rede nicht –, hat die Aufgabe, die Schule an die Wirtschaft anzuschließen.

Mit anderen Worten: Unsere Kinder sind im Grunde nur noch das Humanmaterial, um den Kapitalismus zu beschleunigen.

MICHAEL ALBUS: Standortsicherung.

EUGEN DREWERMANN: Standortsicherung! Damit fördern wir in den Menschen nicht mehr den Menschen, sondern nur noch eine Fähigkeit, über die er gottseidank und zweifelsfrei verfügen kann: Funktionalität.

MICHAEL ALBUS: Wir funktionalisieren ihn.

EUGEN DREWERMANN: Genau! Die Absperrung des Gefühls aber bedeutet gleich zweierlei: Es gibt keine Korrektur mehr für das, was wir tun. Das führt, verbunden damit, zu der Unfähigkeit, Werte zu empfinden. – Beides ist in krassester Form erlebbar, wenn beim Militär gewünscht wird, dass man auf coole Weise bestimmte Zielobjekte ausschaltet. Man tötet keine Menschen mehr. Man hat auf dem Radarschirm ein Ziel, das verschwindet, wenn man die Rakete gestartet hat. Das kann man in zehntausend Kilometer Entfernung machen, absolut emotionslos. Gefühle können dabei nur stören. Man ist Teil eines Tötungsmechanismus, der maschinell und elektronisch vorgegeben ist. Mehr soll man auch nicht sein.

MICHAEL ALBUS: Im ersten Irakkrieg 1991 haben es die Amerikaner soweit gebracht, dass sie uns diesen Krieg rein medial vermittelt haben, immer nur aus dem Auge des Bomberpiloten. Unten auf der Erde hat man ein paar graue Objekte erkennen können. Dann wurden die Bomben abgeworfen und es war eine Explosionswolke zu sehen. Damit war die Geschichte zu Ende. Von konkreten Menschen im Flugzeug oder auf dem Boden keine Rede mehr.

EUGEN DREWERMANN: Das alles ist eine Rationalität, die so einseitig ist, dass sie ihre operationale Unmenschlichkeit an jeder Stelle offenbart. Das Schlimme ist, dass genau dies gewünscht war und wird von den Machern von Politik und Militär und Wirtschaft: Wir machen die

Menschen zu Opfern, indem wir ein Gegensatzpaar, Emotionalität und Rationalität, in der menschlichen Psyche voneinander isolieren. Emotionalität kann dahin führen, dass sie das Ich nicht trägt, sondern überschwemmt, dass sie unkontrollierbare Zustände schafft, dass sie Vorstellungen von Angst und Wunsch erzeugt, die bis ins Wahnhafte gehen. Emotionalität braucht deswegen die Ergänzung durch die Rationalität. Aber auch umgekehrt: Eine vereinseitigte Rationalität ist brandgefährlich, – sie wählt womöglich nur noch Ziele, für deren Erreichung sie über Leichen geht, buchstäblich. Sie braucht dringend eine Ergänzung durch die Emotionalität.

Wie nun das Wechselspiel zwischen beiden zustande kommt, ist das wirkliche Geheimnis persönlicher Reifung. Menschen, die nicht fühlen können, sind amputiert, gefährlich für sich selber und für die Umgebung. Sie sind unheimlich, gerade in ihrer hohen Unbeschwertheit der Gedankentätigkeit. Umgekehrt ist eine Emotionalität, die nur sich selber gehört, dem anderen schwer zu vermitteln. Sie ist so individuell zentriert, dass sie ihre Allgemeingültigkeit einbüßt. Was da geschieht, ist dem Einzelnen womöglich absolut evident, aber es ist nicht mehr vermittelbar.

Eine gute Theorie, um eine Synthese herzustellen, liegt paradoxerweise in der Triebtheorie der Psychoanalyse. Sigmund Freud hat gemeint, das Ich habe im wesentlichen die Aufgabe, Zugang zur Realität zu schaffen. Damit ist es von Anfang an der Ort einer Synthese, die gesucht werden muss. Gefühle lassen sich auch interpretieren als bewusst gewordene Affekte, die von unten aufsteigen, die aus dem Es kommen, aber vom Ich vereinbar gemacht werden sollen mit den Forderungen dessen, was man als Realität begreift. Wie gehen die anderen Menschen damit um? Was macht die soziale Wirklichkeit damit? Wie passt das eigene Wünschen oder die Zielvorgaben der Gesellschaft zu der Tatsache, dass zweimal zwei immer noch vier ist? Das muss im Ich sich entscheiden. Man hat Gefühle, aber man hat sie auch zu haben, statt dass man von ihnen obsessiv in Besitz genommen wird. – Mit der Rationalität ist es schwieriger, weil vieles in uns lagert als gespeicherte Rationalität, die gar keine ist, sondern die wir als eine solche einmal gelernt haben unter dem Zwang der Erziehung. »Über-Ich« hat Sigmund Freud diese aufgezwungene Interpretation der Wirklichkeit durch die Eltern und durch deren Bezugsgruppen genannt. Es ist ein standardisiertes Weltbild, das uns zur Pflicht gemacht wurde mit einer Reihe von Funktionsvorschriften, von Aufgaben, von Anpassungsorientierungen.

MICHAEL ALBUS: Das Über-Ich ist der Gefühlskontrolleur.

EUGEN DREWERMANN: Es ist sehr wichtig, dass das Ich sich noch einmal fragt, ob das, was es gelernt hat, auch wirklich stimmt, ob es in die heutige Situation noch passt. Es war vielleicht in der Welt der Eltern noch ganz richtig, so zu denken, aber heute schon nicht mehr. Diese Aufgabe gewinnt an Bedeutung als Folge der Beschleunigung unserer kulturellen Entwicklung. Die Älteren tun sich immer schwerer, ihre Erfahrungen an die jüngere Generation weiterzugeben. Sie müssen damit rechnen, dass manches tatsächlich objektiv so nicht mehr stimmt, wie sie selbst es gelernt haben.

Unsere Eltern haben zum Beispiel noch gelernt, dass Sparen eine Tugend ist, – dass nicht die Anhebung der Binnennachfrage im Konsumrausch ein Verdienst ist für die Volkswirtschaft, sondern dass man nach Möglichkeit das Geld zusammenhält, dass man nicht sofort, wenn der Strumpf durch ist, sich einen neuen kauft, sondern sich hinsetzt und versucht ihn zu stopfen, – Künste, die man gar nicht mehr lernt als Junge oder Mädchen heute. Mit anderen Worten: Was vor fünfzig, achtzig Jahren richtig war, kann unter veränderten sozialen Bedingungen gründlich falsch sein. Dieses Wissen stellt jeden vor die Aufgabe, noch mal zu überprüfen, ob das, was er gelernt hat, in die heutige Welt noch hineinpasst, und noch viel wichtiger, ob es zu ihm selber passt. Es kann ja sein, dass er geprägt wurde nach den Wünschen und Vorstellungen seiner Eltern, die vermeinten, das Beste zu tun, wenn sie ihm bestimmte Werte vermittelten, aber es zeigt sich, dass in ihm heute dadurch Spannungen erzeugt werden, die Gefühl und Verstand nicht zusammenkommen lassen, die immer wieder Ungleichgewichte herbeiführen. Die Voraussetzung ist, dass die gelernten Inhalte noch einmal überprüft werden dürfen, dass die Auseinandersetzung mit dem Über-Ich den Zwangscharakter verliert, dass man die Freiheit bekommt, nachdenken zu dürfen.

Im religiösen Bereich erlebe ich oft, dass es monströs schwer ist, dass jemand denken soll, eine sich unfehlbar gebende Kircheninstitution wie die Kirche Roms könnte geirrt haben in sehr wichtigen Fragen, die einen selber betreffen. Nehmen wir ein Problem, das heute noch nicht ausgestanden ist: Es gilt inzwischen als kultureller Fortschritt, dass Homosexuelle gleichberechtigt sind auch in ihren Partnerschaften. Für die katholische Kirche ist homosexuell zu leben eine Todsünde, immer noch, laut Kirchenlehre.

MICHAEL ALBUS: Auch im Katechismus steht es ja noch: Das entspricht nicht der Ordnung der Natur. Aber was ist das, die Ordnung der Natur? Was meint man damit?

EUGEN DREWERMANN: Das steht laut Kirchendogma in der Bibel. Gott hat den Menschen geschaffen als Mann und Frau. Das ist die Erklärung, und das sieht man auch. Mit anderen Worten: Man hat Bibel und Biologie auf eine so simple Weise zusammengenommen, dass man vor Jahren etwa sehr erschrocken war, im Zoo in Frankfurt bei den Bonobos, zum Ärger der Konservativen, am Gehege lesen zu können, dass Bonobos homosexuell miteinander umgehen, schon um bestimmte soziale Konflikte zu lösen. Sexualität macht Freude und ist besser, als sich zu zanken. Bonobos stehen uns näher als die Schimpansen, und Bernhard Grzimek, der den Text am Primatengehege angebracht hat, wollte eigentlich nur andeuten, dass wir Menschen von den Tieren manchmal lernen könnten. Wenn schon nicht durch uns selber und durch das Unrecht, das wir einander zufügen, dann sollten wir mal schauen, wie es bei den Tieren zugeht.

MICHAEL ALBUS: Grzimek war ja auch Atheist, hieß es damals, auch von kirchlicher Seite.

EUGEN DREWERMANN: Sexualität dient nicht nur der Fortpflanzung, sie hat viele Funktionen. Das kann man als Verhaltensbiologe lernen, und das sollte man dann auch als Theologe lernen dürfen. Aber dann müsste man simpel sagen: Die Kirche hat sich geirrt, weil sie es sich viel zu bequem gemacht hat, und das über Jahrtausende. Ihr Weltbild stimmt im Ganzen nicht. Sie hat mit dem Unbewussten nicht gerechnet, mit der Evolution der Psyche nicht gerechnet, sie hat die Verhaltensforschung nicht einkalkuliert. Sie hat alle Begriffe verkürzt auf ein Menschenbild, wo nur das Bewusstsein gelten soll. Da haben wir den nächsten Gegensatz, wieder zwei Fronten: *Bewusstsein und Unbewusstes*. Wir denken oben im Kopf das eine, aber von unten aus der Tiefe des Erlebens kommt ein ganz anderes. Wohl, im Kopf haben wir klare Begriffe, aber wir haben auch Träume. Wir haben Gedanken, aber auch Gefühle, die sich mit Bildern verbinden.

Wie kommt ein Mensch unter diesen Voraussetzungen zu sich selber? Für die Psychoanalyse war das vor hundert Jahren ein zentrales Thema, weil die Verkürzung des Menschen auf seine bewusste Ich-Spitze eine solche Vereinseitigung darstellt, dass man darunter krank wird. Carl Gustav Jung sprach später von der Verstandeseinseitigkeit, die er als neurogen, als pathologisch in unserer Kultur festzumachen suchte.

Es ist mir eben deshalb ungeheuerlich, dass wir die Wunschideen unserer Bildungspolitiker, als ob es das alles nie gegeben hätte, in nichts weiter befestigt sehen, als in der rationalen Ausbildung zum Zwecke technisierbarer Leistungen. Das ist ein Menschenbild, das so wenig stimmt, dass es fast noch schlimmer wirkt als die moralisierenden Einseitigkeiten der kirchlichen Theologie. Aber es wagt keiner dagegen wirklich aufzustehen. Umso wichtiger, dass wir die Fronten, die sich daraus entwickeln, möglichst klar formulieren und es uns zur Aufgabe machen, eine Synthese zu finden. Das Ich kann mit sich nur identisch werden, wenn es die Gegensätze von Bewusstsein und Unbewusstem vereinigt.

Carl Gustav Jung hat noch einen anderen Gegensatz formuliert, der weniger bedeutsam erscheint, in Wirklichkeit aber sehr wichtig ist: den *Gegensatz von Empfindung und Intuition*. Er meinte, dass eine bestimmte Form der Wirklichkeitsbegegnung im Empfindungsbereich liegen kann. – Sie lesen eine Novelle etwa von Stefan Zweig, und Sie haben die Dichtkunst eines *Empfindungs*menschen vor sich. Was er beschreibt, sind Erfahrungen wie diese: Es ist möglich, dass ein Mann und eine Frau aus der Ordnung, in der sie gerade noch gelebt haben, herausfallen, nur weil ein Gewitter am Himmel sich auflädt. So etwas wird über Seiten hin geschildert. Es wird immer schwüler, es wird immer heißer, die Körper nähern sich immer mehr an, das Verlangen wächst ins Unerträgliche. Das Kontrollverhalten löst sich auf. Es passieren Dinge, die, unabhängig von dem empfindsamen Gespür für die aufziehende Gewitterfront, sich in der Seele der Betreffenden nie ereignet hätten. Man ist eben ausgeliefert an das, was sich ringsum tut, ganz und gar verströmt in den Empfindungen. Das ist eine Möglichkeit, aber auch eine Gefahr. Das würde auch Stefan Zweig sich selber ins Stammbuch geschrieben haben.

Etwas ganz anderes ist die *Intuition*. Nehmen Sie einen Autor wie Martin Buber zum Beispiel, einen reinen Intuitionisten. Solche Menschen brauchen die Wirklichkeit nicht über ihre Sinne kennenzulernen, und sie müssen sie auch nicht studieren, sie müssen nicht viel Fachwissen erwerben, sondern sie schauen und sie sehen. Das meint Intuition. Sie nehmen Gestalten wahr, die im Inneren sind. – Für die Psychologie war die Gestaltwahrnehmung ein außerordentlich interessantes Thema. Neurologisch lässt sich heute zeigen: Wir haben die Fähigkeit, die Vielzahl von Sinneseindrücken in ein Ordnungssystem zu bringen, das wir vorweg konstruieren. Gestaltwahrnehmung ist in diesem Sinne ein Wechselspiel von außen und innen, eine vollendete Synthese. Intuitionisten sind so, dass sie ihre innere Gestalt projektiv, aber dann auch von außen introjektiv, in eine Verschmelzung setzen. Und was sie dann erleben, ist evident für sie, es springt ihnen in die Augen.

Eine intuitionistische Erkenntnistheorie ist die Phänomenologie. Man hat eine noematische Evidenz (von griech.: noëma – Gegenstand geistigen Erfassens). Man sieht rein im Geist und hat die Gestalt des Gedankeninhaltes als die sich zeigende Wahrheit vor Augen. Es ist nicht weiter beweisbar, man beschreibt aber in klaren Begriffen, wie und warum es so ist. Edmund Husserl, Martin Heidegger, Jean-Paul Sartre arbeiteten mit den methodischen Grundlagen der Phänomenologie. Man sieht etwas, und man glaubt sich klar darüber, dass, wenn man es gründlich genug sieht, man der Wahrheit begegnet.

MICHAEL ALBUS: Die Phänomenologen sagen auch: Es erscheint. Es zeigt sich.

EUGEN DREWERMANN: Man muss, was im Bewusstsein erscheint, als das Unveränderliche, Notwendige, Wesenhafte reduktiv vom Zufälligen absondern. Das ist ein schwieriger Vorgang, der in der Phänomenologie einen angestrengten Reflexionsprozess voraussetzt. – Doch zurück zu unserem eigentlichen Thema. – Das Gegensatzpaar von Empfindung und Intuition ist außerordentlich wichtig, weil seine Ergänzbarkeit höchst wünschenswert ist. Nehmen wir an, es hat ein Mann, der seine Frau, rein empfindungsmäßig, wunderschön findet, in ihr eine Partnerin, die sehr stark intuitiv denkt, die glaubt, ihren Mann zu kennen, einfach weil sie ihn so sieht. Dann lässt sich vorhersehen, wie viel an endlosen Dialogen nötig wird, um tatsächlich zueinander zu finden. Die Schönheit der Frau kann altern. Aber wie erlebt man das empfindungsmäßig? Der andere, den man in einer bestimmten Weise zu sehen glaubt, kann auch noch anders sein, als man ihn wahrnahm, aber das muss er erklären. Mit anderen Worten: Eine solche Kontrastbeziehung muss in die Zeit hineinreifen. Das Lernverhalten muss sich damit verbinden. Die Gewissheit, dass die Dinge so sind, wie ich sie empfinde, dass sie so sind, wie ich sie innerlich wahrnehme, muss sich auflösen in eine lernende Neugier nach einander. Dann muss beides zusammenkommen.

Daneben existiert ein weiterer Kontrast: das Gegensatzpaar von *Subjektivität und Objektivität*. Empfindung könnte man im Endstadium als Auslieferung an die Objektwelt verstehen und Intuition als Auslieferung an die Innenwelt. Beide aber müssen, wie gesagt, zusammenkommen. Genau diese Synthese von Innen und Außen ist, was wir Leben nennen. Da ist eine Zelle mit einer Membran, die aber ihr Leben nur erhalten kann, wenn sie durch bestimmte Stellen ihrer Membran Nährstoffe durchlässt und dabei kontrolliert, ob das Aufgenommene infrage kommt für ihren Energiehaushalt. Alles Leben ist darauf angewiesen, das Eigene im Fremden zu erhalten und sich damit auszutauschen. Metabolismus nennen das die Biologen.

MICHAEL ALBUS: Es taucht bei mir ein innerer Widerstand auf, der mir sagt: »Im Innenraum kann ich die Dinge nicht lösen. Ich muss sie lebbar machen.«

EUGEN DREWERMANN: Es sind gleich zwei Dinge, die widerständig werden können: die Wahrnehmung nach innen kann problematisch sein, aber sie formt natürlich unbewusst auch die Wahrnehmung draußen. – In der Psychotherapie zum Beispiel entdeckt sich, dass die Konflikte, die man mit dem Ehepartner, mit den Kindern, im Beruf, mit seinen Freunden, mit sich selber hat, eine eigene Vorgeschichte besitzen, die man aber nicht kennt, die man vielleicht gar nicht kennen durfte, vor der man Angst hat oder vor der man sich ekelt. Also wird man Schwierigkeiten haben, sich das anzuschauen. Es ist aber die Bedingung dafür, sich kennenzulernen, anders wird es keine Lösung geben.

Manche Menschen haben so etwas nie gelernt. Sie sind so weit nach außen gerichtet, dass Introspektion ganz sicher nicht zu ihren Stärken zählt. Dann ist die psychoanalytische Psychotherapie fast am Ende. Menschen, die überhaupt keine Fähigkeit aufweisen, nach innen zu schauen, sind in diesem Sinne nicht behandelbar. Das kann manche Charaktertypen generell betreffen. Zwangsneurotiker zum Beispiel werden sich weigern zu akzeptieren, dass sie geworden sind, dass sie eine Geschichte haben, dass sie einmal kleine Kinder waren, dass sie primitive Bedürfnisse hatten; ihr Perfektionismus nötigt sie zu einer Eigenwahrnehmung, wonach sie fertig auf die Welt gekommen sind. Sie mussten immer schon so sein, wie man sie haben wollte. Und das sind sie jetzt. Alles andere ist im Grunde infantil, primitiv, gehört nicht zu einem, hat man auch vergessen. – Ich kenne Menschen, die vorgeben, subjektiv keine Erinnerung an ihre Kindheit zu haben. Die Erinnerungen bei diesen Leuten beginnen mit zwanzig Jahren ungefähr. Bis dahin waren sie im Internat oder in Heimen untergebracht. Für sie gibt es keine Kindheit. Ihre Erinnerung beginnt mit dem Fertigsein. Für solche Leute ist Introspektion ein Fremdwort.

Die Frage stellt sich dann therapeutisch: Kann man das jetzt irgendwie noch nachträglich implantieren? Kann man ihnen Neugier machen, bestimmte Erinnerungen, die es ja immer auch geben wird, wachzurufen, – der erste Schultag zum Beispiel, oder was war, als sie entdeckten, dass Mädchen anders sind als Jungen, oder was war, als die Eltern einmal Krach hatten, oder irgend so etwas? Vielleicht lässt sich doch aus den Trümmern von damals noch etwas Bedeutsames rekonstruieren.

Introspektionsunfähigkeit kann zustande kommen durch prinzipielle Ablehnung der eigenen Geschichte, mit einem Perfektionsanspruch, der alles Werden verweigert. Sie kann zustande kommen aber auch durch eine intellektuelle Form des Umgangs miteinander, die so funktional nach außen gerichtet ist, dass das Innere nie eine Rolle spielen durfte. Dann erscheint alles, was jetzt therapeutisch womöglich versucht wird, nur als eine überflüssige Komplikation, aber in Wahrheit ist es das natürlich nicht. – Man kann, um zu begründen, warum Innenwahrnehmung nötig ist, daran erinnern, dass Autofahren auf der Rennstrecke etwas sehr Außengerichtetes ist, man muss ständig schauen, was ringsum los ist. Es geht aber selbst für einen Formel 1-Piloten nicht an, dass er seine Armaturen nicht mit im Auge hat. Er muss schauen, was in dem Kontrollsystem auf dem Armaturenbrett steht, wie viel Treibstoff er noch hat, wie der Reifendruck ist usw. Ein Pilot im Flugzeug hat ein Armaturenbrett, so kompliziert, dass ein Laie es kaum überblicken kann. Das ist eine ganze Wand von Informationen, die man wie beim Blindflug beachten muss. Der Pilot hat im Grunde nur noch die Innenwahrnehmung, die repräsentiert ihm das Außen. Er fliegt eigentlich nur noch nach der Kontrollanzeige.

MICHAEL ALBUS: Im Grunde genommen gibt es auch eine ähnliche Erscheinung, manchmal ist es auch eine bestürzende Erfahrung, wenn man Filme anschaut. In dem Moment, in dem ein Film anfängt, wenn ich die ersten Bilder sehe, beginnt in mir dauernd eine Abgleichung von Bildern mit den gesehenen Bildern, indem ich permanent die Bilder sehe, die ich in mir habe.

EUGEN DREWERMANN: Was Sie sagen, ist sehr gut, weil es für den Begriff der Erfahrung außerordentlich nützlich wird. Wir sehen etwas, aber in aller Regel nicht so klar, wie wir es dann als eindeutig interpretieren. Ohne dass uns das bewusst ist, beginnt immer wieder ein Abgleich zwischen dem aktuellen Input, der von außen kommt, und den schon gemachten Erfahrungen, den Vermutungen, was es sein könnte.

MICHAEL ALBUS: Die Rezeptionsforschung sagt das ganz deutlich.

EUGEN DREWERMANN: Genau! Und dieser Abgleich geht sekundenschnell vor sich. Mit anderen Worten: Wir sehen im Grunde genommen immer nur etwas Bekanntes. Das völlig Unbekannte ist im Schema nicht vorgesehen. Wir werden zur Interpretation auch des Fremden in Richtung dessen neigen, was wir schon kennen.

MICHAEL ALBUS: Ich suche auch nach Bildern, die ich schon gesehen habe. Ich habe mich selber gewundert: Nachdem ich dreißig, vierzig Fernsehdokumentationen und Reportagen gemacht habe, konnte ich feststellen: Es gibt keine Reportage und keinen Film, in dem nicht fulminante Sonnenaufgänge oder Sonnenuntergänge auftauchen. Bewusst habe ich das nicht gesucht.

EUGEN DREWERMANN: Es ist ja mal Mode gewesen vor Jahrzehnten in der Psychologie, im Rorschach-Test, den projektiven Charakter der Wahrnehmung als Diagnose zu verwenden. Da werden diffus geformte Klecksbilder vorgelegt, die objektiv nicht vorgeben, was es sein soll. Umso wichtiger ist, wie der Proband das, was er sieht, interpretiert. Das spricht dann nur für ihn selber. Dabei können die Umrissdeutungen, die Vereinzelungen in Details, die Farbwahrnehmungen, alles Mögliche über ihn selber aussagen, so dachte man. Das ganze Testverfahren ist naturwissenschaftlich nicht valide, aber immer noch hoch interessant, weil es zeigt, wie stark wir an unsere Erwartungen gebunden sind, die dann festlegen, was wir zu sehen glauben. – Innen und Außen begegnen sich in jeder Wahrnehmung. Wir sehen, was wir sind, und wir lernen dabei, was wir sein könnten. Es ist im Lernen immer beides austauschbar.

MICHAEL ALBUS: Sind wir auch, was wir sehen?

EUGEN DREWERMANN: In einem sehr prononcierten Sinne ja, wie beim Rorschach-Test. Da sind wir, was wir sehen. Das ist ja der Sinn dieses Verfahrens, als Methode formuliert. Das, was der Proband zu sehen meint, ist er selber, darin gibt es sich zu erkennen. – Ein Stückchen spannender noch war der thematische Apperzeptionstest: Man legt bestimmte Bilder vor, die bestimmte Szenen zeigen, – ein Mann, eine Frau, jemand hockt vor einem Bett. Eine erste Staffel von Bildern soll interpretiert werden durch eine Geschichte, die einen Anfang und ein Ende hat, aber die dramatisch ist. Das ist die Prüfungsaufgabe. Und je nachdem, was dann erzählt wird, was gesehen wird und in die Bilder als Szenenfolge hineingelesen wird, zeigt sich ein Prozess in der Psyche des Probanden. Eine zweite Staffel von zehn Bildern soll dann etwas Fantastisches wiedergeben. Da kann man, wenn man so will, Drachen sehen, Dämonen, unheimliche Geister; in diesen Szenen sollte das Unbewusste angesprochen werden. – Derartige Tests eröffneten Zugänge, wo Innen und Außen sich nach relativ standardisierten Bedingungen, also kontrollierbar für die psychologische Untersuchung, abgleichen ließen. Bewusst werden sollte dabei, was unkontrolliert und unbewusst normalerweise in einem selber passiert, und das entscheidet über die Außenwahrnehmung. Wir machen uns nicht wirklich klar, wie stark das, was wir am anderen wahrnehmen, mit unseren eigenen Vorerfahrungen, Gefühlen und Wunschinhalten zu tun hat. Und umso wichtiger ist es im Umgang miteinander, dass wir wieder durch Dialog Innen und Außen miteinander versuchen auszutauschen und uns einander verständlich zu machen. Der andere ist nicht so, wie wir ihn wahrnehmen. Wir müssen erst mal hören, wie er von sich selber spricht. Das ist der einzige uns wirklich offene Zugang zum Verstehen.

MICHAEL ALBUS: Für mich ist ganz evident geworden, dass dieses Durchdringen von Innenwelt und Außenwelt und das Durchdringen beider sinnvoll wird: Ich bekam ein Buch des griechischen Anthropologen Demetri Dimas Efthyvoulos in die Hände. Sein Titel »Die Geister des Regenwaldes – Die Pforten der Wahrnehmung öffnen«. Er hat nichts anderes gemacht, bei einem Indianerstamm im brasilianischen Regenwald, als mit der Kamera Flussufer zu fotografieren. Man sieht Bäume, und man sieht die Oberfläche des Flusses. Er wusste selbst nicht, warum er das so obsessiv fotografierte. Eines Abends saß er in seiner Hütte und drehte die Bilder einfach um fünfundvierzig Grad. Dann läuft die Linie zwischen Fluss und Ufer senkrecht. Und in der Spiegelung der Bäume am Ufer, im Flusswasser, tauchen plötzlich Gesichter von Dämonen auf. Es ist frappierend, was man dann »sieht«. Ich habe oft bei Studierenden erlebt, wenn ich damit arbeitete und ihnen das zeigte, dass selbst Naturwissenschaftlerinnen und Naturwissenschaftler, die ihr Fach schon ganz gut beherrschen, völlig verrückt werden und sagen: Warum sehe ich jetzt da plötzlich lauter Dämonen? Warum kommen da Bilder rein, die ich in dem einfachen Flussuferbild gar nicht gesehen habe? Das ist doch ein Beweis, zumindest aber ein Hinweis dafür, dass in uns dauernd irgendwelche Geschichten ineinander und durcheinander gehen, dass wir offenbar aus mindestens zwei Ebenen der Wahrnehmung bestehen. Also ist das Gehen in den Innenraum nicht nur ein Rückzug, sondern es ist auch gleichzeitig die Chance, den Außenraum neu zu interpretieren.

EUGEN DREWERMANN: Es ist vor allem eine Form, sich selber so zu finden, auf dass das Sehgerät, das Okular, funktionsfähig wird. Eine Persönlichkeit, die in sich gebrochen ist, ist so wenig hilfreich, die Sterne wahrzunehmen, wie ein Refraktor, bei dem die Spiegelfläche durch Fremdeintragung kontaminiert oder uneben geworden ist.

Wir müssen das Thema sogar jetzt noch erweitern. Zur Introspektion gehört Reflexivität. Das heißt, es ist zusätzlich notwendig, darüber nachzudenken, warum ich bin, wie ich bin. Das ist wieder etwas, das für manche sehr schwer ist. Reflexivität ist im Grunde ein fortgeschrittenes Stadium der geistigen Tätigkeit. Das einfache Denken wird immer glauben, dass die Wahrheit das ist, was man sieht und von ihr glaubt. Zur Reflexion gehört, dass wir darüber nachdenken, welche Bedingungen bestehen, etwas wahrzunehmen und zu erkennen, es gehört dazu, dass wir uns selber bewusst werden als Teil eines Vorgangs, der nicht nur objektiv sein kann, weil das, was wir objektiv nennen, von dem abhängt, was wir als Subjekt sind. Diesen Zusammenhang muss man bewusst machen. Dann entsteht bei der Reflexion psychologisch oft nicht nur die Schwierigkeit, innezuhalten und den Blick zurückzubrechen, sondern es ist noch erschwert dadurch, dass das, was man mit Blick auf sich selber zu sehen bekommt, einem in aller Regel nicht gut gefällt. Man hatte Grund, es bis dahin in der Wahrnehmung zu vermeiden, zu verdrängen, beiseite zu schieben, für uninteressant zu halten. Jetzt plötzlich aber wird es wichtig, jetzt soll es gesehen werden.

Dann ist es ganz entscheidend, zu betonen, dass die Kraft für dieses Sehen des bis dahin Unangenehmen, das Arbeiten an sich selbst zu einer vertieften und erweiterten Integration, nur möglich ist im Vertrauen, nicht verurteilt zu werden. Inwendig sind so viele Stimmen, die die Verdrängungen erzwungen haben, die die Schuldgefühle geprägt haben, die einen immer noch mit ihrem Kommentar begleiten, dass man nicht richtig ist, dass man doch ein Schwein ist, dass man primitiv ist, dass man so nie hätte sein dürfen; und um das durchzustehen, braucht man ein Gegenüber des Vertrauens, das die Selbstablehnung gegenbesetzt und Mut macht, weiterzugehen, um den Marsch nach innen, das Seelenabenteuer am Fluss, fortzusetzen.

## Pflicht und Neigung

MICHAEL ALBUS: Ich begegne immer mehr Leuten, die sagen: Ich leiste meine Arbeit ab – Leben tu ich woanders. Das ist die Front zwischen Pflicht und Neigung. Sowohl im persönlichen Bereich wie auch im öffentlichen Bereich gibt es diese Front. Ich kenne Menschen, die daran fast zerbrechen.

EUGEN DREWERMANN: Vielleicht liegt der einfachste Zugang zu diesem Gegensatzpaar darin, dass wir uns nochmal an der Spannung zwischen Über-Ich und Es, in der Topologie der Psyche entlang der Sprache Sigmund Freuds, orientieren. Das Über-Ich diktiert, was wir sollen, und das Es diktiert, was uns als begehrenswert erscheint. Da ist der Konflikt vorprogrammiert, weil wir es mit zwei ganz verschiedene Instanzen zu tun haben, mit einer, die aus der Biologie in uns selber ins Bewusstsein aufsteigt, und mit einer anderen, die von der Außenwelt mit entsprechender Gewalt in uns hineingedrückt wird. Die Frage ist jetzt für das Ich, wonach es sich orientiert, und vor allem, wie es eine Synthese zustande bekommt. Die reine Herrschaft des Über-Ichs wäre identisch mit Zwangsneurose. Dann versperren wir alles, was von unten kommen möchte. Es gibt nur noch das Notwendige, so wie es von außen definiert wurde. Wir haben dann nur noch den Pflichtmenschen. Es ist nicht so, dass ein solcher keine Gefühle hätte, aber er weiß, dass sie keine Rolle spielen dürfen. Das Problem der Zwangscharaktere liegt darin, dass sie ihre Gefühle wohl wahrnehmen, aber dass sie ihnen keinen Argumentationswert zumessen dürfen. Sie können sogar gedanklich wissen, dass das, was sie für wahr halten, eigentlich richtig ist. Es ist aber erst richtig, wenn es als richtig erlaubt wird. Das heißt, sie müssen sich immer erst an der Kontrollstelle der Autorität genehmigen lassen, dass das, was sie selber denken, auch von ihnen als denkbar gewünscht werden kann. Die Wünsche selbst haben keine Rolle zu spielen, solange allein das Über-Ich diktiert. Das Gegenstück dazu wäre der reine Triebmensch, der nur vom Es her lebt, vorausgesetzt, dass er Geld genug dafür hat, sich seine Wünsche erfüllen zu können.

MICHAEL ALBUS: Das Problem unserer Eliten.

EUGEN DREWERMANN: Ganz sicher! Wahre Luxusmenschen können sich alles leisten, weil sie in Wahrheit nichts geleistet haben. Sie leben vom leistungslosen Einkommen – viele Bankiers zum Beispiel. Sie verdienen an der gröbsten Ausbeutung anderer – zum Nulltarif. Und sie belohnen sich durch Wunscherfüllung in grandioser Form. Ihr Leben ist ein großer Farbfilm, den sie sich selber nach eigenem Drehbuch vorführen.

Beides ist also möglich, – der Pflichtmensch ebenso wie der Genussmensch. Beides aber kann nicht wünschenswert sein. Worauf wir hinaus müssen, ist eine Synthese, in der Sollen und Wollen in Identität gebracht werden. Man muss über beides nachdenken dürfen, über das Sollen wie das Wollen, über das Müssen wie das Mögen. – Ich möchte etwas Bestimmtes. Dabei soll es auch bleiben. Aber es ist nicht einfach als Wunsch realisierbar. Es geht nicht zu wie im Märchen, dass das Wünschen helfen würde. Ich muss darüber nachdenken, wie ich die Wirklichkeit so umgestalten kann, dass sie zu meinen Wünschen passend wird. Dann muss ich lernen; ich muss arbeiten, ich muss mich mit der Wirklichkeit auseinandersetzen. Ich muss zur Erfüllbarkeit meiner Wünsche beitragen. Also muss ich ein ganzes Stück von fremden Elementen integrieren in meinen Lebensentwurf. Das ist zumutbar. Man erlebt das Wünschen jetzt als ein Motiv, etwas zu tun. Nun aber kommt der Sollensanspruch mit hinein. Die Frage ist, ob das, was ich wünsche, auch genehmigungsfähig ist, ob es mit dem Pflichtsystem, mit der Moral, vereinbar ist. Die Auseinandersetzung damit kann unter anderem darin bestehen, dass man die Inhalte, die man als Sollensanspruch gelernt hat, noch mal auf ihre Berechtigung hin überprüft. Vielleicht war es, wie eben erwähnt, einmal richtig, als Kind gelernt zu haben, dass man sparen soll, aber jetzt ist es mal richtig, dass man auch etwas Geld ausgibt, weil man einen Urlaub machen möchte. Dieser Urlaub ist jetzt dran. Dieses Ziel ist vertretbar, weil es mich nicht ruiniert; und es motiviert sogar dazu, eines Tages wieder in die Arbeit zurückzukehren. In dieser Weise erhielte man einen flexiblen Übergang von Sollen und Wollen. Man hätte eine Verträglichkeit zwischen den beiden Polen hergestellt.

Das Problem der Unvereinbarkeit ergibt sich durch Ungleichgewichte. Wir sehen, dass Menschen hineingepresst werden in ein endloses Müssen, dem sie nicht entrinnen können. Man muss dann auch im Inneren so sein, wie der andere will. Eine solche Totalauslieferung des Inneren an das Äußere, des Wollens an das Sollen, ist beim Militär und in allen Gehorsamsstrukturen der Unterwerfung sogar das erklärte Erziehungsziel. Befehl ist Befehl. Wenn es so klingt, gibt es kein Eigenes mehr, dann gibt es nur noch das Kommando in der Abteilung: »Rechts schwenkt, Marsch! Die Augen links!« Man muss gemeinsam sich selber entpersonalisieren, indem man aufhört, Mensch zu sein. Pflicht ist dann identisch mit Unmenschlichkeit. Das muss man sich selber nur recht klarmachen. Es ist eventuell möglich, begrenzt funktional mit einem solchen Befehlssystem übereinzustimmen, indem es sinnvoll sein kann, zu tun, was befohlen wird. Bei einem Feuerwehreinsatz, zum Beispiel, wird es nicht anders gehen, als dass kontrolliert die Kräfte nach Kommando zusammenwirken. Das hat man geübt, das ist nötig, und nur so kann man effizient in der Gruppe handeln, auf Gehorsam hin, in einer Lage, die der Einzelne nicht überschauen kann, die aber im Gesamtverband etwas Richtiges ergibt.

Es ist von daher nicht völlig falsch, dass es solche Elemente gibt im Verhalten von Gruppen. Aber es wäre falsch, daraus ein Konzept zu machen, das einen Totalanspruch auf das Leben zu besitzen behauptet, so dass man nur so sein soll, wie es befohlen wird. Bei Berufssoldaten etwa hat man so ein Konzept, das zumindest für viele Jahre die totale Identifikation mit dem Job vorschreibt. Feuerwehrmann ist man in aller Regel freiwillig, und auch nur im Dienst und nur in den Übungsstunden. Da hat man genügend Freiheit zu wissen, dass das, was man jetzt macht, eine begrenzte Aufgabenstellung ist und deren Erledigung dient. Die Frage ist bei einem »Berufs«soldaten aber: Kann man sich mit dem Sollen von außen auf Dauer identifizieren, ohne aufzuhören, selber zu sein? – Deswegen scheint mir die Psychoanalyse so wichtig, weil sie auch den Unterschied gelehrt hat zwischen Über-Ich und Gewissen. Die Differenz zwischen beidem ist bei Sigmund Freud nie sehr klar gewesen. Freud hat gemeint, dass die Menschen das Gewissen nennen, was ihnen im kulturellen Zusammenhang vorgeschrieben wurde. Wir aber sollten humanistisch sagen: Das Gewissen ist die Form der Selbstbestimmung, in der der Einzelne noch einmal darüber nachdenkt, ob die Sollensansprüche, die man ihm vermittelt hat, zu Recht bestehen.

Nehmen wir ein berühmtes Beispiel für den äußersten Kontrast einer Synthese im Widerspruch: Der griechische Tragödiendichter Sophokles hat geschildert, wie die Tochter des Ödipus, Antigone, von ihrem Onkel Kreon verboten bekommt, ihren Bruder Polyneikes zu bestatten. Aus Staatsraison verfügt er so, damit von den Brüdern, die sich wechselseitig ermordet haben, der eine als Stadtheros verklärt und der andere als Verräter propagandistisch gebrandmarkt werden kann. Vielleicht hat Kreon aus Gründen der Machtpolitik sogar recht, so zu tun, jedenfalls wähnt er sich im Status des Königs, der das Sagen hat und der dem Staat als Befehlsgeber vorsteht. Er kann es sich nicht leisten, schwach zu sein, er muss sein Gesetz durchbringen, er darf keine Schwäche zeigen. Antigone indessen ist der Meinung, dass es ein menschliches Recht gibt, das die Götter ursprünglich ins Herz geschrieben haben und das auf keinem Papyrus und auf keinem Stein geschrieben steht und an das sie und jeder Mensch sich halten muss. Plötzlich tritt da ein Sollensanspruch auf, der von außen aus politischer Pragmatik heraus verkündet wird, und er steht in Konflikt mit einem Sollensanspruch, der zutiefst innen liegt und der gefühlt wird, indem er der eigenen Persönlichkeit entsteigt: »Ich bin die Schwester des Polyneikes. Ich habe eine Verpflichtung, die gilt.« Das fühlt Antigone. Was aber ist das jetzt? Es ist ein

Gefühl, es ist ein Wollen im äußersten Sinn als Identifikation mit etwas, das als richtig begriffen wird, eine Pflicht, die ganz und gar aus der Persönlichkeit entsteht. Dafür ist es Antigone sogar wert, in den Tod zu gehen. Es ist Kreon, der erklärt, dass auch im Jenseits die Menschen Feinde bleiben werden; sie aber antwortet:»Doch nicht um mit zu hassen, mit zu lieben bin ich da.« Auch Persephone, die Königin des Jenseits, wird wissen und hineinwirken in die Zusammengehörigkeit der Menschen.

Mit einem Mal ergibt sich also ein Sollen, das überhaupt nicht mehr von außen in Frage gestellt werden kann noch darf, sondern das ganz und gar aus der Identität der Persönlichkeit erwächst und jedes Opfer wert ist. Man erhält auf diese Weise eine Synthese von Sollen und Wollen im Inneren im absoluten Widerspruch zum Äußeren. Das ergibt im Extrem den Status des Martyriums, des Heroischen, der wirklichen Pflicht, humanistisch betrachtet, und das unterscheidet sich sehr von der Feigheit, auf die sich im Grunde das Freudianische Weltbild bei der Identifikation von Gewissen und Über-Ich reduziert: In diesem Fall muss man nur machen, was gesagt wurde, was man beigebracht bekommen hat, dann lebt man so, wie Heinrich Heine es von den Deutschen gesagt hat:»Sie gehen so aufrecht, als hätten sie den Stock verschluckt, mit dem man sie verprügelt hat.« In solcher Weise steht man aufrecht, aber immer nur gehalten in der Corsettage und überhaupt nicht durch eigene Muskelleistung.

MICHAEL ALBUS: Wieder tut sich ein Abgrund auf innerhalb dieser beiden Fronten. Ein Abgrund, der darin besteht, dass wir Menschen offenbar mindestens zu Teilen, manchmal zu großen Teilen, es einfach nicht lassen können, andere zu beherrschen. Ich habe in der ZDF-Fernsehreihe»Zeugen des Jahrhunderts« ein Gespräch mit Lotte Paepcke geführt. Sie ist im»Dritten Reich«»vergessen« worden, zu vergasen, weil ihr Mann, der in der Rüstungsindustrie gearbeitet hat, Nichtjude war. Sie war Jüdin. Ich habe sie gefragt: Wie kommt es eigentlich, dass die Deutschen von Zeit zu Zeit immer wieder auf die großen Verführer hereinfallen, die sie in Pflicht nehmen? Ihre Antwort ein – scheinbar – ganz einfacher Satz:»Die Deutschen brauchen immer wieder einen Unterdrücker.«

EUGEN DREWERMANN: Ich schlucke jetzt, weil manches zutrifft in diesem Satz, aber ich glaube nicht, dass es spezifisch deutsch ist. Die Wahrheit ist, dass wir noch in einer Welt leben, in der die Diktatur viele Staaten prägt, für welche Demokratie kein exportierbares Erfolgsmodell darstellt, Staaten auch, in denen sogar innerhalb der Demokratie die Fremdbestimmung außerordentlich stark ist, eine anonymisierte Diktatur seitens der Welt von Geld und Macht und Propaganda, und das alles wie ganz selbstverständlich. Wir fressen denen aus der Hand. Ich glaube auch nicht, dass das Preußentum der Sündenfall der Deutschen ist. Die Franzosen können in der Militärakademie François Saint-Cyr ähnliches aufbringen, und sie sind Patrioten auf eine Weise, die uns gottseidank bis heute noch ein wenig fremd geblieben ist. Wir sind desgleichen auch noch weit entfernt von der amerikanischen Erziehung, wo jedes Schulkind jeden Morgen mit der Hand auf der Brust erst mal den Eid auf die Fahne schwören muss, bevor der Unterricht beginnt. Das alles hat historische Gründe, die man verstehen mag, aber das Ergebnis sollte zumindest kritisierbar oder reflektierbar sein, statt für ganz in Ordnung und unbedenklich genommen zu werden. Es geht in solchen Praktiken um die Identifikation mit einem Ziel, das einen Preis fordert, der in jedem Fall diskutiert werden muss, statt die Unselbstständigkeit im Eigenen als Tugend zu verherrlichen. In letzterem Falle ist man nur noch Patriot, nur noch Franzose, nur noch Amerikaner, oder eben: nur noch Deutscher. Das alles ist Wahnsinn, und es kommt allerorten vor. Ich glaube nicht, dass das spezifisch deutsch ist.

MICHAEL ALBUS: Ich habe es nur als Beispiel zitiert für etwas, was in uns ist und immer wieder vorkommt, und in vielen Nationen in verdichteter Form immer wieder vorkommt.

EUGEN DREWERMANN: Es ist eine ungeheure Verführung zu glauben, man mache alles richtig, wenn man doch endlich das tue, was man als richtig beigebracht bekommen hat. Eine solche Überzeugung wirkt wie ein Trost. Man stimmt mit der Allgemeinheit, mit dem Offiziellen überein, man kann nichts falsch machen, vermeintlich.

Nehmen wir nur eine Schwierigkeit, die unsere Politiker kaum sehen. Wir haben, zum Beispiel, kurdische Flüchtlinge im Land. Manche von ihnen kommen aus einer Religionsgemeinschaft, der nur etwa zweihunderttausend Leute angehören, den Jesiden. Es ist eine Kultur, die über Jahrtausende in Selbstverteidigung leben musste, ab dem 7. Jahrhundert den Muslimen gegenüber, religiös anderen Ethnien gegenüber, Arabern, Türken, Persern. Sie durften nie selbstständig werden und sich ihre eigenen Gesetze in staatlicher Autonomie schaffen. Mit anderen Worten: Es hat die Entwicklung zum Gewaltmonopol des Staates nie geben können. Der Staat war für diese Leute stets eine jeweils unterdrückende Instanz, von der man sich distanzieren musste. Das ganze Recht lag in den Familienstrukturen. Sie stellten in einem Status staatlicher Anarchie ihre eigene Ordnung her, zum Beispiel durch das System der Blutrache. Das ist so tief verankert, dass wir uns kaum eine Vorstellung machen können, welch ein Gewissensdruck entsteht, wenn ein Bruder oder eine Schwester ermordet wird.

MICHAEL ALBUS: Ich beobachte das gerade im Augenblick an Albanien. Ein brutales kulturelles, gesellschaftliches, politisches Problem.

EUGEN DREWERMANN: Ein Riesenproblem! Wir sagen: Ehrenmord ist ein falscher Begriff, es ist eben Mord, und wir müssen ihn aburteilen. Natürlich stimmt das – für uns. Es stimmt an sich natürlich auch für jeden, der bei uns leben will. Aber wie gelangen wir dahin, es begreifbar zu machen? Was wir wirklich brauchen, ist eine lange Entwicklung, die nur begonnen werden kann, wenn es lebendige Alternativen gibt. Also, wenn wir den Leuten einen Arbeitsplatz schaffen, wenn wir sie eingewöhnen in ein System von Auseinandersetzung, das tragfähig ist, wenn wir sie nicht dauernd mit Abschiebung bedrohen. Wie sollen sie den Wunsch bekommen, sich nach deutschen Rechts- und Kulturvorstellungen auszurichten, wenn ihnen an jeder Stelle signalisiert wird, dass sie höchst unerwünscht sind? Hinzu kommen noch Zusatzprobleme: dass es verdienstvoll sein kann, mit Drogen zu handeln und die Waffen zu besorgen, die den Kurden bei ihrem Widerstandskampf gegen die türkische Unterdrückung helfen. Es ist verdienstvoll, unter bestimmten Voraussetzungen. Wie man solche Leute herauslöst aus einer Welt, in der Gewalt normal war, zwischen Personen, zwischen Clans, zwischen Familiengruppen, und sie veranlasst zur Delegation des Rechts auf Ausübung von Gewalt an den Staat, ist ein schwieriges Problem. Was, geschichtlich und kulturell betrachtet, ein Weg von Jahrtausenden war, kann nicht in ein paar Monaten oder Jahren psychisch nachgeholt werden, per Befehl gewissermaßen.

MICHAEL ALBUS: Es ist nicht leistbar.

EUGEN DREWERMANN: Es ist ein enormes Problem, das Geduld voraussetzt, aber auch die Bereitschaft, in unseren Institutionen einmal genau und sorgfältig hinzusehen, wie wir Chancen eröffnen können, indem wir lernen, wie anders Menschen sind, die uns wie vom Meer aus der Tiefe an den Strand geworfen werden.

MICHAEL ALBUS: Könnte es sein, dass dieses starke In-die-Pflicht-Nehmen in verschiedenen kulturellen, politischen Formen, aber auch im persönlichen Bereich, unter anderem auch daher kommt, dass wir Angst haben vor der eigenen Neigung?

EUGEN DREWERMANN: Man hat uns beigebracht, dass wir die eigenen Bevorzugungen, Hinneigungen, als Versuchungen interpretieren sollten. Das kann prinzipiell so sein: Was du selber wünschst, ist schon falsch, weil du es wünschst. Es kann nur richtig sein, wenn ich – dein Vater, dein Oberer oder Oberst, der weiß, was richtig ist – es dir diktierte. Dann ist ein prinzipielles Misstrauen der eigenen Gefühls- und Wunschwelt gegenüber die Folge. Dann ist etwas schon falsch, weil ich es wünschen könnte, weil es sich nicht im Gehorsam in den fremden Befehl fügt.

MICHAEL ALBUS: Was macht dann misstrauisch?

EUGEN DREWERMANN: Dass schon das Eigene bestraft wird. Es ist falsch, weil es das Eigene ist. Nur das Fremde ist richtig.

Damit ein solcher Mechanismus der Entfremdung klarer wird, sollte man vielleicht davon wegkommen, in allem Zwangsgehorsam nur eine Abbildung äußerer Gewalt zu sehen. Es kann alles viel komplizierter sein. – Nehmen wir die Situation des Kindes, das in einer zerrissenen Ehe groß wird und das eigentlich sehr genau sieht, dass die Eltern sich eher hassen, als dass sie sich lieben. Aber die Mutter besteht darauf: der Vater hat mich lieb. Das muss sie selber glauben. Das macht sie auch ihr Kind glauben. Dann ist das, was das Kind sieht – der Vater ist ein Alkoholiker, der Vater schlägt die Mutter – aus lauter Gehorsam der Mutter gegenüber anders wahrzunehmen, als man es eigentlich wahrnimmt. Die »Wahrheit« ist: Der Vater hat mich lieb. Das muss man glauben der Mutter zuliebe. Also muss man die Wahrnehmung an jeder Stelle umprägen, aus Gehorsam. Es ist etwas nicht wahr, weil ich es sehe, es kann erst wahr werden, wenn ich lerne, es zu sehen, wie die Mutter es möchte. Dann ist es wahr. Unter solchen Bedingungen ist eine vollkommene Irritation im Wahrnehmungssystem die Folge, verbunden mit der moralischen Auflage: Du bist ein böses Kind, wenn du den Vater böse nennst. Das ist er nicht.

Wir können die Ausgangslage weiter verkomplizieren. Denken wir uns eine Frau, die darauf wartet, dass ihr Mann aus dem Krieg heimkehrt. Er ist vermisst. Sie weiß nicht, wann er kommt, aber nehmen wir an, sie betet jeden Tag darum, dass er wiederkommt. Sie betet mit ihrer Tochter, mit ihrem Jungen: Wenn der Vater wiederkommt, wird endlich alles gut. Das Ganze dauert drei Jahre, und der Vater kommt wirklich wieder. Die Frau hat den Mann jahrelang nicht gesehen. Sie hat keine Ahnung, durch welche Hölle er gegangen ist. Eines ist sicher: Er kommt gewiss völlig anders wieder, als sie ihn entlassen hat. Er ist ein gebrochener Mensch, der das Meiste, vier Fünftel von dem, was er erlebt hat, mit keinem Wort auch nur andeuten kann. Das einzige, was er noch machen kann, ist, ein bisschen Verantwortung zu übernehmen für das, was jetzt gefeiert wird. Aber er ist ganz sicher nicht der Retter der Familie, er ist nicht der ersehnte Liebespartner, auf den die Frau gewartet hat, er ist nicht die Märchenfigur, die sie den Kindern vorgeträumt hat. Doch deren Vater ist wiedergekommen, und er muss so sein, wie die Mutter ihn vorgestellt hat, und die Kinder müssen das glauben. Ich kenne Leute, die bis zum Psychotischen gelangt sind durch diese Umprägung der

Wirklichkeit. Man muss den Vater lieben, der ein Monstrum ist! Es ist der liebe Vater! Die ganze Wahrnehmung ist so irritiert, dass man nicht zum Eigenen kommt.

MICHAEL ALBUS: Wie entsteht denn das Verlangen danach, ein Monstrum zu lieben?

EUGEN DREWERMANN: Unter Befehl. Die Mutter hat das Monstrum ja lieb. Es war ja gar kein Monstrum, es war und ist ihr lieber Mann. Wohlgemerkt: für die Erwachsenenpsychologie kann das ja auch stimmen. Der Mann ist das Opfer von unglaublichen Umständen, er ist wirklich ein armes Schwein. Also ist er gar kein Schwein, eher ist er ein Engel, den man durch die Hölle geschickt hat. Als Erwachsener kann man das alles verstehen, aber als Kind nicht. Das Kind lernt: Es darf keine Konflikte geben. Da kann es eine Aufgabe werden, die Wirklichkeit, die man sieht, so weit zu irritieren, dass alles, was man selber sieht, schon falsch ist, weil man es selber sieht und nicht erst gefragt hat, wie man es sehen soll, auch weil die Feststellung, dass die Eltern sich gar nicht gerne haben, explosiv wäre in einem Gefüge, das hoch labil ist. – Vieles ist in diesem Umfeld denkbar. Der Ehekrieg wird gar nicht selten abgelagert auf den Haushund oder eben: auf das Kind. Das Kind ist schuld, dass sich die Eltern nicht verstehen. Dann ist es schon falsch, dass es existiert. – So »einfach« kann es kommen. Ich will nur andeuten, dass die Probleme, mit denen wir zu tun haben, immer eine lange und komplizierte Geschichte aufweisen und dass entsprechende Schwierigkeiten damit verbunden sind, nach Auswegen zu suchen.

MICHAEL ALBUS: Sie verlangen im Grunde genommen, dass wir in den Innenraum gehen und uns geduldig so etwas ansehen, wie es sich aufgebaut hat. Ich glaube aber, dass die Schwere und die Brutalität dieser Konflikte, jetzt, zum Beispiel, von Pflicht und Neigung, unter anderem darin bestehen, dass wir auf Schnelligkeit getrimmt werden.

EUGEN DREWERMANN: Das ist ganz sicher so. Wenn ich von der Psychoanalyse her denke, brauchen wir lange Zeiträume, Geduld, Bereitschaft zu begleiten. Das aber ist in unserer funktionalen Gesellschaft nicht erwünscht. Viel einfacher ist das Coaching. Wir sitzen dabei, wir haben fertige Ratschläge, es muss jetzt nur noch so oder so gemacht werden. Dass das eine Rechnung ohne die Menschen ist, mit denen wir es zu tun haben, die das Zwangssystem der Erfolgsorientierten nur noch vertieft, will man nicht wissen.

MICHAEL ALBUS: Warum manövrieren wir uns immer wieder fast zwangsläufig in solche Ausweglosigkeiten, in solche Geduldlosigkeiten? Woher kommt das? Für mich tut sich hier ein garstiger Graben auf, der mich sprachlos macht.

EUGEN DREWERMANN: Die einfachste Erklärung ist die Definition bei Isaac Newton für das, was physikalisch Leistung ist. Leistung ist Arbeit in der Zeiteinheit. Je schneller etwas geht, desto höher ist die Leistung. Und das verknüpft man zweihundert Jahre später mit der Ökonomisierung der Gesellschaft: Leistung ist das, wofür man bezahlt wird. Dann hat man die zwei Geschwindigkeitskomponenten, die nicht zulassen, dass wir uns in Ruhe entwickeln dürfen.

MICHAEL ALBUS: Warum neigen wir immer wieder dazu, so zu denken und zu handeln? Aus welchem Urgrund, aus welchem Abgrund kommt dieses Verhalten: Dass ich sehe, wie viele Menschen bei diesem Unternehmen auf der Strecke bleiben, wie viele dabei auch psychisch sterben, und dennoch nicht lernen, es anders zu machen?

EUGEN DREWERMANN: Ich glaube nicht, dass wir das wirklich wünschen. Wir lassen uns dazu zwingen. Es gibt im Tierreich nur eine einzige Szene, in der Geschwindigkeit zum Überlebensvorteil wird, das ist die Szene von Beutegreifer und Beutetier. Da ist der Wettlauf auf Leben und Tod entscheidend. Und der ist verbunden – zumindest für denjenigen, der es überlebt – mit dem Gefühl, es geschafft zu haben. Aber auch für denjenigen, der die Beute erwischt hat. Es ist von beiden Punkten her als Erfolgsfall zu prämieren. Die Spannung selbst hat für den Zuschauer höchstes Interesse: Wer von beiden gewinnt? Daraus sind die meisten Sportveranstaltungen geworden. Schneller, weiter, höher. Es ist ungeheuer interessant, im Status des Zuschauers zu beobachten, was jetzt wird. – Sie fragen, wie man aus solch archaischen Szenarien herauskommt. Ich glaube, wir sollten den Lebenskampf so vermitteln, dass ein Spiel daraus wird. Dann hätten wir es kulturell geschafft. Es darf in der Kultur nie auf Leben und Tod gehen. Moralisch ist der schon zitierte Satz Immanuel Kants eindeutig: Menschen sind nie ein Mittel zum Zweck. Spiel ist gebunden an die Freude, sich mit dem anderen zu messen, auch weil noch nicht feststeht, wer gewinnen wird, weil der Ausgang offen ist, – sonst wäre es ja kein Spiel. Dass ein Kleiner antritt gegen einen Großen, ist kein wirkliches Spiel, außer der Große ist so nett, den Kleinen in die Illusion zu wiegen, er könne ihn doch überholen. So etwas macht ein Vater mit seinem Sohn natürlich immer wieder gerne. Aber es ist ein Spiel. Die Voraussetzung kulturell ist, dass wir den Menschen einen Raum in unserer Kultur bieten, in dem die Grundbedürfnisse des Überlebens abgesichert sind: Kleidung, Nahrung, Wohnung, sozialer Status. Das alles darf nicht in tödliche Konkurrenz gezogen werden.

Das Schmerzliche ist, dass genau das passiert. Wir haben ein Wirtschaftssystem der permanenten Konkurrenz. Die Deckung der Grundbedürfnisse sollte jenseits der Konkurrenz sein. Das war eine kommunistische Idee: Es wird von der Gesellschaft garantiert, dass die Grundbedürfnisse des Menschen abgesichert sind, – wie er wohnt, wie er seine Wohnung beheizt, wie er sich einrichtet, welche Kleidung er trägt, wie er seine Kinder ausbildet, wo er seinen Arbeitsplatz hat. Das alles wird ihm garantiert. Darum muss er nicht kämpfen. Gehofft hat man, dass wir unter solchen Voraussetzungen miteinander spielerisch umgehen könnten, dass viel Raum wäre zur Begegnung in Freundschaft und Freude. Ich halte die Idee dem Prinzip nach für richtig. Das setzt aber voraus, dass wir das Zwangssystem des Kapitalismus brechen, dass wir das tun, was die Demokratie eigentlich möchte: Selbstbestimmung für jeden Bürger zuzulassen. Das setzt voraus, dass wir auch über die gesellschaftlichen Produktionsbedingungen mitbestimmen dürfen. Das setzt auch voraus, dass wir über das Bankenwesen, auch über die Eigentumsverhältnisse diskutieren dürfen – lauter Tabus, die wir erst mal brechen müssen, damit Demokratie wirklich sein kann.

Wir müssen nicht unbedingt eine Räterepublik haben. Aber das Volk müsste eine viel höhere Abstimmungssouveränität bekommen.

Es müsste möglich sein, dass Entscheidungsprozesse wieder von unten her laufen.

## Bewusstsein und Unbewusstes

MICHAEL ALBUS: Wir kommen noch einmal zum Thema »Bewusstsein und Unbewusstes«, das bereits kurz angeklungen ist. Das ist auch eine Front, die nicht einfach zu beschreiben ist, weil sie sich im Verborgenen abspielt. Man sieht nur Manifestationen dieser Fronten in bestimmen Entscheidungen von Menschen. Welche Rolle spielt diese Front im Leben von Menschen?

EUGEN DREWERMANN: Diese Frontstellung, wie Sie es nennen, ist das Ergebnis einer abendländischen Kulturgeschichte, die weit zurückgeht. Man hat schon aus dem Judentum die Vorstellung einer Gesetzesreligion übernommen. Da ist ein Gott, der Gesetze erlässt, deren Vernünftigkeit man nicht länger philosophisch reflektieren muss, die aber im Gefälle der Macht absolute Gültigkeit in der Tradition des auserwählten Volkes beanspruchen. Darin liegt ein starkes Moment der Rationalität. Man hat die Pflicht, sich so zu verhalten, wie es geboten ist, und entsprechend seinen Willen derart zu disziplinieren, dass er allen möglichen Anmutungen und Anfeindungen standhält. Verbunden mit der griechischen Philosophie, hat sich in der christlichen Theologiegeschichte daraus die Vorstellung von der Freiheit des Willens entwickelt und der pflichtgemäßen Übereinstimmung des persönlichen Wollens und Handelns mit den Geboten Gottes. In den Tagen der Aufklärung, als das Christentum als Legitimationsbasis der Philosophie in Kritik geriet, hat man es für überflüssig erachtet, dass man Rationalität und Gott gleichsetzte, es erschien als eine Doppelung des Begriffs. Denn was vernünftig ist, wird gefunden in der menschlichen Vernunft, das kann nicht erst vernünftig dadurch werden, dass Gott es auch gesagt hat. Umgekehrt: Wenn Gott etwas sagen würde, das nicht vor dem Forum der Vernunft sich legitimiert und nur in dem Gefälle der Macht als geboten erscheint, handelte Gott selbst unvernünftig. Er hörte dann überhaupt auf, Gott zu sein. Deshalb sollten wir uns nicht länger nach positiven göttlichen Geboten richten, sondern erkennen, dass das, was Gott uns zu sagen hat, in uns selber im Gewissen, in der Vernunft entschieden wird. Dann aber reduziert sich alles auf das Bewusstsein. Und so wird in der Aufklärung, im deutschen Idealismus, das Ich definiert: Es ist das Reflexionsvermögen auf sich selber, identisch mit der Freiheit, und es unterliegt dem Sittengesetz. Diese Dreiheit: Bewusstheit, Freiheit, Sittlichkeit tritt im 18. Jahrhundert, Anfang des 19. Jahrhunderts in aller Klarheit zutage. Sie wird politisch umgesetzt in der französischen Revolution. Man will keinerlei Fremdbestimmung mehr, man duldet keine Monarchie, keine Diktatur, keine fremde Macht mehr, die nicht vom Volke ausgeht. Man begreift jeden Einzelnen und das Volk selbst als souverän. Das ist ein Kultursprung von ungeheurer Tragweite, wie er in Königsberg von Immanuel Kant vorbereitet worden war. Die Revolution, die Kant vor Augen hatte, war eine scheinbar harmlose, jedenfalls rein denkerische. Man akzeptierte nicht mehr die Selbstverdummung des Menschen im Status seiner Untertanenmentalität und seiner Feigheit. Wage, selber zu denken, sapere aude! – das wird jetzt zum Ziel auf jeder Ebene. Es ist auch ein Wissenschaftsideal: Es ist nichts bewiesen, es sei denn, man führt auf, aus welchen Gründen es Bestand haben soll. Und diese Gründe müssen von jedem, der es wissen will, einsehbar sein. Mit anderen Worten: Wir haben eine geistige Kultur geboren, in der Bewusstsein, Verständigkeit, Freiheit und Mündigkeit favorisiert werden. Ich betone das so stark, weil es eine enorme Kulturleistung darstellt, ohne jede Bedenklichkeit zunächst.

MICHAEL ALBUS: Aber?

EUGEN DREWERMANN: Das Aber liegt sofort darin, dass wir nicht nur vernünftig sind. Geahnt hat man das. Immanuel Kant hatte bereits geschrieben, dass unsere Gefühle »pathologisch« sind, so hat er selbst sich ausgedrückt. Da ist etwas, das als Pathos, als Empfindung, als Leidenschaft, als Gefühl auftaucht. Das einzige, was die Wahrnehmung dieser Pathologie der Seele zur Folge hat, ist: Man muss sie kontrollieren. Das ist, mit säkularen Mitteln, die Wiedergabe der Tugendmoral, die wir im Christentum aufgerichtet haben. Natürlich gibt es Gefühle, aber sie gehören unter die Geißel der Disziplin, der Selbstkontrolle, der Unterwerfung unter den Maßstab des göttlich, kirchlich und gesellschaftlich Gebotenen.

MICHAEL ALBUS: Da sind wir wieder bei Pflicht und Neigung.

EUGEN DREWERMANN: Es ist absolut gefordert, dass ein Mensch souverän, selbstbestimmt ist, aber eben: in Übereinstimmung mit dem Sittengesetz. Das war ja der geniale Gedanke Immanuel Kants: Freiheit und Sittlichkeit sind nach ihm ein und dasselbe. Sie sind kein Gegensatz, sondern Sittlichkeit ist in sich selber Autonomie. Der kategorische Imperativ drückt den Versuch aus, die gesamte Moralität formal zurückzuführen auf Selbstbestimmung. Es gibt keine Moral als fremde Ordnung, es gibt sie nur als eine Selbstbestimmtheit mit dem Geltungsanspruch für alle. Das war virtuos, es war eine Großtat des Geistes, zu dieser Auffassung zu kommen. Was Kant indessen völlig unterschätzt hat, ist die Wirklichkeit des Menschen. Der Kantianer Arthur Schopenhauer hat vierzig Jahre später das Ding an sich, das Kant im Hintergrund jeder objektiven Erkenntnis zu konstruieren suchte, identisch gesetzt mit dem Wollen und für schlechterdings irrational erklärt. Schopenhauer stellte fest, dass es in allem, was lebt, einen Willen gibt, der das Lebewesen bestimmt, leben zu wollen. Und er stellte fest, dass dies ein unsinniger Wille ist. Man trifft einen alten Mann, der nur noch leidet, der sich buchstäblich durchs Leben schleppt oder an Krücken kriecht, aber er will leben. Vernünftig ist das überhaupt nicht. Wenn er wirkliche Freiheit sich selber gegenüber besäße, so würde er wünschen, dass diese Art von Leben aufhört. Aber es liegt in ihm, es ist ein Wollen, weiterzuleben. Und es liegt in allen. Selbst die Maulwürfe, wenn sie wählen könnten, würden streiken, als Animalia nocturna, als Lebewesen der Nacht, unter der Erde zu wühlen mit miserablem Erfolg. Man muss sich das Missverhältnis zwischen Aufwand und Ertrag nur einmal anschauen, schlägt Schopenhauer vor.

Dasselbe bei der menschlichen Geschichte. Der Tumult ist unbeschreibbar, aber ganze Völker werden der Willkürentscheidung irgendeines Fürsten und dessen Launen unterworfen, besorgen ihm jetzt den Pfeffer, den er braucht, um seine Speisen zu würzen. Dafür werden Kriege geführt. Ein Unendliches an Wahnsinn. Aber dahinter steht immer wieder die Irrationalität des Wollens. Wer die Wirklichkeit verstehen will, darf sie nach Schopenhauer nicht vom Verstande her konstruieren, sondern er muss vom Willen als dem Ursprung von allem Gestaltenden in den Lebewesen ausgehen.

MICHAEL ALBUS: Aber das Unbewusste spielt dem einen Streich.

EUGEN DREWERMANN: Der Wille selber ist das Unbewusste. Ein Tier entscheidet ja nicht im Bewusstsein. Es hat einen Willen in sich, der ihm allenfalls im Affekt oder in der einzelnen Tätigkeit selber zum Bewusstsein kommt, gegenüber dem es aber keine Wahlfreiheit besitzt. Auch das ist ein Gedanke Schopenhauers. Wie nun, wenn beide recht hätten? Kant und Schopenhauer?

Kulturell hat man vor allem in der Zeit der Romantik in Deutschland eine Vermittlung gesucht – sie ist die erste Reaktion auf die Aufklärungsphilosophie – mit der Entdeckung der Hintergründigkeit des menschlichen Wesens. Der Begriff des Unbewussten ist in der Philosophie Schopenhauers bereits gegenwärtig. Wie hintergründig können Menschen sein, wenn sie sich ausschließlich in ihrer Rationalität, in ihrer Funktionalität, in ihrer Virtuosität der Gesellschaft zu präsentieren suchen. Das schlimmste ist, sie werden im Erfolgsfall für ihre Einseitigkeiten im Rationalen und Funktionalen prämiert, gefördert, honoriert – und immer weiter von sich weggezogen.

Der Appell, der psychologisch daraus hervorgeht, kann nur lauten, dass wir das Niemandsland der Seele zwischen Bewusstsein und Unbewusstem versöhnen müssen durch eine neue Synthese. Die einfachste Formel sollte für die Pädagogik lauten, dass wir den Kindern nichts beibringen, das sie nur denken können, ohne es zu fühlen, und ihnen ihre Gefühle dahin öffnen, dass sie denkbar werden auch als Vernünftigkeit, so dass ihre Inhalte sich einfügen in die Realität, die moralisch und sozial existiert. Erst wenn eine solche Synthese zwischen Denken und Fühlen zustande kommt im eigenen Ich, lässt sich auch zwischen Bewusstsein und Unbewusstem eine Brücke herstellen. Wir müssten lernen, dass das, was wir von uns denken, nur die Oberfläche ist, dass die Tiefenströmungen des Meeres hunderte, tausende von Metern tiefer sind als das, was als Kräuselungen an der Oberfläche in Wellenform sich an den Strand trägt, dass die Brechungen, die wir sehen, nichts weiter sind als das Ergebnis einer Dynamik, die viel, viel tiefer ist. So entsteht jene Ozeanografie der Seele, welche die Tiefenpsychologie ist. Oder nennen wir sie eine Geologie der Seele: Man betrachtet die Erdoberfläche, weiß aber, dass sie zustande kommt durch Verwerfungen, die viele Kilometer in die Tiefe gehen.

MICHAEL ALBUS: Gibt es Erfahrungen, auch in Ihrer Arbeit, in denen Sie das belegt finden?

EUGEN DREWERMANN: Wir haben eben über Beziehungen gesprochen. Nehmen wir einmal an, eine Frau hat erlebt, dass ihr Vater zum Jähzorn neigt, dass er unbeherrscht sein kann, dass er seine Familie tyrannisiert mit seinen Gemütsexplosionen, dann könnte man verstehen, dass sie auf die Suche geht nach einem Mann, der vollkommen anders ist, und den findet sie auch, einen Mann, der die ewige Ruhe ist, der gleichmäßig sich verhält, der nicht vermuten lässt, dass in ihm vulkanische Kräfte wirksam sind. Sie möchte damit glücklich sein, dass sie jemanden gefunden hat, der so ganz anders ist als ihr Vater. Worauf sie wahrscheinlich nicht vorbereitet ist, wird die Tatsache sein, dass die Erde rund ist, – wenn man nur lange genug läuft, kommt man auf der Rückseite wieder bei sich selber an. Sie wollte ganz sicher nicht ihren Vater heiraten, aber die Wahrheit ist, dass sie nur das Gegenbild ihres Vaters geheiratet hat. Sie hat jetzt einen Mann, auf dessen ruhiges Wohlwollen sie genauso angewiesen ist wie als Mädchen auf das Wohlwollen ihres Vaters. Und sie buhlt immer noch um die Nicht-Zornmütigkeit ihres Mannes. – Es kann noch kurioser kommen: Sie wird ihren Mann eines Tages vielleicht als langweilig empfinden. In ihm geht ja gar nichts vor sich. Er ist eine Schlaftablette. Das ist ihr zunehmend zu wenig. Das kann ein ernster Trennungsgrund werden, dass der Mann, den man gesucht hat, nicht der ist, den man als Vater erlebt hat. Er ist einfach zu langweilig, es geht von ihm gar nichts aus. Er artikuliert überhaupt keine Wünsche, er sitzt nur herum. Die Frau wirft ihm jetzt also vor, dass er, der in seiner Andersartigkeit einmal die Liebesbedingung ihrer Beziehung war, jetzt nicht so ist, wie man ihn im Hintergrund doch als Vater eigentlich ersehnt hätte. Jetzt muss der so gewählte Mann das Problem lösen, dass ihm erst einmal die Widersprüchlichkeit des Suchbildes bewusst gemacht wird, dass er versuchen muss, den anderen Teil in sich lebendig zu halten, den die Frau auch möchte. Und man muss der Frau klarmachen, dass sie bei ihrer Partnerwahl einem Schema gefolgt ist, das sie als solches nur deshalb nicht erkennen konnte, weil ihr Gatte so anders war. Die einfachste Begrifflichkeit dafür ist: antithetische Idealbildung. Man hat den Vater gesucht im ganz anderen, aber dabei nicht gewusst, dass man immer noch den Vater sucht und dass man nicht in Freiheit dem Bild der eigenen Persönlichkeit, sondern wie hypnotisch nur der Verneinung dessen gefolgt ist, was in Kindertagen als verneinend erlebt wurde. – Das alles spielt sich unbewusst ab. Man glaubte am Hochzeitstag sich endlich am Ziel aller Wünsche. Man hatte endlich den Mann, der einen nicht anbrüllt, man war endlich glücklich, weil man im Hafen der Ruhe gelandet war. Dass man gestrandet ist an der Skelettküste, wo es kein Wasser gibt, das musste man erst lernen. Man ist dem Sturm entronnen, aber wie soll es jetzt weitergehen?

So etwas macht das Unbewusste mit uns. Man hat genau gewusst, was man tat, geglaubt, dass es stimmt – und wird hereingelegt von all den unbewussten Ängsten, die man in Kindertagen gesammelt hat, die man aber im Entscheidungsprozess der Beziehungswahl überhaupt nicht mitbekommen hat.

Man kann es auch anders verdeutlichen: Eine Frau erzieht ihr Kind und will für das Kind das Allerbeste. Sie bringt ihm unter anderem bei, wie man Ordnung hält. Was sie nicht weiß, ist, dass sie in ihren eigenen Gefühlen dieselben Impulse dem Kind vermitteln wird, die ihr beigebracht wurden, als man ihr zeigte, was schmutzig ist, was ordentlich ist, was Anstand ist, was rücksichtslos ist. Das sind lauter Wertvorstellungen, die in ihr leben und die sie im Grunde so weitergibt, wie sie selbst erzogen wurde. Sie macht sich das aber nicht bewusst, sie reagiert einfach. Dieses ganze Schema kann recht gut laufen, es ist, wenn es funktioniert, durchaus nicht reflexionsbedürftig. In der Selbstverständlichkeit, in der es sich äußert, hat es freilich eine unglaubliche Konsistenz, und eine solche muss es haben, sonst ist Erziehung gar nicht möglich. Eine Mutter, die bei jeder Frage erst einmal im Lehrbuch nachschauen müsste, was sie jetzt tun soll, wäre keine sehr gute Erzieherin.

Erziehung hat zu tun mit dem, was Biologen Instinkt nennen würden. Man macht einfach von innen her, was dran ist. Aber »von innen« her heißt jetzt: entsprechend dem, wie man selbst erzogen wurde. Wenn man selber in bestimmten Wertzusammenhängen neurotisch erzogen wurde, so dass Einseitigkeiten im Werte- und Verhaltenssystem implantiert wurden, wird dem Kind manches beigebracht, das es schädigt. Es gibt ein Märchen für derlei Zusammenhänge in der Sammlung der Gebrüder Grimm unter dem Titel »Das Marienkind«. Das ist eine erschreckende Geschichte, in der ein Mädchen im Himmel bei der Madonna und den Engeln aufgewachsen ist, aber aus dem Himmel vertrieben wird, nachdem es die Sexualität kennengelernt hat. Da es wunderschön ist, nimmt der König dieses Mädchen an seinen Hof und zeugt mit ihm Kinder. Und nun zeigt sich, dass das Marienkind als Mutter nichts weiter vermitteln kann als das Ideal der Madonna. Das Märchen spricht das furchtbar genau aus: Die Madonna kommt vom Himmel herab und nimmt der Mutter die Kinder weg. Man kann sagen: Die Mutter selber wird die Madonna, die als Frau zu ihrem Kind kein persönliches Verhältnis mehr aufbauen kann. Sie muss alles, was ihr weggestohlen wurde im Paradies oder im Himmel, im Verdrängungszustand mit unbewussten Schuldgefühlen dem Kind in die Seele graben. Auch das Kind kann nur noch ein Marienkind, ein Englein für die Madonna, werden. Derlei will sie als Mutter nicht bewusst. Aber erst wenn sie selber sehen würde, dass ihr Kind geschädigt wird an genau den Stellen, worunter sie selber leidet, wird sie Grund haben, etwas daran zu ändern.

Manche Frauen lernen genau das natürlich. Das erste Kind erziehen sie anders als das zweite. Sie lernen aus ihren Fehlern. Das erschüttert mich ganz oft in Therapiegesprächen, dass für Frauen dies ein ganz starkes Motiv zur Arbeit an sich selber sein kann: Sie wollen nicht ihr Kind schädigen, oder nicht den Mann, den sie sehr lieb haben. Dieses Motiv ist – soweit ich sehe – bei Frauen stärker ausgeprägt als bei Männern. Die haben eine Therapie scheinbar nicht nötig, solange äußerlich alles funktioniert, und zwischenmenschlich ist ihrer Meinung nach eigentlich nichts besser zu machen, als es schon ist. Erst wenn sie arbeitslos werden, wenn sie keiner haben will, dann fangen sie an, darüber nachzudenken, was da vielleicht bei ihnen selber doch nicht stimmt. Ansonsten sind die Frauen halt die Nervösen, und die Männer wissen, wo es langgeht. Klar, und die Kinder haben zu parieren.

MICHAEL ALBUS: Warum wollen die Frauen die Kinder schützen? Wollen sie sich selber schützen?

EUGEN DREWERMANN: Sie haben sie ja geboren. Die Kinder sind ganz ursprünglich ein Teil von ihnen selber. Sie stehen ihnen näher als den Männern.

MICHAEL ALBUS: Das heißt, sie wollen sich auch selber schützen?

EUGEN DREWERMANN: Sie möchten alles wirklich ganz richtig machen, aber sie können es ja nur richtig machen entsprechend dem, was sie als richtig gelernt haben. Und das meiste davon ist ihnen selber unbewusst. Sie haben ja kein Lehrbuch der Pädagogik in sich aufgenommen. Sie haben ihre Art von Enkulturation gelernt in Kindertagen. Diese Dinge sind viel zu grundlegend, als dass man sie der freien Reflexion unterwerfen könnte. Ein Kind soll nicht etwas tun, weil es begriffen hat, dass es vernünftig ist im Sinne der Aufklärungsphilosophie; es soll etwas tun, damit die Mutter es lieb hat, und die Mutter liebt es dafür, dass das Kind das tut, was die Mutter möchte – wie denn sonst?

MICHAEL ALBUS: Wie geht das? Wie sähe die Synthese aus, die zu einer Versöhnung führen könnte, zu einer lebbaren Gestalt von zwei Dingen, die an und für sich fast unmöglich erscheinen. Was heißt dann Synthese?

EUGEN DREWERMANN: Setzen wir jetzt mal Synthese in Gegensatz zu dem Begriff »Kompromiss«. Das ist normalerweise die gängige Vorstellung, wie man Gegensätze vermittelt: Man nimmt ein bisschen davon, ein bisschen davon und fügt es zusammen. Das ist ein Kompromiss. Man kann nicht alles haben, man muss also nachgeben.

MICHAEL ALBUS: ... die hohe Kunst der Politik.

Eugen Drewermann: ... die hohe Kunst der Politik. Es ist auch nicht ganz falsch. Man muss so verhandeln, dass am Ende keiner alles kriegt, aber beide mit dem, was sie bekommen, leben können. Insofern ist Kompromiss etwas, das wirklich gelernt werden muss. Man gibt etwas, bekommt aber auch etwas dafür. So auch in der Kindererziehung, von der wir gerade sprechen. Das Kind gibt etwas, es ist brav, weil die Mutter das will, aber es bekommt auch etwas dafür: Mutter hat es lieb. Das kann sich ganz einfach darstellen: Die Mutter kocht einmal etwas zu Mittag, das besonders gut schmeckt, oder sie bringt ein Spielzeug mit, sie hat Zeit für das Kind, weil es sich pflegeleicht gemacht hat. Es ist immer ein Wechselspiel.

Wenn wir hingegen von Bewusstsein und Unbewusstem reden, sind solche Kompromisse schwer herstellbar, weil die Kraftverteilung eine sehr andere ist. Manche Philosophen wie Schopenhauer oder später, ab 1920, Max Scheler hatten die Vorstellung, dass es gar nicht möglich sei, zwischen Bewusstsein und Unbewusstem eine Brücke zu schlagen wie zwischen zwei Ufern, die auf der gleichen Höhe liegen. Die Energie des Unbewussten besitzt die Stärke einer Triebmacht. Freud hätte jetzt vom Es gesprochen, und er formulierte damit das Problem, wie es denn möglich sein soll, Triebenergien zu moralisch steuerbaren Kräften umzufunktionieren. Er hielt das überhaupt nicht anders für möglich, als dass das Es selber Energien abgibt an das, was er die Instanz des Über-Ichs nannte. Die Verbindung mit der äußeren Gewalt der Erziehungspersonen etabliert sich auf dem Boden des Ichs als eine eigene Instanz, die er deshalb Über-Ich nannte. In diese hinein werden Teile der Triebenergien des Es, wie die Sehnsucht nach Liebe, verlagert und bilden dadurch Funktionen aus, die dem Ich ebenfalls unbewusst bleiben. Nur so glaubte er erklären zu können, dass die Rückwirkung von Triebenergien auf sich selber einen Zustand von Steuerung erlaubt.

Das ist, so skizziert, ein sehr mechanistisches Weltbild. Ich möchte in Wahrheit nicht hoffen, dass es das einzig gültige ist. Ich muss freilich zugeben, dass empirisch vieles bei der These zutrifft, dass Kulturentwicklung im Grunde ein Ergebnis von Gewalt ist und anders nie zustande kam, so dass aller scheinbare moralische Fortschritt im Grunde nicht von innen her in freier Entscheidung, in Motivation von Neugier und Entfaltung der Persönlichkeit sich vollzogen hätte, sondern so wie in aller Mechanik, – von außen, unter dem Druck von Gewalt. Max Scheler wollte das ein Stückchen anders sehen. Ihm kam die Idee, man könnte sich das Bewusstsein, die Ich-Spitze, die reflexive Instanz der persönlichen Verantwortung wie einen Lokomotivführer vorstellen. Was dieser, wenn er auf dem Führerstand Dienst tut, vor sich hat, ist eine Kraftmaschine von enormer Antriebsstärke, ein Dampfkessel, den er auch in seiner Konstruktion nicht weiter beeinflussen kann, den er aber zu steuern vermag. Er kann die Stärke, mit der der Dampf auf die Räder wirkt, steuern. Er kann die Richtung, die die Lok mit dem ganzen Zug nimmt, steuern. Allerdings wieder nur begrenzt. Er braucht Leute in den Weichenstellhäuschen, die den Weg der Fahrstrecke vorweg ausrichten. Der Lokführer hat das nicht in der Hand, er kann nur die vorgegebene Strecke abfahren. – Das ist ein ganz gutes Bild, um zu sagen: Wir können mit unseren Energien, wenn wir sie uns bewusst machen, wenn wir sie in einen quasi technisierten Zustand überführen, wenn wir eine eigene Technologie zu ihrer Nutzung zwischenschalten, doch etwas Sinnvolles anfangen. Das müsste geschehen durch Bewusstwerdung. Wir müssten kennenlernen, wer wir sind, wir müssten sehen, was wir damit anfangen, wie unsere Impulse sich so einbringen, dass etwas Vernünftiges dabei herumkommt.

Wir sehen zum Beispiel, dass wir die Neigung haben, bestimmte Gefühle in unserem Leben wirken zu lassen. Was ist Freude, was ist Begeisterung, was ist Zorn, was ist Empörung, was ist Hingabe, was ist Faszination? All das sind Dinge, die erst einmal spontan sind, über deren Hintergründe wir nicht nachdenken. Lassen wir das Kräftespiel der Gefühle unkontrolliert einfach schießen, bewegen wir uns in einem Raum, der uns selber und den anderen Schwierigkeiten machen kann. Die moralische Kontrolle wird von den genannten Gefühlen etliche gewiss unter prinzipielle Unterdrückung stellen mögen: Wut, Zorn, Empörung – alles unerwünscht! Leidenschaft – schwierig. Faszination, Sexualität, Triebhaftigkeit – alles mindestens ambivalent. Wenn wir uns aber klarmachen, warum uns etwas ärgert, werden wir ganz schnell finden, dass es sich oft um Bedürfnisse handelt, die unterdrückt wurden, schon in Kindertagen, und die sich deshalb jetzt mit Überdruck zu Wort melden. Und die Frage ist jetzt nicht, wie lassen wir unserer Wut freien Lauf, sondern wie äußern wir sie angemessen? Wie finden wir eine Sprache, uns so zu erklären, dass es allgemein verständlich ist? Wie operationalisieren wir Mittel, uns womöglich auch gegen den Anspruch anderer durchzusetzen? Wie machen wir aus den Impulsen einen Arbeitsvorgang zur Umgestaltung der realen oder sozialen Umwelt? Dafür sind solche Energien gut, und so müssten wir versuchen, das Unbewusste in eine Form zu bringen, die Arbeit erlaubt. Das wäre eine Synthese zwischen Bewusstsein und Unbewusstem, die uns genügen könnte. Eine rein vom Über-Ich gelenkte Kontrolle steht immer in Gefahr der prinzipiellen Abwehr der Es-Antriebe. Dann können wir mit ihnen nicht arbeiten, sie werden verdrängt, und wir können sie nur voller Angst in Unterdrückung halten. Wir sollten aber damit arbeiten, denn unsere Antriebe und Affekte gehören zu uns. Das ist es, was in der Psychoanalyse versucht wird: Wir lernen uns erst einmal kennen, wohlgemerkt in einem Zustand, wo nichts geschieht, wo nur Visualisierung und Virtualisierung Platz greifen, Träumen und Assoziieren.

MICHAEL ALBUS: Geschieht da nichts, wenn Visualisierung Platz greift?

EUGEN DREWERMANN: Es geschieht eine Menge, weil nichts geschehen kann. Das ist das Versprechen der Psychoanalyse: Es wird nichts getan nach außen. Der ganze Zweck der Prozedur ist die Wahrnehmung seiner selbst. Und die kann nur geschehen, wenn nicht sofort um die Ecke praktische Konsequenzen folgen müssen. Der Therapeut interpretiert ja in aller Regel nur, wenn er die Hoffnung hat, der Klient merke soeben selber, was mit ihm los ist. Dann hilft er vielleicht ein bisschen nach oder akzentuiert das, verstärkt das, was sich da vorbereitet. Er wird nicht von außen sagen: Es ist klar, Sie haben einen Ödipuskomplex. – Vor kurzem hat mir eine Frau gesagt:»Ich habe eine Analytikerin, die legt den Finger immer an die falschen Stellen. Die sagt nur Richtiges, aber es tut mir nicht gut.« Das beschreibt die Ungeduld auf Therapeutenseite während einer Therapiebeziehung. Ein ordentlicher Therapeut wird nicht drauflos interpretieren. Er wird dem Patienten helfen zu verstehen, was in ihm vor sich geht. Aber das kann nur geschehen, wenn ein Erlaubnisraum errichtet wird, in dem Handlungsfolgen nicht sofort operationalisiert werden.

Das alles ist ein langes Werk. Da ist ein Triebbedürfnis, das man als Affekt feststellt. Dann kann sich daraus ein Wunsch entwickeln, dass man das Vorgestellte möchte. Dann kann man sich eine Vorstellung machen, die zu dem Wunsch passend wäre. Dann kann man daraus einen Plan ableiten, und dann erst kann man entscheiden, welche Schritte nötig sind, um den Plan zu realisieren. Dieses lange Werk darf man nicht kurzschließen zwischen Triebbedürfnis und Endhandlung. Neurotiker machen das so, weil sie nie gelernt haben, ihre Impulse zu steuern, oder weil der Widerstand durch dauernde Triebunterdrückung viel zu groß ist. Dann haben wir den Vulkanausbruch. Ein solcher kann kommen, wenn Bedürfnisse zu lange niedergehalten wurden. Umso wichtiger ist, dass wir zum Beispiel dem Jähzornigen beibringen, dass er absolut ein Recht hat zu explodieren, wenn er so viel in sich aufgestaut hat. Das Problem ist jetzt nicht die noch bessere Selbstbeherrschung. Man muss dem Patienten vielmehr beibringen, dass er weniger Druck auf sich ausübt, dass er mehr Entlastungsräume findet, dass er nicht dauernd dem »du musst« folgt, sondern einmal Inhalte zulässt, die er selber wünschen könnte.

Mit anderen Worten: Ist ein Pflichtgefühl erst einmal aufs Erträgliche reduziert und verträglicher mit dem gemacht, was von innen her, von eigenen Bedürfnissen und Wünschen her wächst, dann haben wir eine Synthese zwischen Sollen und Wollen, zwischen Müssen und Mögen, zwischen Kultur und Natur, zwischen Über-Ich und Es. Und wir haben ein Symptom gelöst, zum Beispiel das Symptom der Explosion im Jähzorn. Nur scheinbar hat man einen unbeherrschten Menschen vor sich, in Wirklichkeit jemanden, der in der Beherrschung seiner selbst sich ständig überfordert. Auf diesen Sachverhalt kommt die Moral nicht; die kann nur das Symptom bekämpfen und verstärkt es damit. Sie löst den Konflikt im Inneren nicht. Plötzlich ist jemand rücksichtslos. Man denkt nicht, dass er viel zu viel Rücksicht genommen hat. Darauf muss man erst mal kommen.

Eigentlich ist das nicht schwer. Man muss sich nur erzählen lassen, wie denn die Vorgeschichte war. Zum Beispiel: Ein Mann kommt nach Hause, er hat dreizehn Stunden als Chefarzt gearbeitet. Die Frau wirft ihm vor, dass er jetzt erst um zehn Uhr abends kommt, es ist in ihren Augen viel zu spät, das ganze Abendessen ist verschmort, und sie ist es auch leid, ewig auf ihn warten zu müssen. Dann kann es sein, dass er seine Frau schlägt. Er hat dreizehn Stunden lang verantwortlich gearbeitet und das Leben von Menschen gerettet, – und sie versteht das nicht. Sie will lediglich sein Geld haben. Das kann sie ja. Er steckt es ihr zu. Aber nicht diese Vorwürfe noch! In solchen jähzornigen Attacken entsteht ein Schaden, den der Mann vielleicht nie wieder gutmachen kann. Wenn aber die Frau stattdessen sagen würde: »Mein Gott, was hast du hinter dir, warum kommst du erst jetzt?« und sie sagte das nicht als Vorwurf, mit dem Gedanken schon, er sei fremdgegangen im Büro, nein, sie glaubte wirklich, er habe gearbeitet all die Zeit, so würde sie selber den möglichen Konflikt vermeiden.

MICHAEL ALBUS: Das setzt natürlich bei der Frau eine ungeheure Disziplin voraus, so etwas zu sagen.

EUGEN DREWERMANN: Sie müsste, statt enttäuscht zu sein, eigentlich der Frage nachgehen: Was kann mein Mann denn überhaupt von sich her tun? Vielleicht ist sein Leben wirklich so eingeteilt. Er hat im Jahr ganze sechs Wochen für einen Urlaub in Mallorca zur Verfügung, mehr Freizeit bleibt ihm nicht. Den Rest kann er abschlafen, bis er morgens um acht wieder in der Klinik ist. Und er darf sich keinen Fehler erlauben. Er unterliegt der Aufgabe, seine Frau im vorzeitigen Witwenzustand, der sich Ehe nennt, zufriedenzustellen mit Surrogaten. Und sie muss sich jetzt fragen, wie sie damit umgeht. Dass es so ist, kann sie nicht ändern.

MICHAEL ALBUS: Mit dem Spiel von Bewusstsein und Unbewusstem sind wir dauernd konfrontiert. Ich habe gedacht, als Sie das so erzählt haben, wie schwierig das wohl für einen Psychotherapeuten sein muss, der sagt: Ich höre erst mal zu. Aber in dem Moment, in dem Sie dem zuhören, der seine Probleme schildert, legt er sie doch auch schon aus, interpretiert sich. Sie kommen doch nie an den wahren Punkt, und Sie interpretieren doch auch schon das, was Sie hören. Wie kommen Sie damit zurecht? Da spielt doch Ihr eigenes Unbewusstes auch mit hinein.

Wie kann man denn so etwas ausschalten, wenn der Andere es nicht ausschalten kann?

EUGEN DREWERMANN: Der Begriff in der Psychoanalyse, in der Sprache Freuds, dafür war »Übertragung«. Freud meinte damit das Wechselspiel von Gefühlen, die sich unbewusst auf den anderen beziehen, die die Wahrnehmung verformen, die Interpretationen als wahrscheinlich nahelegen, die nicht mehr objektiv sind. Darum machte Freud es zur Auflage, ein Analytiker sollte mit gleichmäßig schwebender Aufmerksamkeit unter Ausschaltung aller subjektiven Bewertungsschemata dem anderen zuhören. Die Frage ist nicht, was mir passt, was ich möchte, was meine Bedürfnisse sind. Ein Analytiker sollte sich wie ein naturwissenschaftliches Beobachtungsgerät einsetzen, vollkommen frei von allen subjektiven Zutaten. Das konnte Freud natürlich selber nicht einhalten, und man hat in der Geschichte der Psychoanalyse schnell gemerkt, dass es auch mit Rücksicht auf den Patienten oder die Patientin gar nicht geht. Psychoanalyse ist keine Naturwissenschaft. Sie ist eine persönliche Begegnung. Man kann einander nicht persönlich begegnen, wenn der eine verleugnet, ein Subjekt zu sein, und den anderen dann doch zu einem Beobachtungsobjekt erniedrigt. Damit man sich austauschen kann, muss man auch eigene Gefühle und Empfindungen haben. Man muss sie auch artikulieren dürfen. Man muss Zuwendung auch zeigen dürfen, entsprechend mitunter auch Missbilligung oder Ablehnung. Das muss erlaubt sein. Was man erwarten kann, ist, dass zumindest auf Seiten des sogenannten Therapeuten – ich sage »sogenannt«, weil die Frage sich stellt: Wer ist denn das nach diesen Maßstäben – im Ideal die Übertragungsdynamik bewusst gemacht worden sein sollte. Man müsste wissen, welche Bevorzugungen man hat, schon damit man nicht ungerecht wird. Man sollte ungefähr in seiner eigenen Persönlichkeit und in den Wertungssystemen, die darin verinnerlicht wurden, dem entsprechen, was normalerweise richtig ist. Also, wenn man etwas wirklich schlimm findet, dann sollte es dem entsprechen, was »man« wirklich schlimm finden kann. Wenn man Ekel äußert, dann sollte man nicht sagen: »Ich finde das jetzt ganz unmöglich und entsetzlich« oder einen Brechanfall kriegen, aber man sollte vertreten dürfen, dass bestimmte Inhalte der Mehrheit der Menschen höchst unangenehm sein dürften. Man sollte in dem Fall nicht nur sich selber vertreten, sondern eigentlich einen Standard des »Normalen«. Die Übertragungsmechanismen sollten nicht rein subjektiv, also im Grunde doch neurotisch ablaufen, sondern auch ein Stück vermitteln in die Welt hinein, die es tatsächlich gibt. Die beiden Voraussetzungen, dass man sich selber dabei kennt und dass man einigermaßen normal auf den anderen reagiert, das sollte man versprechen dürfen.

MICHAEL ALBUS: Ein schwieriger Weg.

EUGEN DREWERMANN: Natürlich! Freud meinte, Therapie sei ein Experimentieren mit den gefährlichsten Chemikalien.

## Staat, Parteien und Individuum

MICHAEL ALBUS: Wir kommen zum nächsten Gegensatz, zur nächsten Front: Staat, Parteien und Individuum. Da begegne ich einer Ohnmacht, die landläufig ist. Man sieht es an der wachsenden Zahl der Nichtwähler, gerade bei den Erstwählern, dass junge Menschen gar nicht mehr zur Wahl gehen, weil sie sagen: »Ich kann doch nichts machen.« Die Front zwischen dem Einzelnen und dem Staat ist sehr schwer zu durchbrechen. Parteien verschärfen durch ihr Verhalten das Ganze noch einmal.

EUGEN DREWERMANN: Man kann zunächst einmal im Hinterland das Aufmarschgebiet dieser Ihrer neuen »Front« markieren. Wir haben es mit ungefähr zwölf Millionen Deutschen zu tun, die am Rande oder unterhalb der Armutsgrenze leben. Das bedeutet, sie werden in aller Regel weder die Bildungsmittel noch die Zugangswege haben, um sich politisch zu informieren. Die Folge: Sie verdämmern vor dem Fernseher, sind denkbar uninteressiert an dem, was sich politisch abspielt, sie haben eine geharnischte Wut, aber auch ein Gefühl: »Die machen sowieso, was sie wollen.« Sie fühlen sich einfach abgehängt. Das hat bei der nächsten Wahl zur Folge, dass gerade das Potenzial, das für Veränderungen sorgen müsste, der Wahl fernbleibt. An den dreißig bis fünfzig Prozent Nichtwählern können Sie den ganz großen Bestand derer sehen, die unbedingt wählen sollten, damit ihre Lage sich verbessern könnte.

Das Nächste ist: Die Medien unterliegen gewissermaßen der politisch korrekten Aufsichtspflicht. Sie dürfen wirkliche Kritik nicht zulassen. Im Fernsehen darf nicht artikuliert werden, was wirklich systemkritisch ist, oder es muss mit einem Kontrahenten gegenbesetzt werden, der den Mund nicht halten kann und es niederquatscht. Es muss im Proporz sich so verteilen, dass es zwar noch mitgeteilt wird, aber entweder ganz am Rande oder bereits ins Komische hineinreichend. Dann sind Privatverhältnisse viel wichtiger als das, was die Betreffenden in der Sache zu sagen hätten.

Die nächste Feststellung: Diejenigen, die regierungsfähig sind, konnten vorher als Oppositionsparteien lauter nette Programme auflegen, kaum an der Macht aber, dreht sich alles um. Das Beispiel hatten wir bei Rot-Grün in schlimmster Form. Die Grünen waren mal eine quasi pazifistische Partei. Kaum an der Macht, hatten sie nötig, uns in den Jugoslawien-Krieg hineinzubomben mit dem Argument, dass wir Auschwitz zu verhindern hätten. Wir hatten plötzlich Moralisten, die zu Bellizisten wurden, die mit erhobenem Zeigefinger diktierten, dass Bomben ein Instrument sind, Menschlichkeit herbeizuführen. An diesen Wahnsinn eines völkerrechtswidrigen Kriegs unter Madeleine Albright und Joschka Fischer haben wir heute noch im Rahmen der politischen Korrektheit zu glauben: Die Bombardierung Belgrads war richtig. Deshalb wäre es eigentlich auch richtig gewesen, dass wir Libyen bombardiert hätten. Das haben wir nicht. Das war unser Versagen, nach dieser Logik. Es wäre auch richtig, dass wir jetzt Damaskus bombardieren, wir tun es leider (noch) nicht. Wir können in dieser Konsequenz endlos Kriege führen, nachdem wir sie ideologisch absolut humanisiert haben. Das lernen wir von denjenigen, die einmal gegen Kriegseinsätze waren und plötzlich dafür sind, nur weil sie an der Macht waren.

MICHAEL ALBUS: Was ist da passiert, wenn jemand vorher pazifistisch denkt – wie bei den Grünen – und in dem Moment, wo er an der Macht beteiligt wird, macht er genau das Gegenteil. Woher kommt das?

EUGEN DREWERMANN: Es zeigt sich, dass sie gar nicht an das geglaubt haben, was sie sagten, sondern die Macht wollten, und zwar um jeden Preis. Und dann fanden sie den Weg, an der Macht seiend, sie sich leichter zu erhalten als mit den Überzeugungen von vorher. Dann ist es richtig, wie Franz Müntefering zu sagen: »Es ist ein Unrecht, das den Parteien zugefügt wird, wenn man sie als Gewählte an ihren Wahlversprechen misst.« So schnell können sich die Zeiten ändern. Über den Stichtag hinaus ist das alles nicht mehr gültig, was vorher gesagt wurde.

MICHAEL ALBUS: So erfahren der einzelne Mensch oder kleine Gruppen von Menschen, auch gerade die zwölf Millionen, die wir eben angesprochen haben, ganz besonders, die Politik wie die andere Seite der Front. Aber ich frage: Sind die zwölf Millionen bereit, selbst etwas zu verändern?

EUGEN DREWERMANN: Das wären sie, wenn sie sich artikulieren könnten. Das Problem im Aufmarschgebiet ist ja noch krasser. Wir erleben deutlich, wie unser Bildungssystem auseinander gerissen wird. Es gibt im Vergleich kaum einen Staat in Europa, der Bildungschancen so ungerecht verteilt wie die Bundesrepublik. Ausgerechnet die Gesellschaft, für die Bildung der Schlüssel für jeden Erfolg ist, innergesellschaftlich und international, leistet sich in ganz großem Stil, Leute auszugrenzen, indem die Bildungschancen aus den Familien der Hartz IV-Empfänger deutlich im Leistungsniveau unterhalb dessen liegen, was die besserbetuchten Eltern ihren Kindern ermöglichen können. Das ist in sich schon wieder ein Teufelskreis, in dem Armut sich selber reproduziert über das Thema Bildung. So wie wir Bildung handhaben, vertiefen wir die gesellschaftlichen Gräben, statt sie zu schließen. Am Ende haben wir einen Zustand wie in den Vereinigten Staaten schon seit langem: Es gehen nur noch die Bessergestellten zur Wahl. Das Paradoxe ist: Für Hunderte von Millionen Euro leistet man sich einen Wahlkampf, der mit themenorientierter Auseinandersetzung nichts zu tun hat. Es ist eine riesige Werbeshow mit allen Mitteln der Verführung im Rahmen der Unterhaltungsindustrie. Das wird natürlich von den Medien auch wieder gewünscht, um die Einschaltquoten zu steigern. Wir haben in jedem Hintergrund die Reproduktion des Kapitals auf seinem höchsten Verwertungsstand. Und die Politik ist nichts weiter als der Transmissionsriemen zwischen Maschine und Produkt und das Parlament eigentlich nur die Maschinenhalle für dieses System. Damit sind wir weit entfernt von der »Demokratie«.

MICHAEL ALBUS: Wie kann man das auflösen? Gibt es für Sie Beispiele, bei denen Sie sagen: Das wäre ein gelungenes Projekt, an dem man zeigen könnte, dass es auch anders geht?

EUGEN DREWERMANN: Eines kann man sicher sagen: Was sofort die Wahrnehmung verändert, ist die Entdeckung – manchmal ein Glücksfall –, nicht einem Parteifunktionär, sondern einer Persönlichkeit zu begegnen. Wenn jemand einmal nicht das sagt, was er aus Kollegialität oder Fraktionszwang sagen muss, sondern was er wirklich glaubt, wovon er selber überzeugt ist, was er durch eigene Erfahrung und eigenen Sachverstand darlegen kann, hat das eine ungewöhnliche Faszination. Das ist es, was die Menschen suchen. Und im Grunde sollte Demokratie das auch sein. Sie sollte eine Form darstellen, in der Personen miteinander im Diskurs sich auf bestimmte Ziele einigen, die zumindest in der Mehrheit wünschenswert erscheinen.

Formal sind wir in dieser Frage eigentlich viel weiter als die Wirklichkeit. Wir haben formal die Bindung jedes Parlamentariers an sein Gewissen. Er bekommt sein Mandat zwar als Parteimitglied, aber nicht als Parteifunktionär, das heißt, er bleibt im Parlament, auch wenn er aus seiner Partei austritt. Das ist sein Recht, und das hat seinen guten Grund gehabt bei den Vätern des Grundgesetzes. Nur, wir handeln nicht danach. Wir haben Fraktionszwang, Parteienzwang, und schon dass wir die Auseinandersetzung um strittige Themen, deren Wahrheit nicht einfach feststeht, in das Parteiengezänk hineinziehen, behindert die Fairness und die Sachlichkeit der Diskussion. Am Ende ist es viel wichtiger, dass eine Partei Macht bekommt über die Gegenstimmen, als dass sie sich durchsetzt mit Argumenten. Warum lassen wir es nicht zu, dass jeder so entscheidet, wie es ihm einleuchtet?

Die Erschwernis, die darin liegt, ist, dass jeder sich zum Sachverständigen in den anstehenden Fragen machen muss. Das widerspricht dem, was wir vorhin sagten: Die meisten lassen sich beeinflussen von der Infiltration des Lobbytums, schaffen sich Berater, als deren Echo sie am Ende in Funktion treten, geben nur das Ohrengebläse weiter, die akustischen Grillen, die man ihnen vorgetragen hat, und nicht wenige werden dafür sogar noch hinten herum bezahlt, damit sie überhaupt nichts weiter tun als dies. – Da gibt es schreckliche Beispiele. Man geht durch den Bundestag und fragt als Journalist, über wie viele Millionen oder Milliarden Euro jetzt verhandelt wird, und findet einen ganz erstaunlichen Teil von zufällig ausgewählten Parlamentariern, die in Größenordnungen nicht wissen, worüber sie jetzt abstimmen. Aber sie stimmen ab. Und Jede und Jeder hat eine Stimme. Sachverstand spielt da kaum eine Rolle. Wir könnten von unseren Parlamentariern erwarten, dass sie aus der Bequemlichkeit der Parteimitgliedschaft entlassen würden und sich kundig machen, wofür sie der Sache nach geradestehen, – als erstes für sich selber und für das, was sie verkörpern.

Wenn das geschieht, hat es eine enorme Publikumswirkung. Die Leute möchten das. Sie möchten endlich wissen, mit wem sie es zu tun haben, woran sie bei ihm sind. Das polarisiert sich aber wieder in zwei Ebenen: Das Privatleben hat mit dem, was jemand als Politiker ist, nichts zu tun. Dann kommt die Klatschpresse und interessiert sich für den Hosenanzug oder für die Farbe der Schuhe oder für das ondulierte Haar. Das ist die andere Ebene. Beide sind so weit voneinander entfernt, dass sie überhaupt nichts miteinander zu tun haben, auch gar nicht zu tun haben sollten. Sie werden medial aber gegeneinander ausgetauscht, um von den eigentlichen Themen abzulenken. Man redet über die Person des Politikers und verhüllt damit, dass er in der Politik ganz und gar unpersönlich auftritt.

MICHAEL ALBUS: Warum haben wir nicht die Kraft, das wirklich zu verändern. Warum sind wir da so träge?

EUGEN DREWERMANN: Traurig ist, dass wir mit gewaltigen Anstrengungen im Grunde nie etwas verhindert haben. Auch, weil es unterlaufen wurde vom Staat und den uns Regierenden. – Denken wir nur zurück an die Bestrebungen der Friedensbewegung. Oder nehmen wir ein anderes Beispiel, das unterlaufen wurde: Das Thema Tierschutz. Wir haben beliebig lange, seit der schleichenden Einführung der Industrialisierung der Landwirtschaft und der Massentierhaltung vor rund 50 Jahren, von Seiten der Tierschützer dagegen protestiert, dass man Tiere als Ausbeutungsobjekte hält. Es ging dabei um die Kantenlänge von Hühnerställen, so genannten Volieren, wie man das bezeichnete, obwohl von »fliegen« (lateinisch: volare) die Rede nicht war, die Tiere können nicht einmal die Flügel breiten. Wir haben protestiert, wir haben sogar den Eindruck gewonnen, da wäre etwas zu erreichen, nur um dann zu erleben, dass wir in der Mechanik der Politik längst wieder ausgehebelt wurden. Das geht so an jeder Stelle. Sie können das mit Kühen, Schweinen, mit wem Sie wollen, machen. Sie können protestieren gegen die Abholzung der tropischen Regenwälder – im Jahr 2060 haben wir keine tropischen Regenwälder mehr. Es ist so. Wir haben im Jahr 2060 neun Milliarden Menschen, aber keine tropischen Regenwälder mehr. Es kann uns aufregen, wir können sagen, was wir wollen, man wird es nicht hören. – Nehmen wir als letztes Beispiel noch: Man kann auf ziviler Basis eigentlich nicht intensiver demonstrieren als die Leute in Stuttgart gegen das gigantische Projekt von Stuttgart 21. Wir haben erlebt, wie bis zum letzten Tag das Lügengebilde weiter aufgebaut wurde: Es kann nicht teurer werden – rund 6 Millionen Euro waren garantiertermaßen der Endstand. Das wird wie bei der Oper in Hamburg werden oder wie beim Flughafen in Berlin: Das Vierfache ist das Realistische. Irgendwann hat man den Punkt erreicht, an dem man nicht mehr aussteigen kann, weil der Ausstieg teurer wäre als der Einstieg. Dann hat man das Volk wieder einmal im Sack. Und alle können nur wieder sagen: Was haben wir bloß gemacht? Es hat doch alles keinen Zweck! Das ist die Erfahrung. Sie macht müde. – Wenn es dennoch Protest geben soll, müssen wir ihn anders motivieren. Die Irrtümlichkeit liegt darin, uns glauben zu machen, wir sollten protestieren, um etwas zu verändern. Die Wahrheit ist: Wir sind uns selber gegenüber in der

Pflicht, das, woran wir glauben, was wir für richtig erkennen, was uns wertvoll scheint, zu verteidigen. Es ist eine Treue sich selber als Person gegenüber.

MICHAEL ALBUS: Noch einmal: Woher nehmen Sie Ihren Optimismus, dass da etwas veränderbar ist? Was Sie berichtet haben, ist die Beschreibung von Fronten, die offenbar nicht zu durchbrechen sind. Dass es immer wieder Versuche gibt, die ins Leere laufen. Da fühle ich eine ganz starke Ohnmacht, und die Ohnmacht entdecke ich auch bei anderen. Was kann ich überhaupt noch ändern? Wie kann ich die Fronten aufbrechen?

EUGEN DREWERMANN: Ich glaube, der Fehler liegt darin, dass wir strategisch denken. Sobald wir das tun, müssen wir uns Mehrheiten beschaffen. Wir müssen Geld auftreiben, um die Mehrheiten zu beschaffen. Wir müssen abhängig werden von den Geldgebern und sie freundlich stimmen. Wir kommen immer weniger zu uns selber und machen immer größere Bögen, um zum Ziel zu gelangen. Geradeaus! Das ist das, was ich glaube, und das ist das, was ich sage. Und beides sollte eine Einheit bilden. Die Treue zu sich selber ist viel wichtiger, als dass man sich abhängig macht von der Idee, man müsste draußen etwas verändern. Es wäre schön, wenn es dahin kommt, und umso besser, als die Veränderung in dem Sinne zustande kommt, wie man sie als wahr begriffen hat.

MICHAEL ALBUS: Müssen Sie dann aber nicht draußen bleiben? Schließen Sie sich nicht dann aus dem Geschehen, aus einer Möglichkeit aus, überhaupt noch etwas zu verändern? Das ist dann doch ein Rückzug und endet nicht selten in Resignation und Lähmung.

EUGEN DREWERMANN: Ich gebe zu, dass, wenn man nur politisch denkt und die Parameter an die geschichtliche Effizienz gebunden bleiben, manch eine Lage aussichtslos erscheinen kann. Umso wichtiger ist mir, Protest religiös zu begründen oder zumindest humanitär. Es gibt Dinge, die man nicht aufschieben darf. Wir leben heute. Ob sich irgendetwas von dem, was man jetzt artikuliert, erreichen lässt in Lebzeittagen, ob der eigene Beitrag in irgendeiner Weise dafür relevant ist, das alles ist sekundär. Es gibt eine Pflicht, sich selber treu zu sein. Dann findet man auch Leute, die ähnlich denken, mit denen man sich zusammentut, mit denen man Artikel, Bücher schreibt, man findet vielleicht Verlage, die das drucken, Kollegen, die Interviews halten, Fernsehmoderatoren, die das hören möchten. Es ist richtig: Es liegt eine riesige Erleichterung schon darin, dass man ein Forum hat, in dem man sich aussprechen kann. Allein das ist schon viel wert, weil die Gegenkräfte dafür sorgen, dass das kaum möglich ist. Wenn man die Zonen offenhält, in denen die freie Artikulation abweichender Meinung zugelassen wird, hat man schon viel erreicht. – Das Hauptproblem aber ist, dass Einzelmeinungen so schwer vernetzbar sind. Man trifft auf ein System, das schon vernetzt ist, das alle Machtmittel beherrscht, das bis in die Anfänge eines neu sich bildenden Systems Kontrollmöglichkeiten wahrnimmt und ausschöpft. Dagegen anzukommen ist sehr schwer. Trotzdem bleibt es eine menschliche Aufgabe.

Stefan Zweig hat ein schönes Buch geschrieben: »Castellio gegen Calvin oder Ein Gewissen gegen die Gewalt«. Seine Geschichte spielt in der Opposition gegen Calvin in den Tagen der Reformation. Zweig beschreibt darin, wie ausgeliefert ein Einzelner ist, wenn er einem System gegenübertritt. Er ist im Grunde schon verloren, wenn diese Auseinandersetzung beginnt. Trotzdem muss der Einzelne für sich selber geradestehen, egal was dabei herauskommt. Es ist nicht einmal wichtig, ob spätere Generationen sein Opfer, das er bringt, sein Risiko, das er eingeht, für rühmenswert finden oder nicht. –

Konkret: Die Geschwister Scholl hatten nicht die Frage zu lösen, ob sie den Nationalsozialismus verändern. Das haben sie gewünscht, natürlich. Sie haben dafür getan, was sie konnten. Aber das Motiv: Wir ändern jetzt die Diktatur, wir schaffen Hitler ab, konnte nicht das Ziel sein, um Flugblätter zu verteilen. Ihre ganze Aktion war derart hilflos, dass sie, gemessen an realen Erfolgsstrategien, nicht nur als dilettantisch, sondern als naiv beurteilt werden muss. Sie war aber menschlich großartig, sie war eine Pflicht. »Der Wind weht, wo er will«, davon lebt ein Mensch, darin atmet er. Er hat geradezustehen für sich selber. Ob dann fünfzig Jahre später Gedenkstätten erbaut, Straßennamen geschaffen und Denkmäler errichtet werden wie für die Geschwister

Scholl, ob man Schulen nach ihnen benennt, ist vollkommen sekundär. Kein Mensch stirbt, um ein Märtyrer zu werden, sondern nur, weil er eine Wahrheit leben möchte, die er bezeugt. Punkt und fertig.

MICHAEL ALBUS: Wenn ein Einzelner widersteht, dann heroisieren wir ihn oft und sagen: Das war etwas ganz Großartiges, was er da geleistet hat. Aber die Situation, die Sie jetzt gerade beschrieben haben, die schreit doch geradezu danach, dass es Unternehmungen gibt, von Institutionen, Initiativen von Einzelnen, die den Sprachlosen zur Sprache verhelfen, damit sie reden können, damit sie sich artikulieren können. Aber wenn ich da um mich schaue in unserer Gesellschaft: Tote Hose, auf weite Strecken tote Hose. Wo liegt der Kern des Problems?

EUGEN DREWERMANN: Ich will darauf hinaus, dass die Idee, man müsse protestieren, um Erfolg zu haben, in sich falsch ist. Wir haben nicht die Verantwortung für den Lauf der Geschichte. Die Geschichte ist immer größer als wir selber. Wir haben auch nicht Verantwortung für das, was aus dem wird, was wir wollen – nicht einmal mehr für das, was aus dem wird, was wir tun. Es ist, wie wenn man einen Stein ins Wasser wirft: Er wird seine Kreise ziehen, die sich brechen in den Wellen am Uferrand und zurückströmen. All die Bewegungen werden mitgestaltet von der Strömung, vom Wind, vom Wasserstand. Wir haben nur einen Stein hineingeworfen. Viel mehr können wir nicht verantworten müssen. Aber für die Authentizität, für die Identität, für die Wahrhaftigkeit dessen, was wir tun als Personen, können wir geradestehen, das müssen wir unbedingt verantworten. Ich sehe demgegenüber dauernd eine ganz andere Einstellung. Man fragt sich nicht: Was glaube ich? Wofür stehe ich wirklich ein? Was ist mir ernst genug, meine Existenz dafür einzusetzen?, sondern: Warum soll ich das tun, wo ich doch sehe, dass ich keinen Erfolg habe? Da belügt man sich gleich doppelt. Man weiß nicht, ob man nicht doch Erfolg hat, man weiß lediglich nicht, ob man Erfolg hat, und die entscheidende Frage nach der persönlichen Glaubwürdigkeit sollte man nicht ersetzen durch gewisse Gewinnaussichten, im Falle man sich engagiert.

MICHAEL ALBUS: Aber da verlangen Sie Einzelnen eine Kraft ab, die sie nicht oder kaum haben.

EUGEN DREWERMANN: Das ist das nächste Problem. Ich höre dauernd, dass man ungeheuer viel Mut brauche, um in Opposition zu gehen, politisch, kirchlich, gesellschaftlich. Es ist aber nicht die Frage, wie viel Mut man hat. Die Frage ist ganz einfach, wie man eine Persönlichkeit wird, wie man für sich geradesteht. Wir hätten über die psychologischen Voraussetzungen vorhin ganz umsonst geredet, wenn wir jetzt nicht rekapitulieren würden: Eine in sich geschlossene Persönlichkeit muss ein paar Fragen für sich beantwortet haben: Wie geht sie um mit der Infiltration der übernommenen Gewalt in Gestalt des Über-Ichs? Was hat man ihr lediglich von außen beigebracht als Glaubenssatz oder woran glaubt sie wirklich? Den Unterschied zwischen beiden Fragen muss man erkannt und durchgearbeitet haben, sonst ist Identität nicht möglich. Wie geht man mit den unbewussten Antrieben um? Man kontrolliert sie bis dahin, dass man sich nicht vollkommen verrennt in reines Wunschdenken oder in ganz unsinnige Fehlerwartungen. Es ist auch eine Frage: Wie schätzt man die Realität ein, welchen Handlungsspielraum hat man tatsächlich zur Verfügung? Wo wird etwas illusionär bzw. utopisch? Wo lohnt es sich trotzdem, in Treue zu sich selber das zu sagen, das zu tun, was man als richtig erkannt hat, auch wenn es utopisch ist, auch wenn man weiß: von den Erfolgsaussichten her ist es illusorisch, es wird keinen Erfolg haben. Dennoch bleibt es vielleicht richtig. Das ist die erste Frage: Wie wird man eine in sich geschlossene Person und wie meldet man sich als eine solche nach außen? Das ist eine wirklich existenzielle Grundfrage, der auszuweichen niemandem erlaubt ist.

MICHAEL ALBUS: Mir gehen dauernd Bilder durch den Kopf, zum Beispiel der Leviathan, der alles verschlingt.

EUGEN DREWERMANN: Der »Leviathan« von Thomas Hobbes ist eine historisch und kulturgeschichtlich bedingte Tatsache: Die Bildung der Staaten ist nicht freiheitlich vollzogen worden, sondern kam unter dem Druck der herrschenden Klassen zustande, durch Gewalt.

Michael Albus: Menschheitsgeschichte.

Eugen Drewermann: Die Staaten waren und sind große Räuber-
banden, das hat Augustinus völlig richtig gesehen. Diejenigen, die
große Menschengruppen unter ihre Gewalt brachten, haben allerhand
getan, das mit Ausplünderung und Raub, mit Vergewaltigung und
Mord absolut richtig bezeichnet ist. Aber irgendwann vermochten sie
sich zu etablieren, nicht weil sie im Recht gewesen wären, sondern
weil alleine schon die Gewohnheit Strukturen zu schaffen vermochte,
die einen neuen Rechtsanspruch, ein ersessenes Recht, heraufgebracht
haben. Das noch einmal umzustoßen, hätte mehr Leid erzeugt, als
unter den gegebenen Bedingungen weiterzumachen. Zusammen-
ballung von Macht und Gewalt in immer größeren Einheiten ist die
Staatenwerdung. Eine besondere Skepsis liegt in dieser Betrachtung
darin, dass wir den Staat nicht für das halten, als was er sich selber
gerne vor allem auch infolge der Aufklärungsphilosophie gibt: als eine
moralische Instanz, als ein Rechtssystem, das selber die Moral oder die
Wahrheit der Religion in Besitz nimmt.

Ein paar Lektionen der Geschichte genügen, um dem Staat in jeder
Weise absprechen zu können, dass er stellvertretend Fragen der Moral,
des Rechts, unseres Gewissens lösen könnte. Der Staat ist nicht der Hü-
ter des Völkerrechts. Er hat deshalb auch nicht die Erlaubnis, überall im
Namen des Rechts zu intervenieren zugunsten seiner eigenen Interessen. Er hat, wenn es gut geht, keine andere Aufgabe, als für Ruhe und
Ordnung zu sorgen im Innenraum und nach außen. Dafür – vielleicht –
kann sogar Polizei und in gewissem Maße Militär in Funktion treten,
doch nicht, um die eigenen Bürger oder die Bevölkerung anderer Länder zu beherrschen. Hinzuzufügen ist: Der Staat, den wir heute antreffen, ist eine Spielbühne des Kapitalismus. Die wirkliche Macht liegt
nicht im Parlament, sondern bei den Börsen, bei den Banken. Die haben
ihre Strohpuppen, ihre Sprechmarionetten auf der Bühne des Politischen.

Michael Albus: In allen geschichtlichen Abläufen erschüttert mich
immer aufs Neue die erfahrene Ohnmacht von Einzelnen. Sie kommen

unter die Panzerketten oder sind dem Wüten des Leviathan ausgeliefert. Das Lied der »Mutter Courage« von Bert Brecht bringt das sarkastisch zum Ausdruck. Es spielt in der Zeit des Dreißigjährigen Krieges, 1618-1648.

»Mit seinem Glück, seiner Gefahre
Der Krieg, er zieht sich etwas hin.
Der Krieg, er dauert hundert Jahre
Der g'meine Mann hat kein Gewinn.
Ein Dreck sein Fraß, sein Rock ein Plunder!
Sein halben Sold stiehlt's Regiment.
Jedoch vielleicht geschehn noch Wunder:
Der Feldzug ist noch nicht zu End!
Das Frühjahr kommt! Wach auf, du Christ!
Der Schnee schmilzt weg! Die Toten ruhn!
Und was noch nicht gestorben ist
Das macht sich auf die Socken nun.«

»Und was noch nicht gestorben ist, das macht sich auf die Socken nun.« – Was kann ein Einzelner, was können Gruppen von Einzelnen dagegen tun, damit der ständige Kreislauf von Zynismus, Unterdrückung, Menschenverachtung, Betrug, Mord und Totschlag zumindest zeitweise unterbrochen wird?

EUGEN DREWERMANN: Die Frage ist falsch gestellt, glaube ich. Der Einzelne ist verantwortlich für sich selber. Wenn er es wagt, ein Einzelner zu sein und zu werden, hat er im Grunde viel erreicht.

MICHAEL ALBUS: Wie ist denn die Frage richtig gestellt?

EUGEN DREWERMANN: Wir können kollektive Probleme nicht auf der individuellen Ebene lösen, das geht schon rein logisch nicht. Wir können die Verantwortung nicht ständig überdehnen. Wir lesen zwar die Zeitung und erfahren von allen möglichen kollektiv gearteten Problemzusammenhängen, aber wir können nicht als Einzelne darauf antworten. Diejenigen, die das könnten, sind die Leute, denen wir die

Macht gegeben haben, uns zu regieren, vor einem Hintergrund von Mechanismen, die wir ja gerade kritisch genug beleuchtet haben.

MICHAEL ALBUS: Sie agieren ja als Einzelner. Sie wollen doch auch gehört werden, wenn Sie als Einzelner reden?

EUGEN DREWERMANN: Werde ich ja.

MICHAEL ALBUS: Aber offenbar nicht von denen, die etwas ändern könnten, und die ein Mandat haben, es anders machen könnten. Warum agieren Sie nicht politisch?

EUGEN DREWERMANN: Ich denke religiös. Und deshalb bin ich als Politiker im Grunde ungeeignet. Ich erlaube mir, absolute Werte zu formulieren. Ich weiß, dass sie politisch so nicht unbedingt mehrheitsfähig sind und dass sie sich relativieren werden auf dem Weg ihrer Verwirklichung. Aber es muss Orte geben, wo einmal in Klarheit gesagt wird, was Geltung hat vor Gott und den Menschen. So denke ich, ich bin Seelsorger und Theologe, und das bleibe ich auch. Mir ist Jesus ein Vorbild. Nicht irgendein Revolutionär – Spartakus oder wer. Auch zwischen diesen Modellen muss sich entscheiden, was man will. Beide, Spartakus und Jesus, sind gekreuzigt worden, aber bekanntlich waren die Gründe diametral verschieden.

MICHAEL ALBUS: Jetzt wird etwas deutlich. Sie beziehen Ihre Position im Namen oder in der Nachfolge eines maßgebenden Menschen. Im Namen Jesu.

EUGEN DREWERMANN: Absolut! Sie können fragen: Was hat er denn geändert? Jesus hat überhaupt nichts geändert. Trotzdem war der Weg, den er gegangen ist, richtig – inklusive des Ergebnisses: nach zwei Jahren öffentlicher Tätigkeit Kreuzigung. Die hat er nicht gewollt. Was er wollte, war, Menschen befreien, ihnen durch Güte so begegnen, dass sogar Krankheiten geheilt werden, die aus Angst und Schuldgefühlen geboren wurden, den Menschen den Himmel öffnen. Das war doch nicht verkehrt. Dass Pharisäer, Schriftgelehrte, römische Verwaltungsbeamte etwas dagegen hatten, ändert nicht, dass das richtig war. Und das, was man für richtig erkennt, muss man tun. Was dann daraus wird, muss der liebe Gott wissen.

MICHAEL ALBUS: Ja, man muss Einzelne ermutigen, das zu tun oder das tun zu können, sie in den Stand versetzen so gut es geht, ihnen Hilfestellung gewähren. Sie haben die Hilfestellung bei sich selber, weil sie eine Menge Wissen, eine Menge Kompetenz haben, lange Erfahrung haben. Aber was machen »kleine Leute«, was machen die, wenn sie keine Hilfe bekommen?

EUGEN DREWERMANN: Die Leute, die Bücher von mir lesen, fühlen sich begleitet, gestützt, bestätigt. – Wenn Sie das Beispiel Jesu erwähnen: Das Neue Testament ist ein Buch, das sogar historisch ehrlicher ist, als die meisten wahrhaben möchten. Es berichtet davon, dass die Jünger alle weggelaufen sind, als es darauf ankam. Das musste Jesus erleben. Nicht mal er hatte die Macht, seine eigenen Jünger zum Standhalten in der Entscheidungssituation zu bestärken. Dann hat sich aber später gezeigt, dass sogar das Beispiel des Versagens ungeheuer tief ging. Es ist eine erschütternde Szene, die das Johannesevangelium beschreibt, Jesus habe Petrus so angesehen nach seinem Verrat, dass dieser glauben musste, zutiefst schuldig zu sein, aber Jesus fühlt sich durch ihn nicht verraten, weil er sah, wie schwach er in diesem Moment war, und er half ihm mit seinem Blick, die Schwäche zu überwinden.

MICHAEL ALBUS: Was natürlich Zyniker wieder ausnützen können. Ich sage in dieser Hinsicht, dass Nietzsche ein Zyniker gewesen ist, der gesagt hat: das Christentum ist die Religion der Schwachen, das braucht man nicht.

EUGEN DREWERMANN: Weil wir Menschen schwach sind, brauchen wir die Religion. Die sich einbilden, so stark zu sein, dass sie sie nicht benötigen, überkompensieren ihre Minderwertigkeitsgefühle bis zum Wahnhaften. Der wirkliche Zynismus liegt darin, zu glauben, dass wir ohne Rücksicht auf die menschliche Schwäche uns selber hinstellen könnten, um zu wissen oder zu sagen, wo es langgeht.

# Kirche und Individuum

MICHAEL ALBUS: Wir sind fast nahtlos am nächsten Punkt angekommen: Die Kirchen und die Einzelnen. Das ist heute eine Front. Hier sind die Kirchen, die als Institution dastehen. Dort die wachsende Zahl der Einzelnen, die damit nichts mehr anfangen können, die zum Teil noch eine gewisse Treue, weil das so ererbt worden ist, an den Tag legen, die sich redlich um ihren Glauben in den Gemeinden bemühen, die glauben wollen. Wenn sie versuchen, sich innerhalb des Niemandslandes zwischen der Kirche und ihnen zurechtzufinden, dort anklopfen, dann hören sie: Ihr könnt erst hereinkommen, wenn ihr die Parole kennt. Wenn ihr die nicht wisst, dann habt ihr bei uns keinen Platz. Können wir einmal versuchen, diese Front zu beschreiben? Das ist eine der brisanten Frontlinien, die sich durch unsere Zeit hindurchzieht. Sie strahlt aus in viele andere Gebiete unseres gegenwärtigen Lebens.

EUGEN DREWERMANN: Wir haben schon Religion oder den Glauben an Gott als Hintergrund der Personwerdung, als Stärkung der Individuation angesprochen. Daraus ergibt sich, dass Religion im wesentlichen dem folgen sollte, was wir im Beispiel Jesu antreffen. Sie sollte der Heilung der Menschen von falschen Abhängigkeiten dienen, der Befreiung von unnötigen Schuldgefühlen und Gehemmtheiten, einem inneren Sichaufrichten in der Unmittelbarkeit vor Gott, in der Gewährung eines Ortes, wo Vertrauen in Vergebung möglich wird angesichts von Schuld, deren Schwere nicht erträglich ist. Sie sollte auch dahin führen, die herrschenden Institutionen zu relativieren.

Mit Blick auf die Antike, auf die Entstehungszeit des Christentums, war und ist es überaus verführerisch zu glauben, dass der Pharao in Ägypten gleichzeitig ein Gottessohn ist und neben den Priestern von Theben die entscheidende Vermittlungsinstitution zwischen Himmel und Erde bildet. Er ist der Brückenbauer, der Pontifex. So versteht sich auch Kaiser Augustus im antiken Rom. In diese Welt hinein, auf der Basis des Judentums, artikuliert sich die Christusbotschaft. Und sie gerät konsequenterweise sofort in die Auseinandersetzung mit dem römischen Staat. In den Tagen der Cäsaren ist es ziemlich egal, woran jemand glaubt. Das ist in jeder Region ihres Riesenimperiums verschieden. Aber alle haben natürlich daran zu glauben, dass die Zentralmacht des Kaisers in Rom von Gott ist. Das ist das einzige, was das Imperium zusammenhält. Dem Kaiser muss man opfern als einem Gott. Die Christen können das nicht glauben, und sie haben, weiß Gott, vielerlei Gründe dafür. Das begann mit Gaius Julius Cäsar. Bei seiner »Großtat«, dem Gallischen Krieg, hat er anderthalb Millionen Kelten ermordet, aus keinem anderen Grund, als um so viel Geld zu sammeln, dass er die Macht in Rom erringen konnte. Doch das war eigentlich nur der Vorlauf, ein Genozid, um endlich mächtig genug zu werden. Im Schatten seiner neugewonnenen Macht und nach ein paar Jahren Bürgerkrieg war Cäsar so allmächtig, dass man ihn für göttlich hielt. So die Geschichte. – Es sind nun die Christen, die sagen: Diese Vergöttlichung irdischer Herrschaftsgewalt können wir und werden wir nicht glauben. Das hat uns Jesus anders vorgelebt. Was groß ist an Menschen, ist nicht so ein Massenmord; groß ist, was den Menschen dient, das hat der Mann aus Nazareth »groß« genannt, und das glauben wir. Den beten wir an, nicht eure Wahngebilde. Das war todeswürdig. Das war die erste Auseinandersetzung des Christentums: die Selbstvergottung des Staates abzulehnen im Namen des Christus. Wunderbar! Wenn so Religion beginnt, lohnt es sich, sie zu leben. Gar keine Frage. Es war ein Kultursprung, wie es ihn kaum je gab.

MICHAEL ALBUS: Wie erfahren wir heute die Institution, die sich aus diesem geschichtlichen Ursprung herleitet? Wie erfährt sie der Einzelne, der glauben möchte, der nachfolgen möchte, wie erfährt sich der Einzelne in dieser Institution? Wie zeigt sich heute Kirche?

EUGEN DREWERMANN: Das Christentum war mit seinem Protest gegen die Staatsvergottung Roms sehr erfolgreich. Es hat sich vor allem in den Unterschichten, bei den Sklavenständen, bei den Ausländern, die aus dem Nahen Osten und aus Nordafrika nach Rom kamen, erfolgreich verbreitet, so sehr, dass es spätestens ab 250 eine Wahl wurde, für wen man Partei ergreift: für diese neue Bewegung der Christen oder für die Altbürger Roms. Das stand zur Entscheidung. Nun ist die Frage, ob Erfolg wirklich eine der Kategorien Gottes sein kann. Das Christentum war erfolgreich, so erfolgreich nämlich, dass im Jahre 312 bei der

Schlacht an der Milvischen Brücke Kaiser Konstantin seine Wahl getroffen hat: Er regierte seither gegen die Götter des alten Rom mit dem Christus der Christen.

MICHAEL ALBUS: In hoc signo vinces! In diesem Zeichen (dem Kreuz) wirst du siegen!

EUGEN DREWERMANN: Der Erfolg des Christentums begann damit, dass man alles umgekehrt hat, was einmal wahr gewesen ist. Man hat aus Christus einen Kriegsgott gemacht auf derselben Ebene wie Zeus, Marduk oder Wotan, und ihn in die Schlacht geführt. Aber eben dadurch hatte man keinen Christus mehr, man hatte Romulus wieder, eine Imperialmacht, die man verwechselt hat mit Christus. Mit anderen Worten: Indem man Erfolg hatte, indem man alles geändert hatte, indem man das Christentum an die Macht gepumpt hatte, hatte man kein Christentum mehr. Das war die Geburtsstunde dessen, was wir heute Kirche nennen.

MICHAEL ALBUS: Man hat Jesus zum Phantom gemacht.

EUGEN DREWERMANN: Man hat Christus einfach umgekehrt. Man hat immer noch von Christus gesprochen, dabei den Inhalt aber völlig ausgetauscht gegen Romulus. Das Mittel dahin war, dass man das Christentum als eine Ideologie zur Homogenisierung der Mehrheit der Staatsbürger Roms zum Zwecke des Machterhalts formulieren musste. So kam das erste Konzil 325 in Nicäa zustande. Konstantin war der Inhalt der christologischen Konzilsentscheidungen ziemlich egal. Er wollte, dass eine einheitliche Meinung gefunden wurde, die dann zur Regierungsvorschrift werden konnte. Die Wahrheit wurde zum Machtmittel. Darauf baut sich die Kirche auf seit den Tagen Konstantins bis heute. Kein einziges Kirchendogma ist anders definiert worden denn als eine neue Form der Zentralisierung von Macht über Menschen. Man hatte keinen persönlich gelebten Glauben mehr, man hatte eine Fülle von Vorschriften, wie man sprechen musste, um Glaube zu bekunden.

MICHAEL ALBUS. Wie stellt sich die Institution mit diesem unglaublichen Hintergrund und Untergrund heute dar?

EUGEN DREWERMANN: Sie hat zweierlei für sich, sonst würde sie gar nicht existieren: Zum einen, dass Religion gebraucht wird, weil Menschen sind, wie sie sind. Zum andern: Man senkt Religion bereits den Kindern ins Herz, so wie die Muttersprache. Sie ist Teil ihrer Kultur. Das sind die beiden Basiselemente dessen, was heute Kirche heißt. Das ist der Grund auch dafür, dass Voltaire von vornherein falsch gedacht hat, als er sprach: »Ich höre, dass zwölf ungebildete Fischer nötig waren, das Christentum zu begründen. Ich werde zeigen, dass ein einziger Gebildeter genügt, es wieder abzuschaffen.« Das kann überhaupt nicht gelingen, weil das, was wir Religion nennen, sich mit den Anfangserfahrungen von Kindern im Raum von Vertrauen, von Schutz, von Geborgenheit, von Hoffnung, von erlebter Menschlichkeit verbindet. Das alles sind die Momente, aus denen die Religion, wenn wir Gott als Vater oder als Mutter verehren, unmittelbar lebt. Darin hat sie ihre Legitimation und in gewissem Sinne ihre Notwendigkeit.

MICHAEL ALBUS: Das sind auch ihre Potenziale.

EUGEN DREWERMANN: Ja, auch ihre Potenziale! Was die Kirche heute dringend wieder lernen muss, ist, dass der Katholizismus unrecht hat, wenn er darauf beharrt, dass sich die Bibelauslegungen nach den Dogmentraditionen der Kirche und nach dem Lehramt in Rom richten müssen. Umgekehrt: Die Kirche hat die Pflicht, sich auszurichten an der Botschaft Jesu. Das hat in der Reformation Martin Luther begriffen, und die ist jetzt ein halbes Jahrtausend alt. Maßstab des Christlichen sollte Christus sein, so wie man ihn im Neuen Testament wiederfindet, aber nicht irgendeine Machtzentrale, die sich über all das stellt, was Jesus gesagt hat, und die im Grunde alles besser wissen will. Jesus hat Menschen geheilt, er hat sie zu sich selber geführt. Das wäre heutigentags die Aufgabe dessen, was sich »die Sache des Herrn« nennt, »kyriakē«. Die Kirche müsste lernen, sich an der Sache Jesu zu orientieren, der Menschen geholfen hat, sie selber zu werden, und die innere »Dämonie« zu besiegen durch eine tiefere Integration ihrer Person, – das also, was wir heute Neurose nennen oder als Fremdbestimmung und verinnerlichte Gewalt bezeichnen; das gilt es, im Vertrauen zu Gott abzubauen. Es gilt, einen Ort der Therapie zwischen Gott und den Menschen zu bilden. An diesem Auftrag muss sich Rom orientieren. Oder es verrät, solange es Rom gibt, Christus im Namen der Cäsaren.

MICHAEL ALBUS: Eugen Biser hat einmal gesagt: Es geht nicht um die Wahrheit des Christentums, sondern um die Wahrheit Jesu Christi.

EUGEN DREWERMANN: Und um die Wahrheit des Menschen, so wie Jesus sie gefunden oder wiederentdeckt hat.

MICHAEL ALBUS: Ja! – und jetzt: Ich kann nur von meiner Erfahrung sprechen, die in langjährigen Einzelerfahrungen mit der »offiziellen« Kirche entstanden ist – es gibt auch eine andere Kirche in ihr, das muss ich festhalten: Ich habe festgestellt, dass sich in dieser Institution – ich formuliere es jetzt scharf und hart – der Leviathan noch einmal abbildet. Man passt sich der Welt an, man unterscheidet sich nicht durch ein neues Denken, sondern man macht das alles, was andere auch tun. Dass Kirche noch ein Ort der Sehnsucht sein könnte, wo alles anders sein könnte, das ist für die meisten Menschen fast gänzlich verschwunden. Weil sich Kirche ebenso darstellt wie der leviathanische Staat. Ich werde zornig, ich muss mich zusammenreißen, wenn ich sehe, was man aus der ursprünglichen Botschaft tatsächlich gemacht hat. Das ist, angesichts der heutigen Situation der Institution Kirche, ein richtiges Ärgernis. Die offizielle Kirche wird für mich immer mehr zum Grab Gottes als zum Ort der Auferstehung. Eine Karfreitagskirche, keine Osterkirche, schon gar keine Pfingstkirche.

EUGEN DREWERMANN: Ich kann das nur unterstreichen und in vielen Details begründen.

Wir haben eben von der Einführung des Dogmas zur Homogenisierung der Meinung zum Zweck des Machterhalts gesprochen, als einem Faktor der Gewalt, mit dem andere, die abweichender Meinung sind, ausgegrenzt werden. Mit einem Mal wurde die Kirche ein reichserhaltendes Element. Ungefähr sechzig Jahre nach dem Konzil von Nicäa, 381, wird das Christentum zur Staatsreligion. Man musste, um Christ zu sein, Bürger des römischen Imperiums werden. Thron und Altar wurden dasselbe. Dann hat sich gezeigt, nach dem Ende des Mittelalters, dass sich die säkulare Macht nicht mehr vom Papst regieren und verwalten lässt. Der Investiturstreit hatte am Ende zum Ergebnis, dass sich die Macht aus der kirchlichen Aufsicht emanzipiert. Der Papst durfte für das geistliche Regime noch eine Rolle spielen, aber nur noch unter staatlicher Kontrolle.

Das Paradox ist, dass die Kirchen der Reformation an diesen Zustand noch viel schlimmer gebunden sind als die Kirche Roms. Der Katholizismus besitzt eine weltumspannende Universalität durch seine Machtkonzentration in Rom und in der Pluralität vieler einzelner Kirchen. Die Reformbewegung, die von Luther initiiert wurde, hat nie überleben können, ohne Rückhalt zu finden bei den deutschen Fürsten oder den entsprechenden Königen in Deutschland, in England oder in Skandinavien. Sie war vom ersten Tag an von der Staatsmacht abhängig. Damit ist ein Gefüge entstanden, das auch die Reformbewegungen von Anfang an um ihren eigentlichen Impuls gebracht hat. Man hat am Ende den Staatsgehorsam gefördert. Das vor allem wurde in Deutschland in den Tagen des Kaiserreichs und des sogenannten Dritten Reichs verhängnisvoll. Da konnte die internationale Organisationsform der katholischen Kirche im Grunde eher humanisierend wirken. – Machtkonzentration muss also an und für sich nicht bereits etwas Schlimmes sein. Die Frage ist, wie man sie organisiert und wie man sie ausübt. Da ist die Identifikation von Papsttum mit Gottes-Stellvertretertum und die Definition des Glaubens als Nachsprechen von Dogmen eine furchtbare Vereinfachung, die wir in ihren Grundlagen und Folgen gar nicht kritisch genug sehen können.

Was Jesus wollte, waren nicht neue Glaubenssätze, sondern eine Veränderung unserer Existenz von Angst zu Vertrauen, von Gewalt zu Güte. Wir haben daraus etwas gemacht, das man im Status des theologischen Dozenten auf den Kathedern lehren kann. Eine Lehre ist aber keine Existenzform, und das Dozieren verändert nicht die Persönlichkeit. Glauben lässt sich, meinte Sören Kierkegaard, nur wiedergeben als Existenzmitteilung von Ich und Du. Nur darin ist es glaubwürdig. Stattdessen haben wir erlebt, dass Jahrhunderte dahingingen, in denen man Religion eingesetzt hat im Kolonialismus zur Menschenversklavung. Dann hat man den Unterworfenen noch zusätzlich zu allem Besitz, zu allen Lebensmitteln auch noch die Seele gestohlen, und das nannte man ihre Christianisierung. So war der Erfolg der Missionsarbeit des Christentums.

MICHAEL ALBUS: Zum Beispiel Lateinamerika.

EUGEN DREWERMANN: In Lateinamerika, in Ostasien, in Afrika – wo eigentlich nicht? Die Frage ist, wenn man so deutlich sieht, wie es dahin gekommen ist, welch eine Rolle Riten spielen, wie sie in allen Religionen gepflegt werden. Man möchte den Glauben nicht einfach nur als inneres Bekenntnis bewahren oder als individualisierte Lebensform pflegen. Man braucht Gemeinschaft, man braucht Mitteilung, man braucht Gruppen, man braucht kultische Verrichtungen. Derlei ist absolut legitim und unbedingt notwendig; Glaube muss sich gemeinsam artikulieren in Zeichen, in Riten, in Festtagen, in Kulten.

MICHAEL ALBUS: Das ist eine uralte religiöse Überzeugung.

EUGEN DREWERMANN: Eine uralte religiöse Überzeugung, tief verbunden im übrigen mit unbewussten Antrieben, die viel, viel älter sind als alles, was wir uns in der bewussten Persönlichkeit zu eigen machen. Darauf hat der Katholizismus viel stärker als die protestantischen Konfessionen größten Wert gelegt. Tatsächlich wäre eine Verbindung von Bewusstsein und Unbewusstem möglich, wenn wir das Christentum betrachten dürften als eine erlaubte Integrationsleistung zwischen den beiden Bereichen, zwischen dem Personalen und dem Kollektiven, dem Individuellen und dem Unbewussten, das allen Menschen gehört. Wir müssten dann allerdings religionsgeschichtlich zugeben, dass das Christentum, das so entstanden ist, einen vielschichtigen Synkretismus darstellt. Das »Christentum« ist nicht einfach identisch mit der Botschaft des Juden aus Nazareth. Es ist vieles hineingekommen, das wir den Ägyptern, den Griechen, den Phöniziern und vielen anderen verdanken. Wir könnten, gäben wir das zu, endlich ehrlich sein in der Artikulation unserer selbst. Stattdessen haben wir das

Dogma etabliert, um einen falschen historischen Anspruch zu stellen. Die Ähnlichkeit der »heidnischen« Religionen der Antike zu der christlichen Glaubensüberzeugung haben wir so interpretiert, dass in allen anderen Religionen das Gleiche wie bei uns falsch ist, denn es ist richtig nur bei uns, weil es historisch durch die Person Jesu in die Welt getreten sein soll. Unter solchen Voraussetzungen hat man die allergrößte Schwierigkeit, die Bibel, das Neue Testament, nach dem Anspruch historischer Ehrlichkeit philologisch korrekt zu interpretieren. Die Spannung zwischen Exegese und Dogmatik ist bis heute nicht wirklich ausgetragen. Wir hatten im Jahre 2012 einen Papst, Benedikt XVI., der ein Buch schrieb über die Kindheit Jesu, wie wenn es die Exegese der letzten zweihundert Jahre nicht gegeben hätte. Da ist Jesus Kind einer Jungfrau, eben weil es so im Matthäus- und Lukasevangelium steht. Gott ist doch Herr der Welt und auch der Natur; also kann er machen, was er will, und wenn in der Bibel steht, er hat es gemacht, dann hat er es gemacht. Wo ist das Problem?

MICHAEL ALBUS: Glauben Sie an das Hymen der Jungfrau Maria? Das wurden Sie ja vor langen Jahren von Ihrem damaligen Paderborner Erzbischof gefragt.

EUGEN DREWERMANN: Ich glaube daran, dass das Bild der jungfräulichen Geburt wunderbar ausdrückt, wie wir uns verändern könnten, wenn wir mal aufhörten, nur Kinder unserer Eltern zu sein, nur die Kreatur unseres Vaters zu bleiben. Das Dogma von der jungfräulichen Geburt Jesu als Bild ist etwas Wunderbares. Aber im Dogma wird es zu einer historischen Faktenbehauptung gegen alle Evidenz, gegen alle korrekte Auslegung der Texte, auf die es sich bezieht. Die Kircheninstanz schreibt vor, was man glauben soll, und beansprucht die vollkommene Auslegungskompetenz in Unfehlbarkeit gegenüber dem, was im Neuen Testament steht.

MICHAEL ALBUS: Dahinter steckt auch Angst. Man kann nicht alles der subjektiven Willkür der Menschen überlassen. Wo kämen wir denn da hin!

EUGEN DREWERMANN: Die wirkliche Revolution, die der Kirche bevorsteht, ergibt sich, wenn sie sich auf ihren Ursprung bezieht. Die Person Jesu ist auch heute noch derselbe Sprengstoff, der sie einmal war, als sich Jesus konfrontiert sah mit den Hütern der Orthodoxie in der Religion seiner Väter. Die Spannungen sind genau dieselben, die Jesus aufgegriffen hat in der Auseinandersetzung mit den Schriftgelehrten. Darf man einen Menschen am Sabbat heilen? Nein, darf man nicht, denn am Sabbat darf man nicht als Arzt wirken. Darf man einer Ehebrecherin vergeben? Nein, darf man nicht, denn im Gesetz des Moses steht, man muss sie steinigen. Darf man einen Leprakranken berühren? Nein, darf man nicht, denn im Gesetz des Moses steht, dass er in einer bestimmten Schutzdistanz verbleiben muss. All diese Stellen hat Jesus anders interpretiert in der Meinung, man verstehe Gott nicht richtig, wenn man irgendein Argument im Gesetz des Moses findet, Menschen unmenschlich zu begegnen. Dann muss es anders gemeint sein. Diese Auffassung hat man Jesus sehr übel genommen, man hat ihn als Verräter ausgegeben und am Ende die Römer instrumentalisiert, ihn zu kreuzigen. Diese Auseinandersetzungen hat man im Kirchendogma dahin ausformuliert, dass Jesus uns durch seinen Tod erlöst habe. Das ist an sich ein sehr wahrer Gedanke. Der Mann aus Nazareth hat die Angst, die jedem in den Knochen steckt, endlich zu beruhigen vermocht durch eine Güte, die glaubhaft wurde. Das ist die Erlösung. Eine andere wird es nicht geben, und es so zu formulieren, besäße eine enorme Sprengkraft. Daraus geworden ist aber das Dogma, dass wir alles der Kreuzigung Jesu verdanken, also gar nicht dem wirklichen Leben, sondern der Beendigung des Lebens Jesu. Und dann haben wir die brutale Tötungsfolter der Römer mystifiziert durch ein Opfer, das hätte gebracht werden müssen, auf dass Gott die Schuld der Menschen vergebe.

Dazu kommt nun der Einfluss des Kultes. Es gibt auch in anderen Religionen eine Menge sterbender Gottheiten, die wiederauferstehen und die man gegenwärtig setzt durch entsprechende Kulthandlungen, etwa in der Verwandlung von Nahrung oder durch Riten, die der Initiation dienen. Die ganze Dramaturgie, wie man Menschen befreit von ihrer Angst und hinüberholt in einen Raum der Geborgenheit, wird nun reduziert auf das Sakrament der Taufe. Das nimmt uns in den Tod des Gottessohnes hinein, und dann sind wir erlöst. Dann sind wir wirkliche Christen. Mehr ist nicht nötig. Die ganze existenzielle Aufregung, die sich mit Jesus verbindet, wird durch den Kult eskamotiert, weginterpretiert. Man kehrt wieder zurück zu der alten Selbstberuhigung: Da wir ja erlöst sind, können wir ungetrübt an der alten Moralphilosophie anknüpfen. Die ganzen Brechungen, die Jesus in Kauf genommen hatte mit den Moralisten der Thoraauslegung seiner Zeit, finden wir deshalb wieder im Christentum: Menschen können nicht gut sein, einfach weil sie wollen. Sie müssen mit sich so identisch werden, dass sie einheitlich agieren können. Das ist so viel wie Psychotherapie in Funktion eines tieferen Gottvertrauens, und gerade so entspricht es dem Programm Jesu. Das aber ersparen wir uns vollkommen, indem wir es magisieren, ritualisieren, dogmatisieren und traditionalisieren. Damit waschen wir uns die Hände in Unschuld. Auf diese Art, ein Christ zu werden, kostet niemanden etwas. Es bereichert aber alle, die schon an der Macht sind. Wenn sich das Kirche nennt, ist sie nichts weiter als ein Status der Entfremdung. Dann muss man sich nur noch anschauen, welch eine Art von Moral da gepredigt wird, und darf sich nicht mehr wundern, dass sie wesentlich der Unterdrückung dient, dem Gehorsam, der Sexualrepression, der Regression in jeder Form, der Infantilisierung, der Entindividualisierung zugunsten des Gruppenzwangs.

## Kurzer Seitenblick:
### Eine brennende Wunde – Sexuelle Gewalt in der Kirche

MICHAEL ALBUS: Ich bin weit entfernt davon, Polemik zu betreiben, weil das auch nicht weiterführt. Aber da gibt es eine brennende Wunde, indem der ganze Zynismus dieser Art, Kirche zu sein, sich zeigt, ich sage bewusst Zynismus: Die sexuelle Gewalt in der Kirche. 2010 ist das endlich ans Licht gekommen. Derjenige, der es ans Licht gebracht hat, wird heute einfach unter den Tisch gekehrt, totgeschwiegen. Die Herren der Kirche sind zornig auf den Jesuiten Klaus Mertes. Da hat sich ein Zynismus breitgemacht, der auch schon eine Form der Gewalt ist.

Ein Beispiel nur: In einem SWR 2-Feature am 5. Juni 2010 von Marie-Dominique Wetzel mit dem Titel:»Zerstörte Kindheit – Das Schicksal der Heimkinder im Nachkriegsdeutschland« berichtet Helmut K.,

Jahrgang 1940, ein Opfer, über seine Kindheit, die von unglaublicher Erniedrigung und Entwürdigung durch Menschen der Kirche, Priester und Nonnen, geprägt war. Man verstummt, wenn man sich die Schilderung der Bestrafungen anhört, wie nicht nur die Knochen, sondern auch die Seelen gebrochen wurden, und man spürt, wie einem die Tränen hochsteigen. Ein Archipel des Grauens wird hörbar und erahnbar. Man schlägt die Hände vors Gesicht.

Am 30. August 2009 wurde Helmut K. zusammen mit anderen Opfern von Erzbischof Robert Zollitsch in Freiburg zu einem »Gespräch« empfangen. Wie dieses Gespräch ablief, erzählt Helmut K. mit einfachen Worten in der Hörfunksendung so:

»Wir waren im Ordinariat in Freiburg. Es war der Sekretär mit dort. Es war also eine angemessene Atmosphäre. Wir haben, jeder, unsere Geschichte erzählt, im Kurzformat. Wir haben auch Schreiben, die wir aufgesetzt haben, ihm (Zollitsch) gegeben und so weiter. Mir saß der Erzbischof gegenüber. Ich hatte das Gefühl, also mein Gefühl war: Der sitzt da, hört sich das an, so der Art: ›Das geht mir doch am Ding vorbei! Was interessiert mich, was die da erzählen!‹ So saß er da. Und die andern zwei haben am Schluss auch gesagt: ›Der Erzbischof saß da, wie wenn ihn das gar nichts angeht.‹ Für mich war's zwar eine wichtige Sache, aber trotzdem war's eine Sache, wo ich gedacht habe: Du bist umsonst dahin gefahren, das ist unnötig, das brauchst du nicht. Zum Schluss hat er (Zollitsch) gesagt: ›Ja, ihre Geschichte ist sehr tragisch, aber da hat ihnen Gott eine Prüfung aufgelegt, und ich werde für Sie beten.‹ Mehr hatte er leider nicht für mich.«

Das brennt wie eine Wunde, wenn man so etwas hört und liest. Wenn man unzensiert erfährt, wie Menschen wirklich missbraucht worden sind, ihnen darauf sagt, es war eine Prüfung, die Gott ihnen auferlegt hat. Das ist für mich der größte Zynismus, der mir in den letzten Jahrzehnten in dieser Institution begegnet ist. Wie kann man danach im dicken Auto mit getönten Scheiben weiter durch die Welt fahren und von der Liebe Gottes zu den Menschen sprechen? Das ist Zynismus und Psychokälte pur.

EUGEN DREWERMANN: Das ist so! Zollitsch redet sich natürlich vollkommen aus der eigenen Analyse heraus. Und er vertritt ein System, das jahrzehntelang nur sich selber geschützt hat. Natürlich wusste Ratzinger als Chef der Glaubenskongregation von Hunderten von Fällen von Missbrauch, aber er ist nicht eingeschritten, ja, er durfte es nicht einmal, weil der gerade heiligzusprechende Johannes Paul II. ihn daran gehindert hat. Wir aber müssen sagen: Die Priester, die in seelsorglicher Abhängigkeit ihre eigenen Pfarrkinder missbraucht haben, sind ja selber Opfer eines Systems, das es ihnen nicht erlaubt hat, sexuell erwachsen zu werden. Das wirklich Schlimme ist, dass man den Missbrauch in der Kirche nicht entfernt auch nur als Anfrage an den Status, unter dem Kleriker antreten sollen, interpretiert hat. Im Gegenteil. Man hat sich verweigert, indem man erklärte, das komme überall vor, auch in Fußballvereinen, in Polizeikasernen. Es ist aber spezifisch.

Sie begegnen einem Priester, der nach vieler Not gesteht, dass er eigentlich eine Frau liebhat. Es ist psychotherapeutisch unmöglich, sich einen weiteren Fortgang des Gesprächs als heilsam vorzustellen, außer man macht ihm Mut dazu, zu seinen Gefühlen ja zu sagen. Dann aber hat man die gesamte Kirche gegen sich. Denn wozu man ihn auch auffordert, einfach indem er zu sich selber ja sagt, zu seiner Liebe, die von Gott ist, zu dem Menschen, den ihm vielleicht wirklich Gott geschickt hat, das ist in kirchlicher Wertung die Verführung zu einer Todsünde. Dieser Priester bricht seinen Eid, den er geleistet hat. Er wird in ein Feld hineinkommen, wo er nicht einmal die Sünden, die er begeht, einem Mitbruder beichten kann, denn der darf ihm nur vergeben, wenn er gelobt, seine Liebe zu widerrufen. Das aber wird er nicht können. Also wird er in einen Zwischenbereich geraten, in dem er endlos sündigt, mit keiner anderen Hoffnung, als dass Gott, der die Liebe ist, ihm beisteht gegen die Kirche.

Ich habe vor vielen Jahren Reden gehalten vor Priestern und ihren verheirateten Frauen. Danach kam ein ehrenwerter Moraltheologe und erklärte: Die Kirche muss ein Ethos der Vergebung lernen. Damit glaubte er sich mutig. Und er hatte insofern mindestens recht, als er die Option pflegen wollte, die Kirche sollte doch Leute, die jetzt verheiratet sind, zumindest in irgendeiner Weise in der Kirche noch tätig sein lassen. Mir aber lag daran, viel weiter zu gehen und zu sagen: Dieses Ethos der Vergebung dreht die Achse der Problemstellung falsch herum. Ich sagte meinen Zuhörerinnen und Zuhörern: »Wenn mein Vorredner, bei bester Absicht, aber im Rahmen der Moraltheologie, die in der Kirche akzeptiert wird, recht hätte, müsste jetzt jede und jeder von Ihnen sich dem anderen zuwenden und sagen: Du bist der Grund meiner Verführung gewesen, der Anlass meiner Sünde, und ich bitte die Kirche flehentlich, uns den Status, den wir jetzt nicht mehr ändern können, nachträglich zu entsühnen. Ich hoffe, Sie denken nicht entfernt an einen solchen Schritt. Sie sind froh, dass diese Frau in Ihr Leben kam, wie ein Engel Gottes. Das ist, was Sie erlebt haben. Wenn jemand jetzt vergeben müsste, dann sind Sie es – einer Kirche, die alle Menschlichkeit mit Füßen tritt. So herum müssen wir es sagen. Sie aber hatten den Mut, an Gott viel mehr zu glauben, als man in kasernierter Form der Bestimmung, wer man als Kleriker zu sein hätte, im Raum der römisch-katholischen Kirche sein dürfte.«

Worauf ich hinaus will, ist, dass die Angst vor dem wirtschaftlichen Einbruch, der völligen Zerstörung der bürgerlichen Existenz manchen Priester daran hindern wird, sich weiterzuentwickeln. Er wird der Junge bleiben, der er mit achtzehn war, ehe man ihn ins Konvikt schickte und zum Priester machte. Er wird bei den Gehemmtheiten der Pubertät stehen bleiben, und dann wird er um sich greifen und auf dem Niveau eines Vierzehnjährigen nach einem Gegenüber suchen, weil es vermeintlich ungefährlicher ist. Es ist dann viel besser, einen Jungen liebzugewinnen als eine Frau. Priester, die das tun, werden an Verführung überhaupt nicht denken. Es ist nur einfach erst mal schön. Auch der Junge denkt doch nicht, dass sein eigener Pastor dahin käme, so etwas Ungeheuerliches zu tun. Der aber wird bei den Gehemmtheiten der Pubertät stehen bleiben und nach einem Partner suchen, der dem retardierten Entwicklungsstand entspricht, auf dem er selber sich befindet. Sexuelle Gehemmtheiten sind bei katholischen Priestern zudem oft identisch mit einer großen Abhängigkeit vom Bild der eigenen Mutter, das sich dann sozial erweitert zum Bild von der Mutter Kirche. Da hinein fügt sich die Marienverehrung, da hinein die Sexualunterdrückung, das alles ist begleitet von der Ambivalenz des Frauenbildes, die da generiert wird. Man hat es am Ende mit einer Kollektivneurose zu tun, die Sigmund Freud bereits als Ödipuskomplex beschrieben hat. Dass die

Kirche sich darin verfestigt, ist ein permanentes Unrecht, das sie gerade denjenigen zufügt, die ihr am meisten untertan sind, den eigenen Klerikern. Das darf so nicht bleiben.

Ich sage das, weil es so einfach ist zu klagen: Da gibt es Leute, die sind kriminell, die muss man mit Stumpf und Stiel verurteilen, das sind Verbrecher, die haben Dreizehn-, Vierzehnjährige missbraucht – pfui, pfui, pfui. Aber es ist wie bei allem, was straffällig wird: Die Täter sind immer auch schon die Opfer. Und wenn man das nicht sieht, kommt man nicht dahin, die Ursachen zu begreifen. Wir haben es zu tun mit großen Jungen, die mit kleinen Jungen oder mit kleinen Mädchen irgendetwas anfangen, die aber nicht sich selbst gehören und die das, was sie tun, in Wahrheit nicht gewollt haben. Ich kenne keinen Priester, dafür lege ich die Hand ins Feuer, der je Priester werden wollte, um später Kinder zu missbrauchen. Es ist passiert, indem etwas nachreifte, auf das er nicht vorbereitet war. Die unterdrückten Gehemmtheiten im Unbewussten hatten am Ende eine Gegenfinalität, ungefähr so, wie wenn Sie eine Sperrmauer gegen einen Fluss stellen, dessen Macht groß genug ist, an den ungesicherten Uferrändern der Mauer sich vorbei zu graben. Dann plötzlich kollabiert das Gesamtsystem. So ähnlich ergeht es diesen Priestern.

MICHAEL ALBUS: Immer wieder hört man von den Nachdenklicheren aus der Institution das Argument:»Ja, das ist ein Fehler im System, das darf eigentlich nicht vorkommen.« Ich glaube das nicht mehr. Das System ist der Fehler.

EUGEN DREWERMANN: Ja natürlich ist das System der Fehler. Man stellt sich selber nie infrage. Beim Thema Homosexualität, zum Beispiel, haben wir inzwischen sogar die Gewissheit, dass die kirchliche Auffassung zu diesem Problem völlig verkehrt ist. Herr Ratzinger konnte das noch sagen:»Es ist keine Sünde, homosexuell zu sein, aber es ist eine schwere Sünde, homosexuell zu handeln«. Wenn das zur Auflage der Therapie im klerikalen Raum wird, haben wir die Neurotisierung als Zwangsauflage dessen, was da Therapie genannt werden soll. Es ist eine reine Travestie. Natürlich sollten wir Menschen helfen, die homosexuell sind, so zu leben, dass es passend ist. Wie denn anders? Es kann sein, wir entdecken in der Homosexualität eines Patienten, dass da schwere Gehemmtheiten aus pubertären Zeiten vorliegen. Dann muss es möglich sein, eine Entwicklung zur Heterosexualität einzuschlagen, dann muss die Heirat erlaubt sein. Eine solche Lösung existiert aber nicht – katholisch. Am Ende ist man zufrieden mit Homosexuellen, die nur keine in der Öffentlichkeit wahrnehmbare Symptomstruktur produzieren. Man vernebelt alles, statt Ehrlichkeit zu zeigen.

Die Sache hat jetzt noch eine andere Variante, die kaum bedacht wird, die mir aber wichtig zu werden scheint: Damit dieselbe Kirche, die als Ursache hinter all dem steckt, sich die Hände zum zweiten Mal reinwaschen kann, begibt man sich in die Position rechtlicher Nulltoleranz. Wo immer Verdachtsfälle von Missbrauch gemeldet werden, wird man die Staatsanwaltschaft einschalten. Das geschieht mitunter, ohne dass die Betroffenen selber von der Aktenlage Kenntnis haben. Nicht einmal die Verteidiger, die sie einschalten, haben eine Ahnung, was der wirkliche Vorwurf ist. Der Vorwurf wird aber erhoben. Der betroffene Priester wird zunächst einmal aus dem Amt entfernt, ohne dass er weiß warum. Der Verdacht ist identisch mit der Strafe, die innerkirchlich verhängt wird. Das Ganze geht dann nach Rom. Es wird nicht mit dem Beschuldigten verhandelt, indem man offenlegt, was ihm zum Vorwurf wurde und was jetzt in einem normalen fairen Prozess verhandelt werden müsste. Es gibt inzwischen Fälle, wo Leute, die, aus welchen Gründen auch immer, in ihrem Leben sich gescheitert vorkommen, nach Gründen darin suchen, dass man sie missbraucht hätte, ohne dass das der Fall war, in der Erwartung, dass irgendwo fünftausend Euro »Entschädigung« abzuheben sind, wenn man Erfolg hat. Die so betroffenen Priester haben es ganz schwer, in der heutigen Kirche eine faire Verteidigung zu finden. Vor allem: Es darf nicht einmal der Verdacht der erhobenen Anklage in der Öffentlichkeit bekannt werden. Es wäre erschütternd für all die Leute, mit denen man gelebt hat, für die man da war. Und dies macht jede Art von Erpressbarkeit möglich. Die Angeklagten haben noch nicht einmal eine Ahnung, wer derjenige ist, der den Vorwurf erhoben hat. Sie können sich in ihrer Biografie keine Szene ausdenken, wo das zutreffen soll, sie reden stundenlang mit Leuten, die mit ihnen grübeln, ob da was dran sein könnte. Es ist aber nichts dran. Und was jetzt?

Wenn der Ankläger zusammenbricht und sagt: »Es ist wirklich infam von mir, ihn zu beschuldigen. Der Mann hat mir nichts getan. Der hat das nett gemeint. Er hat mir einmal über den Kopf gestrichen, und er war der einzige, dem ich glauben konnte, dass er ein netter Kerl sei. Die anderen waren Schweine, aber ihn habe ich ein bisschen gemocht. Er war schwach genug, um nicht so terroristisch zu sein, wie sie alle. Aber ich tue ihm Unrecht, wenn ich ihm jetzt daraus einen Strick drehe. Er war im Grunde ein prima Kerl« – dann ist die Sache überstanden. Aber dann auch wirklich erst. Bis dahin haben wir eine Rechtslage, die die Kirche wieder aus ihrer Verantwortung schleichen lässt, indem sie vorweg zu einem ordentlichen Strafverfahren, wie es üblich ist, nach eigenen Regeln agiert. Ein Verdacht ist noch kein Beweis und kann keine, auch innerkirchlich keine, Strafen nach sich ziehen. Erst wenn feststeht, was passiert ist, kann die Kirche mit Strafsanktionen reagieren. Vorher eben nicht. Man kann jemanden im Verdachtsstatus halten, aber entsprechend der Unschuldsvermutung, die auch für ihn gilt, muss man ihm versprechen: Wenn nichts daran ist, werden wir dich in Ehren wieder aufnehmen. Das wäre ein Schutzraum. Das ginge in Ordnung.

MICHAEL ALBUS: Beenden wir den kurzen Seitenblick auf diese wirklich brennende Wunde und kehren wieder zurück zur Frontenbeschreibung. Was wünscht ein Mensch sich eigentlich von der Kirche? Welche Erwartungen hat er an sie?

EUGEN DREWERMANN: Sie soll ein Ort sein, an dem er sich verstanden fühlt und als Person akzeptiert ist – von Grund auf. Das also, was in der Psychotherapie geschieht: Man richtet einen Raum ein, in dem nicht gefragt wird, unter welchen Bedingungen wirst du mir nützlich oder akzeptabel, sondern was bist du für ein Mensch und wie findest du dich so wieder, dass es in dir stimmig wird. Das ist es, wonach eigentlich jeder Mensch sucht, weil er ein Mensch ist. Es ist, wenn Sie es genau nehmen, auch die Eintrittspforte in das, was Christentum heißt. Jesus selber war ohne Zweifel von dieser Art. Von ihm, weil er eine wirkliche Person war, konnte etwas Neues ausgehen. Ein Ähnliches finde ich wieder bei den Propheten in der Bibel, bei Jeremia beispielsweise.

Machen wir es mit einem Beispiel deutlich: Der Beginn der Reformation, 1521, Martin Luther. Ich erwähne das, weil wir damit noch einmal die Fragen kommentieren können, auf die wir eben gestoßen sind: der Einzelne und die Gemeinschaft, die persönliche Wahrheit und die Veränderbarkeit der Gesellschaft. Martin Luther wollte, dass die ganze Kirche sich ändert, aber was er zunächst einmal sah, ist, dass man Gott nicht richtig verkündet, wenn man ihn als Angstquelle zum Gewinn von Ablassgeldern instrumentalisiert. Das muss aufhören! Ob das die Kirche begreift, ist jetzt die zweitrangige Frage. Die Menschen müssen es begreifen, damit sie aufhören, es mit sich machen zu lassen. Das ist das Erste. Das Zweite: Dieser Standpunkt muss wahr sein, oder das ganze Neue Testament hätte unrecht. Das sind zwei Gewissheiten. Was hat Jesus gewollt, und was brauchen die Menschen? Daran ist die Kirche zu messen. Ob sie es begreift oder nicht, das muss sie selber wissen. Aber das war es, was der Mönch in Wittenberg »wusste«. Und dafür stand er vor dem Reichstag in Worms gerade. Man kann debattieren über alles Mögliche, sogar kirchliche Institutionen, Konzilien können sich geirrt haben. Aber diese beiden Dinge standen für Luther fest: Was Jesus wollte und was die Menschen brauchen. Und so hatte er dafür gerade zu stehen. Der Satz: »Hier stehe ich und kann nicht anders«, ist wahrscheinlich Teil der Legendenbildung, aber historisch überliefert ist, dass Karl V. am Ende der Debatte erklärte: »Es will mir nicht erscheinen, wie ein einzelner Mönch recht haben könnte gegen die ganze Christenheit.« Dieser ungeheure Augenblick ist der Anfang der Reformation. Das ist ein prophetisches Element, unterhalb dessen Christentum nicht lebbar ist. Ob es sich immer so dramatisiert, hängt von historischen Umständen ab. Aber tendenziell und essentiell ist es so und nicht anders. Dass daraus die Reformation wurde, ist schön und gut. Aber: Hätte man Luther zwei Tage später vogelfrei, wie er war, totgeschlagen, hätte er nach wie vor immer noch alles richtig gemacht. Davon hängt es nicht ab. Es hing auch nicht ab von Friedrich dem Weisen, der ihn auf die Wartburg gebracht hat. Luther hat es richtig gemacht, weil er auf dem Reichstag zu Worms gesagt hat, was ihm für wahr galt.

Nur mit Menschen, die so sind, wird sich in dieser Welt überhaupt etwas ändern. Ob sich etwas durch sie ändert, werden der liebe Gott und die Zeitläufte entscheiden. Wir müssen uns entscheiden für uns selber.

Das ist das ganze Christentum. Und damit muss die Kirche lernen umzugehen. Statt es zu verhindern, sollte sie darin ihre tragenden Säulen erblicken und behilflich sein, dass es dahin kommt, dass sich viele solcher Säulen bilden, statt es genau umgekehrt zu drehen und Menschen dafür zu nehmen, dass sie das Piedestal im Petersdom abgeben.

MICHAEL ALBUS: Gehen wir in den Innenraum. Wie kann hier eine Synthese, eine Integration gelingen zwischen der Sehnsucht des Einzelnen nach Angenommensein, nach Geborgenheit, nach Nichtverurteilung, nach Verstehen und einer Institution, die mindestens so, wie sie sich offiziell zeigt, im Grunde genommen sagt: Du darfst eigentlich nicht so sein, wie du bist. Du musst dich uns angleichen. Da muss es auf Seiten der Institution, die sich als Gottes Stellvertreterinstanz darbietet, eine Konversion zum Menschlichen geben.

EUGEN DREWERMANN: Die Wahrheit liegt nicht in der Institution, nicht in der Tradition, nicht in der Normierung von Lehrsätzen und Verhaltensweisen, sondern im Menschen selber. Also kann man die Wahrheit auch nicht vorweg wissen, man kann sie nicht im Gefälle der Macht monolithisch von oben nach unten verordnen. Man muss sie im Dialog immer neu selber finden. Man muss sie kreativ entwickeln. Und eine Kultur aufbauen, die das ermöglicht.

Eine Vereinbarkeit von Gläubigen und Kirchen gibt es nicht ohne eine dramatische Änderung der Kirchen, vor allem in Rom. Es ist ganz einfach, nur protestantisch zu sein. Es ist ganz einfach, nur katholisch zu sein, aber es ist fast unmöglich, Christ zu sein. Nur das sollten wir versuchen. Was die Menschen längst erwarten und längst wissen, ist, dass die Wahrheit Jesu keiner Kirche gehört, aber den Menschen. Und dass sie deshalb in ihrer eigenen Entwicklung unabhängig werden müssen von den kirchenverfassten Vorgaben. Das ist in der Aufklärungszeit – Lessing und sein »Nathan der Weise« – längst bekannt. »Ein Mann wie du bleibt da nicht stehen, wohin der Zufall der Geburt ihn stellt. Aus was für Gründen, Nathan?« heißt es da. Dann zeigt sich, dass das, was die Menschen mit Gott verbindet, die Liebe ist. Und wie man sie lebt, ist das einzige Kriterium für die Wahrheit des Religiösen.

MICHAEL ALBUS: Aber dann sagt die Institution, wenn ein Mensch auftaucht mit der Sehnsucht, angenommen zu sein: Die Auslegung der Botschaft Jesu können wir doch nicht der Willkür des Einzelnen überlassen. Das Argument höre ich oft.

EUGEN DREWERMANN: Man denkt immer, dass der Einzelne der Ort der Willkür sei. Das Gegenteil aber ist der Fall. Er ist gerade als Einzelner nicht willkürlich. Wo wäre Kunst auch nur – von Religion reden wir noch gar nicht – ein Akt der Willkür. Sie ist die Synthese einer außerordentlichen Sensibilität, von Ordnung und Einheit. Das gilt bereits in der Ästhetik. Man schafft überhaupt nicht willkürlich. Man wirkt aus innen heraus. Man nimmt sich als Einzelner so energisch wahr, dass jede Fremdbestimmung, jedes Schielen nach Erfolg, nach der Möglichkeit, vom Kulturamt gesegnet zu werden mit irgendeiner Apanage, absolut zweitrangig wird. Was stimmt für mich selber? Das ist die Frage jedes ehrlichen Künstlers. Wenn es ihm gelingt, eine Antwort darauf zu finden, dann ist er in seiner Person plötzlich ein allgemeines Individuum, das der Schöpfer von etwas wird, das sich als Weltliteratur bezeichnen lässt. Oder ein Maler, der in aller Welt verstanden wird.

Von der Religion müsste man erwarten, dass sie die Botschaft Jesu so interpretiert, dass es dem Pfingstniveau entsprechend wird: Ein jeder könnte in seiner Sprache verstehen, wovon die Rede geht. In der Kunst, in der Literatur, in der Malerei, in der Musik ist das allemal der Fall. Lediglich mit unseren Dogmen stehen wir uns im Weg dabei, die nicht nur dem Machterhalt der Institution dienen, sondern zudem auch noch in ihrer Abhängigkeit von der jeweiligen Sprach- und Kulturform immer Grenzen ziehen müssen.

Nehmen Sie ein ganz zentrales Dogma im Christentum: die Lehre von der Dreifaltigkeit. Sie basiert sprachlich auf dem Unterschied zwischen Person und Natur. Diese Differenzierung ist eine schwierige Begrifflichkeit. Sie ist außerhalb der indogermanischen Sprachwelt nicht zu vermitteln. Sie ist nicht übersetzbar in die Sprache Jesu. Auf Hebräisch geht es nicht. Auf Arabisch, Chinesisch ist es nicht verständlich, wie wir Gott definieren, das zentrale Geheimnis, das alle Christen unterscheidet zum Beispiel von den Muslimen. Die Muslime können nicht einmal verstehen, was wir da sagen. Sie werden immer hören, dass es drei Götter sind, die eins sein sollen. Das kann für sie nicht wahr sein. Hören wir zu, was die Leute nach zweitausend Jahren dogmatischer Bearbeitung unter Dreifaltigkeit verstehen, hören wir auch nichts anderes. Nicht einmal die Lehrer in der Schule können das Geheimnis der Trinität ihren Kindern vermitteln. Die Kinder lernen nicht vierhundert Jahre Kirchengeschichte nach, bis sie wissen, was Person und Individuum und die hypostatische Union in der Einheit von Natur und Person ist. Wieso müssen sie das auch alles wissen? Jesus selber hätte es nicht verstanden. Also kann es nicht richtig sein. Es ist ein Weg, den man vielleicht historisch bedingt mit begrenzter Berechtigung gegangen ist, aber der keine Wahrheit für die Menschheit enthält. Er ist eine lokal bedingte Varietät. Eine Weltkirche jedenfalls muss sich anders artikulieren. Etwas, das man allen sagen will, kann nicht in einer so verklumpten Form die Vorgabe der eigenen Sprachgruppe artikulieren.

MICHAEL ALBUS: Das Drama der sogenannten Theologien der Befreiung. Lateinamerika, auch Afrika.

EUGEN DREWERMANN: Zuzugeben ist: die Verschmelzung von Kulturen ist enorm schwierig. Aber dass man in Rom erklärt: Die Monogamie ist von Gott gewollt, die Polygamie nicht, die Polyandrie auch nicht, das alles ist ein kirchlich ideologisierter Ethnozentrismus, die Basis des Kolonialismus. Es setzt voraus, dass man meint, die Macht und das Recht zu besitzen, eine ganze Kultur erst mal zu zerstören, um sich selber dort einzupflanzen.

MICHAEL ALBUS: Ich will gar nicht, dass eine Verschmelzung stattfindet, sondern ich bin dafür, dass jeder das Seine leben darf.

EUGEN DREWERMANN: Darum geht es, dass gerade keine Verschmelzung versucht wird. Die Römer haben immer versucht, Verschmelzung herbeizuführen. Verschmelzung im Sinne von Überfremdung. Es war ja nicht eine wechselseitige Durchdringung, im Gegenteil. Es war ausrotten und einstampfen.

# Medien, Internet und Lebenswirklichkeit

MICHAEL ALBUS:. Eine weitere Front ist zu nennen, die heute tief in die Praxis und das Verständnis von Leben eingreift: Die Medien und das Internet. Da entwickelt sich etwas in rasanter Geschwindigkeit, eine neue Geschichte kommt auf. Wenn wir die Mediennutzungsdaten ansehen, zeigt sich eine dramatische Entwicklung: Die Wortmedien gehen immer weiter zurück, das Internet kommt immer näher. Ich begegne immer mehr vor allem jungen Menschen, die sagen: Meine Informationen beziehe ich fast ausschließlich aus dem Internet. Man darf die Entwicklung erst einmal nicht beurteilen, finde ich, sondern muss sie zur Kenntnis nehmen. Aber es gibt eine Front, die aufgeht zwischen den Medien, die uns bestimmte Träume vorspielen oder auch Horrorträume zeigen, und zwischen dem Einzelnen, der diese Träume der Medien konsumiert und der zwischen den Träumen und der Wirklichkeit seines eigenen Lebens keinen Zusammenhang mehr findet. Da fallen wichtige Dinge auseinander, sind destruktiv in der Persönlichkeitsentwicklung. Was geschieht da mit den Menschen? Wie stellt sich die Front dar? Das ist eine unheimliche Front, nicht nur eine heimliche, die oft in großer Einsamkeit vor dem Bildschirm verläuft.

EUGEN DREWERMANN: Die Medien besitzen eine Verführungskraft, die sich zwischen die Begegnung der Menschen stellt, der Eltern mit ihren Kindern, der Kinder untereinander. Sie isolieren den Einzelnen durch das Versprechen, miteinander Austausch zu pflegen. Im Grunde sitzt jeder vor seinem Schirm und redet mit jemandem, der irgendwo anders ist. Das führt nicht zu sich selber zurück. Außerdem hat man eine Reihe von fertigen Programmen, deren Entstehung man selber nicht kennt. Die Medien liefern in unbegrenzter Menge und in der vermuteten absoluten Korrektheit Informationen aller Art. Was sie nicht tun, ist, die Bewertung, die Filterung der Informationen vorzunehmen, also überhaupt erst einmal einen Stand zu bilden, von dem aus es sinnvoll wird, diese oder jene Informationen zu sammeln. Sie geben auch nicht vor, in welcher Weise man sie integriert. Am allerschlimmsten: Es steht bei den Informationen in aller Regel nicht dabei, wie sie zustande kommen. Das heißt, man schaltet gerade den

Teil aus, der, zum Beispiel, wissenschaftlich am allerwichtigsten ist, der erklärt, dass man Informationen aller Art nur sinnvoll verarbeiten kann, wenn man eigene Fragen mitbringt, wenn man vergleichen kann, was im eigenen Wissensstand die Frage vorbereitet, wie man aus der Riesenflut möglicher Informationen eine sinnvolle Auswahl trifft. Das müsste dem Kind nahegebracht werden, ehe es an den Computer geht. Diese neurologisch, aber auch psychologisch-menschlich sinnvolle Voraussetzung wird durch eine Kindererziehung ausgehebelt, die viel zu früh und in viel zu großem Umfang die Computer als Unterhaltungsspiele in die Kinderzimmer bringt. Fernsehapparate und Computer haben längst die persönliche Begegnung verdrängt, für die man glaubt, nicht mehr Zeit zu haben. Wo gibt es noch Situationen, in denen die Mutter einem Kind ein Märchen vorliest? Oder ein Volkslied mit ihm summt und singt? Oder irgendein Spiel macht, bei dem sich ein Stückchen Holz in eine Eisenbahn verwandelt? Das alles ist viel zu zeitaufwendig. Dazu kommt man nicht. Das Kind lernt auf diese Weise aber das Wichtigste nicht mehr: dass die Welt, die Freude macht, an persönliche Begegnung gebunden ist und an den Hintergrund einer nur menschlich zu erzeugenden Geborgenheit. Fällt die aus, wird man den Computer als Ersatz dafür nehmen. Mit anderen Worten: Es breiten sich Süchtigkeitsstrukturen aus. Und ich habe den Verdacht, dass genau das mächtige Teile unserer Gesellschaft wollen. Sie möchten eine Jugend, die nach Gebrauchsgegenständen als Ersatz für menschliche Beziehungen süchtig wird.

MICHAEL ALBUS: Wer ist »unsere Gesellschaft«?

EUGEN DREWERMANN: In diesem Fall die Produzenten der Computerindustrie, die Werbeagenturen, die ständigen Verbrauch standardisieren auf einer Höhe, die in Konkurrenz ein Kind bereits im Vergleich zu seiner Nachbarin oder seinem Nachbarn als etwas Besseres erscheinen lässt, sobald es dieses oder jenes Produkt in Händen hält. Wir machen aus dem Computer einen Glücksfetisch, weil das wirkliche Moment glücklicher Begegnung unter Menschen immer mehr erstirbt. Wir setzen den Computer als Erziehungsinstrument ein, als Zeitgestaltungsinstrument, als Unterhaltungsmaschine, statt dass wir uns selber hinsetzen und mit dem Kind spielen beziehungsweise untereinander gemeinsam sind. Unter diesen Voraussetzungen ist es dann auch kein Wunder, dass die Spielzeugindustrie gerade bei den Computern eine ungeheure Rolle einnimmt. Man spielt nicht mehr mit Menschen, man spielt mit allen möglichen Gestalten. Was man dann spielt, ist eine sonderbare Mischung aus Wut und Aggression und aus dem Willen, sich durchzusetzen. Es sind in aller Regel Kampfspiele, in denen prämiert wird, möglichst viele Gegner abzuschießen, in einer immer weiter fortschreitenden Entfernung von der Realität und umgekehrt: in einer immer dichteren Rückkehr in eine medial vermittelte Scheinwirklichkeit.

Was ich meine, lässt sich in einem Beispiel wiedergeben: Vor vielen Jahren schon setzten sich amerikanische Psychologen mit der Frage auseinander, warum in den Industriegesellschaften jugendliche Gewalt ausufert. Dafür sahen sie viele Möglichkeiten: Rand- und Subkulturen, die sich bilden, Großstadtszenarien, Vorortmilieus. Sie machten jedoch etwas geltend, das sie mit dem Einsatz von Computern in Verbindung brachten, und argumentierten so: Nach 1945 hatten amerikanische Militärs das Problem, dass manche GIs zu lange brauchten, um ihre MP durchzuziehen. Sie taten, was sie als Soldaten sollten: sie schauten in das Weiße des Auges des Gegners. Sie wussten, dass – ich oder er – es um einen Überlebenskampf geht, der in Sekunden entschieden wird. Aber weil ihnen der Gegner so nah war, hatten sie eine Hemmung, direkt zu töten. Und diese Bruchteile von Sekunden konnten sie selber das Leben kosten im Angesicht eines Gegners, der skrupelloser war als sie. Also wurde es zum Interesse amerikanischer Militärpsychologen, diese Skrupelverzögerung abzugewöhnen, wegzutrainieren.

MICHAEL ALBUS: Die Tötungshemmung abtrainieren.

EUGEN DREWERMANN: Jetzt wird geübt: die Feindperson, der »Typ«, das Zielobjekt, tritt einem gegenüber und wird gleich erledigt. Das sind genau die Spiele, meinten jetzt die Psychologen, die wir unseren Kindern als Material zumuten, womit wir auch unsere GIs trainieren, damit sie keine Skrupel mehr beim Töten haben; genau das muten wir den Zwölfjährigen zu als Dauerunterhaltung. Warum wundern wir uns dann, dass die Effekte genauso sind, wie wir es bei den GIs wollen, bei unseren Kindern aber unter Verbot stellen?

Ich wundere mich immer noch, dass die Gewaltspiele in den Computern als pädagogisch harmlos dargeboten werden, nur um der Industrie zu erlauben, sich bei Süchtigen weiter zu bedienen. Es gibt einen Profiler, Thomas Müller, ein Fallanalytiker aus Wien, der in seinem Buch »Bestie Mensch« darüber nachgedacht hat, wie monströse Verbrechen entstehen. Er beschreibt zunächst, dass ein Kriminalpsychologe nicht imstande ist, die wirkliche Ungeheuerlichkeit mancher Verbrechen durch Einfühlung oder Vorstellung zu ermitteln. Er ist darauf angewiesen, dass die Datenmenge im Computer ähnliche Taten zusammenführt und Muster generiert, aus denen sich eine bestimmte Identifikation mit dem Täter ergibt. Derselbe Müller aber, der gerade noch rühmt, wie nützlich Computer für Leute sind, die damit umgehen können, erwähnt, dass er auf dem Weg Jugendlicher in die Schwerkriminalität folgende Komponenten, fast generalisierbar, immer wieder aufgefunden zu haben meint: Ein Außenseitertum in Einsamkeit, – man hat nicht wirklich Freunde, man fühlt sich abgelehnt gerade von denen, zu denen man gehören möchte; die Sprache bricht weg, die negative Ausgrenzung wird härter, das Missachtetwerden. Wenn auf all das nun geantwortet wird mit dem Rückzug in die Computerszene, kann man ein Held werden, indem man dafür sich selber prämiert, dass man möglichst viele Gegner abgeschossen hat; ohne es zu merken, übt man im Grunde vorweg, was eines Tages sich verselbstständigen kann. Warum soll man, was man jetzt gelernt hat, und zwar als Erfolgsgeschichte, um sich aufzubauen gegen all die Frustrationen und Erniedrigungen, die man mit realen Menschen erlebt hat, nicht einsetzen, um im Kampf gegen Phantommenschen die wahre Größe zu zeigen? Auf diese Art glaubt dieser Profiler recht schlüssig erläutern zu können, wie manche Jugendliche zu Amokläufern werden.

MICHAEL ALBUS: Erfurt, Winnenden ...

EUGEN DREWERMANN: Was müssten wir tun? Wir müssten die Eltern aufklären, wir müssten sie warnen, wir bräuchten ganz sicher bessere Gesetze zum Jugendschutz. Wir haben solche Gesetze gegenüber Pornografie, gegen Alkohol und Tabak – freilich auch durchlöcherbar in jeder Form –, aber wir bräuchten sie den Gewaltszenarien gegenüber ganz genauso. Wieso ist es pornografisch, eine nackte Frau zu sehen, aber nicht, den zerschossenen Körper eines Mannes zu goutieren als etwas, das eine Heldentat signalisiert? Wohl, weil man glaubt, es diente der paramilitärischen Vorschule zu wahrem Patriotismus. Es ist weit obszöner, Grausamkeit zu vermarkten, als Schönheit bloßzustellen. Die Fehlentwicklung muss nicht unbedingt am Computer liegen. Ein Computer ist eine Maschine, in die man jeden Film einladen kann, aber gewisse Programme gehören unter Kontrolle, unter gesellschaftliche Verbotsschranken. So viel scheint mir klar.

Dann kommt der Neurologe Manfred Spitzer mit der nächsten These: Wir müssten den vernünftigen Einsatz des Computers durch eine vernünftige Pädagogik und eine entsprechende Lernvorbereitung überhaupt erst sinnvoll machen. Er will sagen: Nur derjenige, der gelernt hat außerhalb des Computers, ist jemand, der den Computer in sein eigenes Lernprogramm vernünftig integrieren kann. Umgekehrt funktioniert es nicht. Vom Computer kommt es nicht zum individuellen Lernen. Man kann den Weg nicht umkehren. Das ist, was sich bei Studierenden oft genug zeigt: Sie haben eine Seminararbeit zu machen, setzen sich an den Computer und werden augenblicklich erdrückt von einer Datenflut, die unkontrollierbar ist. Der kann man nicht standhalten. Das gleiche Phänomen ist schon schwierig zu bearbeiten beim Schlagwortregister am Eingang der Bibliothek. Da gibt es plötzlich zu einem Thema Hunderte von Autoren und Titeln. Das entmutigt schlechterdings. Man kann nicht fünf Jahre lang Hunderte von Autoren lesen, um zu wissen, was man will. Das kann nur umgekehrt gehen: Man muss wissen, was man will, um auszuwählen, was man braucht, – das ist mein Ziel, das ist mein Weg, das benötige ich dazu, und alles andere geht mich im Moment nichts an. Wenn das erst einmal feststeht, kann ich jede Datenmenge verarbeiten. Aber ich muss sie vorweg filtern können, sonst werde ich erdrückt.

Das Nächste ist: Ich muss die Daten bewerten können, und das wird vom Computer ganz sicher nicht vermittelt. Der Computer erzeugt den

Eindruck, dass seine Daten objektiv die Wahrheit repräsentieren. Im wissenschaftlichen Raum gibt es aber keine fertig zu repräsentierende Wahrheit. Es gibt lediglich einen Meinungsstand, der entsprechend einer bestimmten Methode allgemein für wahrscheinlich und plausibel gilt. Der Weg zur Findung von Wahrheiten in der Wissenschaft ist viel interessanter als das Abrufen fertiger Wahrheiten. Natürlich haben wir in der Physik einen Haufen fertiger Formeln, aber viel interessanter ist, den Kindern beizubringen, den Studierenden zu ermöglichen, mathematisch und physikalisch so zu denken, dass sie die Ableitung der Formeln verstehen. Denn das allein ermöglicht es ihnen, kreativ am Vorgefundenen weiterzuarbeiten.

Mit anderen Worten: Wir bräuchten viel, viel mehr an menschlicher Vermittlung, um mit den Computern so umzugehen, dass sie die menschliche Kultur nicht aushebeln, indem sie sich zum Selbstzweck machen. Die Gefahren eskalieren steil nach oben, fast asymptotisch an die Zukunftsordinate. Wir sind inzwischen so weit, dass wir den Computern überlassen, wie man Menschen tötet, etwa bei den Killerdrohnen. Wir sind gerade dabei, in Deutschland in der Diskussion der moralischen Fragwürdigkeit um den Einsatz solcher computergestützten Tötungsmaschinen das Problem salopp wegzureden. Wir haben einen Verteidigungsminister, der erklärt: »Die Diskussion haben wir hinter uns.« Wir haben Kirchenbeamte, die erklären: er hat ja recht, auch Killerdrohnen sind nur eine Erweiterung der Luftwaffe und umso besser, weil da keine Menschen drinsitzen, denn das wären ja unsere Soldaten, die von der Flugabwehr des Feindes erreichbar wären. Das wär es doch! Unsere Jungs sitzen in Potsdam und sind unerreichbar für afghanische Taliban. Umso besser für uns. Wir können endlich wirksam und gezielt töten. Gezieltes Töten ist ja besser, als wenn wir flächendeckend Bomben abwerfen und dabei noch die eigenen Bomberpiloten gefährden. Wir delegieren ethische Verantwortung an gefühllose Maschinen und merken nicht, wie gefühllos und damit unfähig zu ethischer Verantwortung wir selber geworden sind. Der Computer als Vorgriff auf die kommende Selbstabschaffung des Menschen!

MICHAEL ALBUS: In einem Zentrum in den USA, das von Afghanistan zehntausend Kilometer entfernt ist, sitzen Militärs in einem abgedunkelten Raum und sehen durch die Drohnenkamera, wie unten Kinder und Erwachsene herumlaufen. Dann kommt der Befehl: Abdrücken! Es ist eine unglaubliche Vorstellung, dass ich tausende von Kilometern entfernt Menschen töten kann. Ich bin daran nur noch mit dem Druck auf den Knopf beteiligt. Es ist grauenhaft.

EUGEN DREWERMANN: Ja, das ist grauenhaft. Hinzu kommt noch, dass natürlich die Lagebeurteilung, solange sie durch Menschen geschieht, irrtumsanfällig ist. Man kann die Lage komplett falsch einschätzen, weil man keine Ahnung hat. In Kundus, in Afghanistan, waren nachts um halb zwei angeblich lauter Taliban versammelt, in einer Gruppenstärke, die für Taliban völlig atypisch ist, aber es hätte ja sein können, dass das alles Taliban waren. Deshalb gab der inzwischen zum Brigadegeneral beförderte Oberst Georg Klein am 4. September 2009 den Befehl zum Abwurf zweier GPS-gesteuerter 250kg-Bomben, die, wie man denken muss, über 140 Menschen ermordet haben, – um so etwas wie eine symbolische Entschädigung der Angehörigen der Opfer feilscht die BRD-Administration bis heute. Man glaubt etwas, also fordert man an, dass draufgehalten wird. Selbst die amerikanischen Piloten sagten: »Es ist unwahrscheinlich, dass da nur Taliban sind. Wollen Sie das wirklich?« Doch, das hat man gemacht. Aber das hätte nicht sein dürfen! Morden auf Verdacht! Man hat unter Franz Josef Jung als Verteidigungsminister die deutsche Öffentlichkeit wochenlang wissen lassen, dass das Vorgehen unserer heimatschützenden Soldaten ein verantwortbarer Akt der Gefahrenabwehr gewesen sei. Die Tanklastzüge sollten auf die deutsche Stellung zurollen können und hätten dann eine Riesenexplosion verursacht. Die Fahrzeuge saßen aber im Flussbett fest. Jeder, der damals die Zeitung las, konnte wissen, dass das, was das Verteidigungsministerium sagte – die Kanzlerin hielt sich, wie üblich bedeckt –, reiner Unfug war. Der deutsche Bürger bekam es durch die »Aufklärung« unserer Regierung aber nicht zu wissen. Wenn menschliche Lagebeurteilung irrtumsfähig ist, überlassen wir den Spionagesatelliten die Einschätzung. Die können objektiv – vielleicht! – herausfinden, was sich am Ort wirklich tut, und denen überlassen wir dann die Entscheidung, ob es verantwortlich ist, für vier »richtige« Talibanführer, die wir in der Menge vermuten, beliebig viele Zivilisten zu opfern. Die Entscheidung selbst ist angeblich so komplex, dass wir sie als Menschen gar nicht treffen können. Wir überlassen sie daher gleich den Computerszenarien. Damit sind wir so weit, dass wir als Menschen endgültig aus der Entscheidungskette ausfallen; wir definieren nur noch die strategischen Endziele und überlassen die Mittelauswahl den Maschinen. Und selbst die »Endziele« sind »komplex«: – was ist in zwanzig Jahren »wichtiger«: Erdöl, Uranerz, Wasser, Holz, Seltene Erden ... oder das alles zusammen, und wie gewinnt man Zugriff auf die Lagerstätten, und was muss man tun, um die passenden Marionettenregimes zu etablieren? Es ist ein Denken in Großmachtansprüchen, das sich um Menschen, die nicht dem eigenen Interessenverband angehören, nicht weiter kümmert. Für ein solches Denken sind Computer ein ideales Arbeitsinstrument.

Wir haben inzwischen daher Computer, die uns die sittliche Verantwortung abnehmen. Ich sage das noch einmal, weil es zeigt, wie unmenschlich es ist, wenn wir eine Rationalität aufbauen, die kein Gefühl mehr kennt. Es gibt dann keinen Einspruch mehr gegen die vorgegebene Zielsetzung. Ein Computer hat keine Gefühle. Er hat auch keine Skrupel. Er hat lediglich eine zweckorientierte Aufgabenstellung, die er abarbeiten wird. »Wenn du das willst, wenn du deine Ruhe vor den Taliban haben willst, dann töte sie.« Das hat die Maschine begriffen, gelernt, das soll sie exekutieren. Das wird sie also auch tun, wenn wir uns ihr unterwerfen. Die gesamte politische Entwicklung der letzten drei, vier Jahre zeigt, dass wir uns im Schweinsgalopp genau da hinbewegen, ohne dass wir dabei noch irgendwelche Skrupel haben. Ich habe im deutschen Parlament nicht ein einziges Mal, außer bei den Vertretern der Linkspartei, ein moralisches Problem in diesem Zusammenhang der außergerichtlichen Tötung auf Verdacht und unter Inkaufnahme beliebig vieler »Kollateralschadensopfer« diskutiert gefunden.

Michael Albus: Aber es geht doch auch anders. Die Medien erweitern das Bewusstsein, weisen auf Probleme hin, schärfen die Wahrnehmung, zwingen förmlich dazu, Verantwortung zu fühlen.

EUGEN DREWERMANN: Eine erstaunliche Beobachtung in diesem Zusammenhang mache ich: Sie finden in Kriminalfilmen, freitags abends, samstags, Themen formuliert, die hoch interessant für politische Fragestellungen sind: Flüchtlingsprobleme, Asylantenprobleme, Drogenprobleme, Gewalt unter Jugendlichen, usw. Geschildert werden ausführlich die sozialen Hintergründe. Mit einem Mal werden Probleme bewusst, die sonst in den Medien verschwiegen werden. Ein Beispiel: Im Durchschnitt sterben pro Jahr im Mittelmeer als Massengrab dreitausend Menschen. Sie ertrinken, weil sie die europäischen Grenzen nicht erreichen dürfen. Wir setzen gegen die Flüchtlingsströme militärische Mittel ein, Frontex.

MICHAEL ALBUS: Frontex ist eine der grausamsten Institutionen im politischen Bereich.

EUGEN DREWERMANN: Diese grausame Institution wird von Berlin mitbezahlt, ihr Sitz ist in Warschau. Das alles machen wir Deutschen; die Bürger aber dürfen nicht erfahren, was da gemacht wird. Wir helfen Griechenland dabei, dass dort KZ-ähnliche Auffanglager für Flüchtlinge, vor allem aus dem Nahen Osten, eingerichtet werden können. In diesem Punkt sind wir sehr hilfreich. Das Flüchtlingsproblem, das Asylantenproblem war vor zwanzig Jahren schon virulent. Da gab es Kirchen, die Asyl gewährten für Kurden, sie reichten die Gruppen von Gemeinde zu Gemeinde weiter. Inzwischen ist das den Kirchenleitungen aber missliebig geworden, es soll und darf kaum mehr sein. – Das Fatale in jeder Demokratie ist: Wenn ein Problem lang genug ausgesessen wird, hört es auf, ein Problem zu sein. Es ist, wie wenn wir auf einer Wanderdüne sitzen und der Wind weht uns die Grundlage unter den Füßen weg. Wir stehen plötzlich ganz woanders, als wir eben noch geglaubt haben zu sein. Die Zeit läuft einfach unter unseren Füßen fort. Wenn ein Problem nur lange genug dauert, ist es kein Problem mehr. Die Asylantenfrage wird nicht mehr reflektiert. Die Grausamkeiten der Abkommen, die von Schengen-Beginn 1990 bis heute wirksam geworden sind, spielen keine Rolle mehr. Sie sind Tatsachen, sie besitzen Rechtsstatus. Wir haben uns daran gewöhnt. Das ist unheimlich.

Wir sind ausgegangen von den Kriminalfilmen, die manchmal ein Mittel sind, um in einem Unterhaltungsmedium Themen bewusst zu machen, die sonst in den Nachrichten kaum noch vorkommen. Sogar das Kabarett hat manchmal mehr Wahrheitswert als die Nachrichtensendung. Man weiß gar nicht mehr: Ist der Nachrichtensprecher jetzt selber der Kabarettist oder ist der Kabarettist der Nachrichtensprecher? Es bewegt sich zwischen den beiden Fronten bis zur Ununterscheidbarkeit aufeinander zu.

Michael Albus: Angesichts der geschilderten Entwicklungen und Fakten wächst zwischen den Fronten die Einsamkeit.

Eugen Drewermann: Wir werden immer einsamer. – Das ist so: Einer der Millionen »Singles« – alles Verrückte muss man heute auf Amerikanisch sagen – kommt abends nach Hause. Es ist nicht einmal ein Hund, der ihm entgegenkommt. Es wartet niemand an der Tür. Er wird das Fernsehen einschalten. Damit umgibt er sich mit virtuellen Gestalten, die miteinander reden und so tun, wie wenn sie in seinem Zimmer anwesend und gerade zu Besuch gekommen wären. Der Eindruck »ich bin alleine« wird aufgehoben durch das Medium. Die Medien treten in die nicht vorhandenen menschlichen Beziehungen ein und kompensieren sie durch Dauerunterhaltung. – Oder: Leute essen zusammen zu Mittag, aber schauen dabei natürlich die Nachrichten, die gerade laufen. Man spricht nicht miteinander; man meint nicht wirklich, dass das wichtig ist, was da geboten wird. Man muss aber nicht mehr miteinander reden. Die Last, sich persönlich zu begegnen, wird abgeflacht, indem das Medium dazwischen tritt. – Chatroom, Facebook sind solche wunderbaren Erfindungen, die vorgaukeln können, dass man beliebig viele Freunde hat. Und wer hat jetzt noch mehr »Freunde«? Man hat schon fünfzig Freunde, hundert Freunde – man kennt die alle gar nicht, aber der andere hat zweihundertdreißig Freunde, und das ist natürlich noch viel besser. Man setzt die Quantität an die Stelle der Qualität. Man redet miteinander im Austausch von E-Mails oder WhatsApp, die rein sprachlich nur ganz reduziert, nicht Gefühle, aber wieder Informationen transportieren, die nicht begründet sind, die nicht situativ eingebettet sind, die keine wirkliche Sprachkultur erlauben. Man fantasiert sich im Chatroom mit einem Unbekannten bis zur Liebesgrenze. Man findet den anderen irgendwann wunderbar. Man kennt ihn gar nicht, man kommt sogar in die Angst, ihm wirklich zu begegnen. Aber im Chatroom lässt sich das ewig verlängern. Eine Kultur, die so tut, wie wenn Begegnungen wären, um die wirklichen Begegnungen zu verhindern, definiert die Unabgrenzbarkeit von Süchtigen. Das kann immer so weitergehen. Und je mehr, desto mehr, will sagen: desto schlimmer.

MICHAEL ALBUS: Kann es sein, dass Medien auch deswegen so intensiv kommuniziert werden, weil sie uns Bilder senden oder Informationen vermitteln, nach denen wir tatsächlich verlangen? Träume ausstrahlen, nach denen wir tatsächlich verlangen? Sind die Medien nicht Traumfabriken, die mir Bilder zeigen, die meine tiefsten, gar nicht wörtlich artikulierbaren Sehnsüchte ansprechen? Ich weiß, dass die Werbung zum Beispiel auf diese Weise arbeitet.

EUGEN DREWERMANN: Absolut! Wir können vorneweg die politische Propaganda nehmen. 1991 wurde der Krieg im Irak begründet mit Bildern, die zeigten, wie irakische Soldaten in Kuwait Kinder aus Brutkästen holten, sie auf Erde warfen und töteten. Das war einer der Gründe, um die Weltöffentlichkeit weich zu klopfen, dass ein Krieg gegen den Irak jetzt sein muss. Gegen solche Teufel muss man einschreiten. Die Bilder waren aber gefälscht. George Bush der Ältere wusste das auch, aber er hat viele Male in seinen Reden darauf hingewiesen: Die ermorden Kinder, die sie aus den Brutkästen holen! Für uns in der Friedensbewegung ergab sich daraus eine ganz große Schwierigkeit. Wenn wir gegen einen möglichen Krieg im Irak demonstrierten, wurde uns natürlich gesagt: Ihr unterstützt Kindermörder! Für Saddam Hussein konnte man wirklich nicht demonstrieren, aber gegen den Krieg musste man protestieren. Dazwischen eine Sprache zu finden, die in der Öffentlichkeit verstanden werden konnte, war außerordentlich schwer. Damals war die Friedensbewegung noch sehr stark, aber sie benutzte falsche Argumente. Man tat so, wie wenn der Krieg am Golf eine essentielle Gefahr für uns in Mitteleuropa oder Westeuropa darstellen würde. Riesige ökologische Schäden, ein möglicher Atomkrieg – jedes denkbare Horrorszenario wurde halluziniert, und dann kamen tatsächlich Tausende auf die Straßen. Die Wahrheit war: Man zerbombte ein Drittweltland an der Schwelle zu einem Industriestaat, um die Waffen zu entsorgen, die man selber da hineingepumpt hatte im Krieg gegen die Ajatollahs und gegen die Gefahr der Verbreitung der schiitischen Revolution im Irak. Man hatte Saddam Hussein im August 1990 eine Falle gestellt, indem man die Botschafterin in Bagdad erklären ließ, die USA betrachteten die geplante Annektion Kuwaits als eine innerarabische Angelegenheit; und dann trommelte man die Weltöffentlichkeit mit verlogenen Argumenten für den Krieg reif. Sogar die Gegenseite, die Friedensbewegung, folgte Propagandalügen. – Darum wieder meine Lieblingsthese: Man muss aus Überzeugung für oder gegen etwas sein, sonst wird es niemals funktionieren.

MICHAEL ALBUS: Ich bekräftige noch einmal: Die Bildmedien – ich denke jetzt ans Kino zum Beispiel – versorgen Menschen auch mit Bildern, die ihnen zu leben helfen, die etwas zeigen, was sie selber nicht formulieren, was sie nicht in Worte fassen können. Da ist eine tiefe Sehnsucht in uns Menschen. Es gibt Bilder, die können sie aufwecken, herausrufen, es gibt aber auch Bilder, die können verschließen, indem sie einen Menschen dicht machen, wie man umgangssprachlich sagt. Ich frage den Psychotherapeuten: Was für Bilder – gehen wir einmal davon aus, er braucht Bilder – sollte der Mensch besser nicht sehen?

EUGEN DREWERMANN: In der analytischen Psychotherapie arbeitet man mit Bildern in der Traumanalyse. Jeder produziert des Nachts Bilder, die aus dem Unbewussten kommen und in denen er versucht, seine Situation in irgendeiner Weise symbolisch zu visualisieren. Auch Erinnerungen der Kindheit, Projekte zum Lösungsansatz in der Zukunft, sind verschlüsselt in diesen Traumbildern. Es ist sehr wichtig, damit umgehen zu lernen, einfach weil das Verständnis für sich selber damit wächst. Manche Bilder sind dabei alles andere als das, was wir zu sehen wünschen. Sie können sehr unangenehm sein. Auch dazu zu stehen und zu lernen, dass man diese Anteile in sich trägt, ist ein therapeutisch wichtiger Fortschritt.

Filme sind nicht einfach von außen montierte Träume, aber sie arbeiten ohne jeden Zweifel mit traumähnlichen Szenarien. Und sie können als Filme nicht nur tiefe Sehnsüchte, tiefe Gefühle aufgreifen, sie können auch Vorschläge von therapeutischem Niveau enthalten. – Ins Schwärmen gerate ich natürlich über einen Film »Wie im Himmel« aus dem Jahr 2004. Er hat zu tun mit einem Professor der Musik, der auf der Flucht war vor seiner eigenen Kindheit, in der man ihn zusammengeprügelt hat; er hatte nur die Kunst als Raum, sich zu artikulieren. Er wurde Dirigent. Nun beginnt der Film damit, dass er in seinen Heimatort zurückkehrt. Er will noch einmal wissen, wer er als Kind war. Schon das ist ein therapeutisch zentrales Thema, und hier ist es gleich die Ouvertüre dieses Films. Was der »Heimkehrer« feststellen muss: die Welt hat sich gar nicht verändert. Er begegnet schon auf dem Weg dem Burschen, der ihn damals als Kind gequält hat. Mehr widerstrebend übernimmt er eine Gesangsgruppe, in die auch des Pastors Frau kommt. Sie möchte singen lernen, aber nicht so, wie man im Kirchenchor sonst singt. Er nämlich, der neue Chorleiter, ist der Meinung, dass man nur singen kann, wenn man lernt, auf sich selber zu hören. Das geht so: der eine legt sich auf den Bauch des anderen und hört, wie man Laute hervorbringt, die spontan aus einem selber kommen. Das findet der Pfarrer ganz ungeheuerlich. Alleine schon diese Sexualisierung des Musikunterrichts ist in seinen Augen unanständig. Auch die Verselbstständigung eigener Gefühle, die Zentrierung auf das Subjektive. Das gerät bis dahin, dass der Pfarrer selbstmordgefährdet wird, – er sieht seine ganze Welt infrage gestellt. Eine Religion, die im Namen des Kreuzes Christi auf psychischer Unterdrückung basiert, erweist sich als Gegeninstanz zu allem, was Menschen helfen könnte, ihren eigenen Ton zu finden. Schließlich bewirbt man sich für einen Chorwettbewerb, aber eigentlich kann man das gar nicht mit dieser Musik. Wirkliche Musik taugt nicht dazu, im Wettkampf um Prämien zu ringen. Und so singt also dieser Chor, wie noch nie auf einem Wettbewerb gesungen wurde. Der Erfolg ist identisch mit dem Tod des Chorleiters. Noch im Tode, aber wie im Himmel, erlebt er die Aufführung seines Werkes. Es war recht verstanden aber gar nicht sein Werk, es war lediglich die Förderung von Menschen, ihren eigenen Ton zu finden, indem sie aufeinander hörten. Alles, was Psychotherapie ist und sein kann, ist in diesem Film enthalten.

MICHAEL ALBUS: Welche Bilder helfen zum Leben? »Wie im Himmel« ist ein exzellentes Beispiel. Es gibt auch noch andere. Aber was für Bilder brauche ich? Welche Bilder helfen mir? Wie ist Ihre Erfahrung in der Psychotherapie? Welche Bilder machen dicht, die man lieber niemandem zumuten sollte? Das ist individuell sicher verschieden. Aber da muss es doch vielleicht eine Grundstruktur geben.

EUGEN DREWERMANN: Zweifellos. Das Problem ist, dass diese klare Trennung sich nicht selten mit Realitätsverlust erkauft. Die meisten Leute sehen, zum Beispiel, sehr, sehr gern Tierfilme.

MICHAEL ALBUS: Warum?

EUGEN DREWERMANN: Einfach weil sie eine Paradieswelt gezeigt bekommen. Es ist ähnlich, als ginge man in den Zoo; dort sieht man, wie die Tiere essen, wie sie schlafen, wie sie spielen. Das ist wunderschön.

MICHAEL ALBUS: Aber Sie blenden aus, dass sie sich auch gegenseitig auffressen.

EUGEN DREWERMANN: Genau. Es gibt Filme aus der Serengeti, die noch zeigen, wie der Gepard die Antilope anfällt. Aber der ganze Rest wird natürlich ausgeblendet. Man soll die Tiere ja lieben, man soll sie nicht als Mörder erleben. Sie sollen »schön« bleiben. Das ist die Grenze der moralischen Verträglichkeit. Es tut gut zu sehen, dass es eine wunderbare Natur gibt, die uns umhüllt und aus der wir selber kommen. Aber sie hat auch ihre Brechungen. Das macht es schwierig, so klar zu unterscheiden zwischen dem, was uns gut tut, und dem, was uns quält. Optimal wäre es, eine Persönlichkeit zu finden, die die Wahrheit verträgt. Aber dann müssten wir aufhören, Kinder zu sein. Kindern kann man nicht zeigen, wie die Wirklichkeit der Natur ist. Das ist auch ein riesiges Problem des Religionsunterrichts. Wir schildern eine Welt, die Gott geschaffen hat zur Demonstration seiner Güte und Weisheit. Im

Biologieunterricht danach aber bekommt man eine ganz andere Wirklichkeit repräsentiert, die grausam ist, die sinnlose, absurde Zufälle zulässt, die als Motor des Antriebs der Entwicklung ein Unmaß von Leid zur Voraussetzung hat und die das nicht bloß akzeptiert, sondern darauf basiert.

MICHAEL ALBUS: Und die in mir auch manchmal die Frage aufwirft, wenn ich Verhaltensforschungsergebnisse anschaue: Kann das Gott, könnte es ein lieber Gott sein, der so eine Natur, solche Geschöpfe erschaffen hat?

EUGEN DREWERMANN: Es ist nicht eine thematische Abschweifung, wenn wir wie nebenher auch auf die Sehnsuchtsbilder der Religion – den Mythos vom Paradies zum Beispiel – zu sprechen kommen, um sie dann mit der Wahrnehmung der Wirklichkeit zu konfrontieren. Das Problem der »Theodizee«, der »Rechtfertigung« Gottes angesichts seiner Schöpfung, wird sich erst lösen, wenn wir uns fragen: Wie kann man die Schöpfungstheologie so umbauen, dass sie verständlich wird? Man kann erkennbar nicht von der Schöpfung auf Gott schließen oder von Gott auf die Schöpfung. Man muss vom Menschen zu Gott kommen durch menschliche Vermittlung. Dafür steht Jesus von Nazareth. Und hat man sich in seiner Nähe selber gefunden, mag man sich als Mensch in diese Wirklichkeit zurücktrauen. Die Frage ist dann, wie man ihr standhält. So herum ist das: Vom Menschen zu Gott oder von Gott zum Menschen und dann erst zurück zur Natur.

MICHAEL ALBUS: Gott wieder auf die Füße stellen ...

EUGEN DREWERMANN: Und dann zur Natur. Genau! Es fragt primär ja kein Mensch: Wie ist die Natur, die Gott geschaffen hat? Jeder fragt als erstes: Was tue ich überhaupt in dieser Welt? Erst wenn es darauf eine Antwort gibt, kann man schauen, was ringsum ist. Das ist auch im übrigen der Werdegang der Bibel. Sie hat Gott nicht eingeführt als Schöpfer, sondern als Gott der Väter, der Abraham berufen hat. Damit beginnt sie.

MICHAEL ALBUS: Ich habe mich oft gefragt, wenn ich selber Filme gemacht habe, welche Verantwortung habe ich damit? Es gab auch Bilder zu sehen, die ich dann nicht gezeigt habe. Ein Beispiel: Ich habe in Tibet gedreht, mit Pilgern den Heiligen Berg Kailash umrundet. Wir hatten zwei chinesische Aufpasser dabei, anders geht es nicht. Die wollten Fleisch essen. Sie haben ein Schaf gefunden, und ein frommer Tibeter sollte dieses Schaf töten. Sie haben ihm auch angedroht, weil sie wussten, dass es Widerstand gibt, dass er nie mehr auf die Beine kommen werde. Er hat sich hinter einen Lastwagen geflüchtet. Ich war mit meinem Kameramann dabei. Dort hat er Gebete gesprochen und hat geweint, während er versucht hat, das Tier zu ersticken. Ich habe bemerkt, wie total er dagegen war. Mein Kameramann sagte zu mir: »Das sind doch die Bilder, die wir brauchen. Das müssen wir zeigen!« Da habe ich gesagt: »Nein, ich will es nicht! Du drehst keine Minute und keine Sekunde von dem. Da läuft etwas ab, was ich nicht zeigen darf.« Das ist jetzt die Frage: Welche Verantwortung habe ich als jemand, der Bilder produziert und sie veröffentlicht? Ich muss doch ein Gespür dafür haben, was einem Menschen gut tun könnte und was nicht. Warum sagt mir eine innere Stimme: Wenn ich so etwas zeige, zeige ich etwas, was einem Menschen nicht gut tut, auch wenn er es »geil« finden sollte.

EUGEN DREWERMANN: Sie haben so recht! Es gibt zum Beispiel im deutschen Fernsehen eine Sendereihe: »Die strengsten Eltern der Welt«. Die Folgen erzählen regelmäßig, dass man die undisziplinierten Sechzehnjährigen in eine fremde Kultur schickt, nach Afrika oder Südamerika, und sie dort nötigt, Tiere zu töten. Die wollen das nicht, aber sie müssen es tun, damit sie lernen, was Gehorsam ist, was Disziplin ist, was Gemeinsamkeit ist. Es ist eigentlich ein Kulturschock. Die ehemals bösen »Teenies« – wieder so ein Wort – bringen das natürlich alle fertig und sind am Ende gut sozialisiert und landen wieder am Frankfurter Flughafen voll Dankbarkeit für ihre Eltern, die ihnen Erfahrungen dieser Güte ermöglicht haben. Das ist die Medienwirklichkeit. Gezeigt wird, dass ein Kind erst dann erwachsen ist, wenn es lernt, Tiere zu töten, ein Schaf, einen Ziegenbock zu schlachten, ihnen die Hoden abzuschneiden und zu essen.

MICHAEL ALBUS: Da sind wir schon am kritischen Punkt. Wie sieht meine Verantwortung für Bilder aus, die ich jemandem zumute oder nicht zumute? Gibt es da Anhaltspunkte?

EUGEN DREWERMANN: Die Frage ist, was wir mit den Bildern wollen. Vor sechzig Jahren noch, in der Zeit, als wir Kinder waren, war es in aller Regel – vor allem in dörflichen Gebieten – üblich, dass man Tiere selber schlachtete – Hühner, Kaninchen.

MICHAEL ALBUS: Ich musste die Kaninchen zu Hause schlachten. Das war meine Aufgabe. Hühner köpfen musste ich auch.

EUGEN DREWERMANN: Es war damals Teil der Erziehung, man lebte davon. Wenn man damit ein Problem hatte, musste man es mit sich selber ausmachen, bei den anderen fand man mit solchen Skrupeln kaum Verständnis. Die Alternative, die wir uns inzwischen aufgebaut haben, vor allem durch die industrialisierte Form der Massentierhaltung, ist der Abtransport von Tausenden von Tieren jeden Tag an die Peripherie der Großstädte. Da sehen wir nicht mehr, was passiert. Wir haben Billiglohnkräfte, die wir einschleusen und die froh sind, wenn sie, vollkommen unterbezahlt, diese grausame Arbeit routiniert durchstehen. Was es mit ihnen selber macht, ist für den Produzenten vollkommen uninteressant. Das heißt: Wir als Konsumenten sind ebenfalls in der Lage, von den Produktionsbedingungen vollkommen zu abstrahieren. Wir nehmen nur noch die Ware schön verpackt in Empfang und denken über die Voraussetzungen ihrer Herstellung in keiner Form mehr nach. Dann ist es fast ein Gebot der Aufklärung, durch den Schock der Bilder, die die Realität zeigen, bewusst zu machen, auf welch einem Niveau wir existieren. Da gab es vor Jahrzehnten bereits bedeutende Filme in Frankreich. »Das Blut der Tiere«, noch in Schwarz-Weiß, war ein solcher Film, der nur den Schlachthof zeigt. Ich bin der Meinung, dass solches gezeigt werden muss, sonst wird sich das nie ändern. Was in der Massentierhaltung geschieht, muss gezeigt werden. Das Problem ist, dass die meisten abschalten, weil es zu grausig ist. Beim Abschalten verändern sie aber nicht ihre Nahrungsgewohnheiten, ihre Wertsysteme.

MICHAEL ALBUS: »Muss ich mir nicht geben!«, höre ich dann.

EUGEN DREWERMANN: Aber das ist eine Form, in der man Mitleid verbindet mit Aufklärung. Es sollte möglich sein, zwischen Schock, den man ablehnt, und Illusion, die man konsumiert, einen Mittelweg zu finden, also zwischen dem Wunschfilm und dem Realfilm eine vernünftige Synthese zu bilden.

MICHAEL ALBUS: Ich bin bei meiner Arbeit immer wieder dieser Problematik begegnet. Wenn ich, zum Beispiel, über andere Religionen einen Film gemacht habe. Dann kommt man immer wieder an den Punkt, wo Menschen, wenn sie mit dem Numinosen in Kontakt kommen, anfangen zu beten. Ich habe das einmal in Japan in einem Shinto-Kloster erlebt. Ich fand das beeindruckend, habe aber im Augenblick des Drehens keine klare Antwort auf die Frage gefunden, ob ich das zeigen darf oder nicht. Ich habe es gedreht, aber nachdem ich vorher mit den Leuten geredet und sie zugestimmt haben. Ich habe es vorsichtig gedreht. Bis heute zögere ich, diese Bilder innerlich ganz für mich anzunehmen, weil sie etwas zeigen, was eigentlich nicht ins Bild kommen sollte, auf der anderen Seite aber wieder eine ganz große Sehnsucht zum Ausdruck bringen. Das empfinde ich immer als eine Gratwanderung, ob man die sogenannten intimen Vollzüge des Menschen zeigen soll.

EUGEN DREWERMANN: Genau! Ich hatte dasselbe Problem einmal und nehme es jetzt als Beispiel, als ein Kamerateam kam und eine Frau mitbrachte, die nicht abgetrieben worden war und die ihrer Mutter heute vorwirft, dass sie das nicht getan hat, weil das Leben, das ihr dann auferlegt wurde, schwerer war, als gestorben zu sein. Das Problem ist außerordentlich dramatisch und besteht wirklich, es verdient, dass es offenbar gemacht wird. Über die Frage selber hätte ich hundertundeine Stunde mit dem Kamerateam reden mögen. Jetzt aber sollte ich ein Gespräch führen mit dieser Frau, und das wollten sie aufnehmen. Da habe ich gesagt: »Das mache ich nicht. Ich mache das schon deswegen nicht, weil der Beobachtungsstatus wie in der Quantenphysik die Wirklichkeit verändert. Wir können nicht vor der offenen Kamera reden. Das kann nicht funktionieren. Wir können nicht ein Therapiegespräch so führen, dass es ein Medienereignis wird. Ein Therapiegespräch basiert auf Vertrauen, Intimität, persönlicher Zuwendung, und das setzt voraus, dass Sie aus dem Raum gehen. Anschließend kann ich Ihnen erzählen oder besser: sie erzählt, worüber wir gesprochen haben, wenn sie das zulässt und selber will. Wenn das akzeptabel ist, bin ich der richtige Mann für Sie, wenn nicht, bin ich es nicht.« Also zogen sie wieder ab. Ob sie jemanden gefunden haben für die Travestie-Show weiß ich nicht.

MICHAEL ALBUS: Ich habe im Laufe der Zeit bestimmte Kriterien für mich herausgebildet,»weiß«, was ich zeigen kann und was nicht. Da ist ein Punkt, der mir ganz wichtig zu sein scheint – auch im Blick auf die anderen Frontbildungen: Ein Gespür dafür zu entwickeln, dass es bestimmte Bereiche unserer Existenz gibt, die wir den anderen nicht vermitteln können. Ich hätte großes Interesse daran, wieder die Erfahrung des Psychotherapeuten auf diesem Gebiet zu hören. Eben habe ich eine Erfahrung gehört. Gibt es noch andere?

EUGEN DREWERMANN: Es gibt so etwas wie eine Verantwortung den Schamgrenzen gegenüber, die wir permanent überschreiten. Wir definieren eine Schauspielerin als ein Objekt des öffentlichen Interesses und dann jagen wir sie gnadenlos in jeder Intimität, ohne dass sie die Chance hat, sich zu verbergen. Wir erzielen damit hohe Einschaltquoten und machen Auflagenzahlen damit. Es genügt, dass man mit Teleobjektiven – ich glaube, bis zu zwei Kilometern Entfernung – Fotos schießt, die zeigen, wie auf einem Balkon eine Schauspielerin sonnenbadet – das vermarktet sich ganz außerordentlich ...

MICHAEL ALBUS: Paparazzi ...

EUGEN DREWERMANN: ... weil ihr Bikini irgendeine sexuelle Attraktion darstellt. Und dann ist es erlaubt, es so zu machen. Wie ist so etwas möglich? Man stiehlt den Menschen alles, indem man keine Privaträume mehr zulässt. Die Medien wollen nichts weiter als ihr Marketing. Je obszöner, je zudringlicher, desto höher prämiert durch Einschaltquoten und durch entsprechende Finanzzuwendungen. Das ist ein wichtiges Thema: der Schutz der Persönlichkeit vor den Medien.

MICHAEL ALBUS: Ich komme nochmal auf das Beten vor der Kamera zurück. Das ist immer eine Gratwanderung. Ich sehe dabei etwas, was zutiefst auch meine Sehnsucht ist. Ich sehe jemanden, diesen Menschen, den ich gerade im Bild zeige, der seiner – und meiner! – Sehnsucht Ausdruck gibt durch Beten.

EUGEN DREWERMANN: Dann sollte es erlaubt sein, es zu zeigen.

MICHAEL ALBUS: Aber wo ist die Grenze?

EUGEN DREWERMANN: Wenn es den anderen in gewissem Sinne ehrt, wenn der Respekt spürbar wird, der ihm entgegengebracht wird durch das, was man zeigt, ja wenn der Respekt sich sogar verstärkt, dann muss es erlaubt sein. Wenn es den anderen aber erniedrigt, wenn es ihn zum Objekt macht, wenn es ihn zum jagbaren Wild stilisiert, dann darf es nicht gezeigt werden. – Das beginnt allein schon mit der Auswahl der Gesichter. Je nach der Nachricht, ob sie kritisch sein soll oder nicht, zeigt man natürlich einen Politiker mit einer Mimik, die abschreckend ist oder lächerlich oder einen ziemlich dämlichen Gesichtsausdruck verrät –, und schon hat man die Einschätzung, dass das, was er sagt, genauso blöde sein muss, wie der Gesichtsausdruck, mit dem man es montiert hat. Das alles ist nicht korrekt. Es sollte nichts veröffentlicht werden, das gewonnen wird durch Bloßstellung und die Erniedrigung der Person, die man zeigt, oder das Gefühle verletzt durch die Sachverhalte, die gezeigt werden.

Es bleibt die Frage, wie man manche Dinge so realitätsnah vermittelt, dass der erwünschte Schock möglich wird, um etwas zu verändern. Welche Kriegsszenen zum Beispiel darf man zeigen? Welche Wochenschauaufnahmen darf man aus den Archiven hervorholen? Mit anderen Worten: Die Verantwortung dessen, der Filme macht, der Bilder vorstellt, müsste sich richten nach solchen Maßstäben: Was will er, und was ist für die Aussage, die er glaubt verantworten zu können, notwendig als Einsatz des richtigen Mittels? Wenn er findet, es ist begründetermaßen richtig, ist vieles möglich. Auch Obszönität in Filmen ist möglich, – es wird sogar großen Schauspielern zugemutet, wenn sie begreifen, dass sie eine Rolle spielen, in der ein solches Mittel für diese Aussage ihren Platz hat.

MICHAEL ALBUS: Können in der Psychotherapie denn Schamgrenzen leichter überwunden werden durch das Verhältnis Auge in Auge und durch einen gewissen Raum der Intimität? Oder erfahren Sie in der Psychotherapie auch etwas, wo Sie spüren, da kommt jemand an eine Grenze, etwas zu schildern, was aber zur Auffindung der Wahrheit unabdingbar wird? Was machen Sie dann?

EUGEN DREWERMANN: Als allererstes dem anderen Zeit genug lassen. Man sollte ihm das Gefühl vermitteln, dass er das, was ihn quält, sagen darf, dass er dafür nicht erniedrigt wird, dass man lediglich begreifen will, was dahintersteckt. Da ist etwas sehr, sehr peinlich, und er oder sie haben viele Gründe, sich zu schämen, vielleicht sogar falsche Gründe. Ganz sicher haben er oder sie heute einen Standpunkt, sich zu bewerten, der damals noch gar nicht einzunehmen war, sonst wäre den Betreffenden das Geschehene wohl gar nicht unterlaufen. Mit anderen Worten: Wir können erst, wenn wir das Unheimliche von früher zur Sprache bringen, in der Rückblende vergleichen, dass das Bewertungssystem von heute vermutlich nicht die Erfahrungswirklichkeit von damals war. Wir können beides voneinander trennen, es ist wirklich jetzt Vergangenheit, und wir sind dabei, die Verewigung des Vergangenen nach und nach zu überwinden, indem wir in die heutige Realität treten. Wir schaffen einen Bewusstseinsunterschied zwischen damals und jetzt. Aber das gelingt nur, wenn wir das Ganze noch einmal hervorholen, uns anschauen und dann zurückgeben. Dass es so war, ist beschämend. Aber dass man sich heute noch dafür schämen müsste, obwohl es doch gelungen ist, ein anderer geworden zu sein, wäre verkehrt. Und dieses Vertrauen jetzt: Ich sehe, wie du leidest unter dem, was dir widerfahren ist oder was du selber getan hast, – erlaubt dann, gemeinsam noch einmal hervorzuholen, was im Keller des Unbewussten vergraben werden musste. – Der andere braucht Zeit dafür. Man wird in der Psychotherapie überhaupt nur mitgeteilt bekommen, was man sich selber an Vertrauen erarbeitet hat. Wenn das noch nicht der Fall ist, verdient man auch die Mitteilung des anderen nicht und darf ihn ganz sicher nicht dahin drängen und sagen:»Nun reden Sie doch endlich! Wie lange wollen Sie denn jetzt noch herumlügen?« Wir sind nicht im Status des Staatsanwalts.

MICHAEL ALBUS: Fühlen Sie sich denn auch einmal beschämt, wenn jemand von seiner eigenen Intimität berichtet und Sie den Eindruck haben, der geht jetzt aber ziemlich weit aus sich heraus. Ist das ein therapeutischer Erfolg oder spüren Sie da auch manchmal Scham?

EUGEN DREWERMANN: Nein, das habe ich so nie erlebt, dass ich den anderen bloßgestellt oder verführt hätte zu Äußerungen, die er gar nicht machen wollte. Es kommt mitunter vor, dass jemand – dann aber lachend – sagt:»Ich erzähle Ihnen Dinge! Ich kenne Sie doch gar nicht!« Das ist eigentlich ein Erfolgsquotient. – Was mir Eindruck macht, ist, dass Menschen mitunter viel mutiger sind als ich selber. Dass sie von Dingen sprechen, die ich noch nicht gelöst habe, aber diese Leute sind jetzt gerade dabei. Das ist natürlich auch ein Ansporn, mit sich selber noch einmal anders umzugehen. Es geht doch, stelle ich dann fest. Ich bin verpflichtet, um den anderen richtig zu begleiten, auch einmal selber ein paar Barrieren wegzuräumen.

MICHAEL ALBUS: Man kann in unserem Gespräch sehen, wohin die Frage nach der Verantwortung für Bilder führt. Ich glaube, es ist eine ganz zentrale Frage, und es ist eine der großen Fronten im täglichen und nächtlichen Bilderkonsum. Wir werden ja mit Bildern überschüttet. Was machen wir da eigentlich, indem wir wahre Bildertsunamis auf die Menschen loslassen, zur Verfügung stellen, mit denen jede und jeder hemmungslos umgehen kann? Auch mit dem möglichen Ergebnis, dass die Wirklichkeit zerstückelt wird.

EUGEN DREWERMANN: Das ist so. Eine Gefahr des Fernsehkonsums haben wir vielleicht zu wenig erwähnt, das ist die Möglichkeit, wegzuzappen. Also ständig zwischen den Programmen hin und her zu schalten ...

MICHAEL ALBUS: Das meinte ich damit ...

EUGEN DREWERMANN: ... und dann sich anregen zu lassen von den spektakulärsten Szenen. Alles andere ist langweilig. Man muss nicht zuhören, wenn geredet wird, es ist zu kompliziert, wenn da bestimmte Sachthemen erörtert werden, man schaltet gleich hin, wo es Krawall gibt oder wo irgendetwas Tolles los ist. Natürlich wird dadurch der Intelligenzpegel immer weiter nach unten gedrückt.

MICHAEL ALBUS: Die Erfindung der Fernbedienung war eine Revolution der medialen Wahrnehmung. Man musste nämlich nicht mehr aufstehen, man konnte sitzen bleiben, man musste sich überhaupt nicht mehr bewegen, man musste nicht zum Fernseher hingehen, sondern man konnte alles »von ferne« bedienen. Wie der Bomberpilot über dem Irak.

EUGEN DREWERMANN: Die Gefahr ist, dass wir auch die Fähigkeit verlieren, Menschen zuzuhören, die uns erst einmal Dinge sagen, die noch nicht spannend sind und die es nur werden können, wenn wir zuhören. Wie ist die Geduld aufzubringen für Sätze, die nicht fließend laufen, für Darbietungen von Szenen, die alles andere als hübsch und schön sind? In solchen Szenen findet sich ja die Wirklichkeit von Menschen. Und dass man die aushält, und durch begleitete Nähe verändert, ist eine Erfahrung, die sich nicht wegzappen lässt. Die Art, wie wir fernsehen, wie wir Bilder goutieren und konsumieren, prägt auch die Umgangsformen. Es ist ja bei den Machern inzwischen selber so: Man darf über eine bestimmte Länge hinaus nicht reden, man darf auch Bücher nur mit bestimmten Seitenzahlen produzieren. Es ist alles abschreckend, was zu umfangreich wird. Es muss sich ganz kurz darbieten. Sonst hört keiner zu.

MICHAEL ALBUS: Eins dreißig!

EUGEN DREWERMANN: Eins dreißig, maximal! Das alles ist idiotisch. Und es unterschätzt die Menschen. Ich erlebe, dass anderthalb Stunden

Vortrag ganz oft mit der Bemerkung quittiert werden, man hätte endlos zuhören können, einfach weil und wenn eine Sprechkultur gepflegt wird, in der Gedanken und Gefühle eine Einheit bilden, wo man sich persönlich angesprochen fühlt, wo ein bestimmter dramaturgischer Themenaufbau abgearbeitet wird, und vor allem, wo man sich selber miterlebt in den Fragestellungen und in den Antworten, die vorgeschlagen werden. Spannender kann es nicht werden. Und auch von Büchern gilt, dass sie oft gar nicht »lang« genug sein können. Eine Formelsammlung muss kurz sein; aber eine Deutung des menschlichen Lebens, wie Mythen, Märchen, Träume, Bilder sie anregen, kann man nur im Wechsel von Anschauung und Begriff vornehmen, und das braucht Zeit. Kant meinte von seiner »Kritik der reinen Vernunft«, die sehr umfangreich ist: »Manche Bücher wären nicht so lang, wenn sie nicht so kurz wären.« Er wollte dem Leser helfen, die Bedingungen des Erkennens zu erkennen, – das geht nun mal nicht in Eins dreißig. Ich glaube den Machern überhaupt nicht, dass die Hektik, die sie in den ganzen Betrieb bringen, ein menschliches Bedürfnis darstellt.

MICHAEL ALBUS: Bei solchen Machern – es gibt auch andere – sage ich: Das, was wir sehen, ist die Außenwelt der Innenwelt der Macher.

EUGEN DREWERMANN: Genau! So ist es!

MICHAEL ALBUS: Da wird uns etwas übergestülpt. Darin kann die Seele kein Zuhause finden.

EUGEN DREWERMANN: Ja! Und sie soll es auch gar nicht! Vor etwa 60 Jahren schon schrieb Vance Packard sein warnendes Buch »Die geheimen Verführer«, in dem er zeigte, durch welche Manipulationen Menschen zu Konsumenten werden. Man spielt in einen Film, der mit 24 Bildern pro Sekunde abgespult wird, zum Beispiel fünf Bilder mit Coca-Cola-Reklame ein, die von den Besuchern bewusst gar nicht wahrgenommen werden, und kaum öffnen sich die Kinotüren, strömen signifikant viele in das nächste Restaurant, um Coca-Cola zu trinken. Damals fragte man sich noch, ob man das machen darf; heute fragt man sich nur noch, wie man es am besten hinbekommt. –

Um 1990 wurde ich von einer Nahrungsmittelfirma eingeladen, um ihrem Nachwuchspersonal Märchen zu interpretieren, – man war gerade dabei, den neuen Bundesländern beim »Aufbau« zu »helfen«. Die Einladung kam mir so kurios vor, dass ich sie annahm und eine lange Einleitung vorherschickte: man könne Märchen nur verstehen, wenn man ihnen zuhöre wie seiner besten Freundin, seinem besten Freund, indem man sich in seine Gefühle, Erfahrungen und Konflikte hineinversetze, indem man ihn begleite und sich weigere, ihn auszubeuten und für etwas zu benutzen, das er nicht als sein Eigenes begreife. Ich kann nicht verstehen, wie sich inzwischen Mönche und Ordensleute als »Seelenkenner« dazu hergeben mögen, für viel Geld Manager zu coachen, in ihrer Arbeit noch »erfolgreicher« zu werden.

## Ökologie und Ökonomie

MICHAEL ALBUS: Es gilt jetzt, noch eine weitere Front abzuschreiten: Ökologie und Ökonomie. Sie ist bei uns gegenwärtig verknüpft mit dem Stichwort »Energiewende«. Um was geht es da? Die Fronten stehen sich ziemlich abgeschottet gegenüber.

EUGEN DREWERMANN: Wir sind zum ersten Mal imstande, mit technischen Mitteln die Natur auf eine Art zu verändern, die irreparable Schäden anrichtet. Das ist wirklich neu. Man kann sagen, seit dem Neolithikum, in den letzten zehntausend Jahren nach dem Abschmelzen der letzten Gletscher, haben Menschen gelernt, nicht mehr nur die Natur als Wildbeuter und Sammler zu nutzen, sondern durch eigene Leistung Veränderungen einzutragen, die die Lebensgrundlage bedeuten: Ackerbau steht dafür, Viehzucht steht dafür. Das sind die Anfänge dessen, was wir heute Kultur nennen. Dennoch blieb bis ins 19. Jahrhundert hinein ein gewisses Gleichgewicht zwischen Kultur und Natur, zwischen Mensch und umgebender Landschaft bestehen. Freilich, auch da kam es schon zu enormen Veränderungen. Dass der gesamte Mittelmeerraum heute verkarstet ist, hat zu tun mit dem Flottenbau der Phönizier und Römer und vor allen mit der Eisengewinnung. Das Problem ist also nicht ganz neu. Aber die Dimension hat eine neue Qualität angenommen durch die Industrialisierung. Es ist zum ersten Mal möglich, in ganz großem Stil in die Natur hineinzugehen und sie als Rohstoff zu nutzen. Dabei ist verhängnisvoll in meinen Augen, dass sowohl der Kapitalismus als auch die kritische Antwort darauf, der Marxismus, den Begriff des Wertes aufs Engste verknüpft haben und verknüpfen mit menschlicher Arbeit. Die Natur selber hat in dieser ökonomischen Definition überhaupt keinen Wert. Alles, was Wert hat, geht zurück auf menschliche Arbeit. Wenn ein Wald von Menschen angepflanzt wurde, dann hat er einen Wert. Wenn er an sich wächst, hat er eben keinen Wert. Wenn Wasser da ist, das in einem Stausee gesammelt wurde, hat es einen Wert. Wenn der Fluss nur fließt, hat er keinen Wert. Das ist absurd und zeigt von Anfang an, dass Gegensätze aufgebaut werden, die eine vernünftige Synthese nicht zulassen. Der Wertbegriff wird ganz und gar auf Seiten des Menschen festgelegt. Dass Tiere auch arbeiten, dass sie selber etwas geleistet haben, das uns zugutekommen könnte, wird übersehen dabei.

MICHAEL ALBUS: War dies nicht die Konsequenz oder der Ausfluss eines falsch verstandenen Schöpfungsglaubens?

EUGEN DREWERMANN: Im Hintergrund steht die Vorstellung, dass Gott den Menschen zur Krone seiner Schöpfung erwählt hat, dass er ihm Anspruchsrechte zur Verfügung gestellt hat. Er soll herrschen über die Natur, er soll sich ausbreiten in der Natur, er soll Gottes Ebenbildlichkeit durch Verfügungsgewalt über die Natur erwerben. Jemand, der sagt, das ist aber doch nicht unmittelbar anthropozentrisch zu verstehen, dem muss man sagen: Die Bibel steigert sich in dieser Selbstbezüglichkeit des Menschenbildes sogar noch. Nach der Sintflut wird Gott – Genesis 9,1–3 – sagen:»Und Schrecken soll sein den Tieren vor den Menschen.« Da wird – anders als in der Paradieserzählung oder in gewissem Sinne auch noch im ersten Kapitel der Schöpfungsgeschichte in Gen 1 – den Menschen auch der Zugriff auf die Tiere als Nahrungsquelle gestattet. In der Schöpfungsgeschichte lebt noch eine Erinnerung daran, dass vom Ursprung her das Töten von Tieren und die Hernahme von Tieren zu Nahrungszwecken nicht in die Harmonie der ursprünglich gemeinten Ordnung passen kann. Jetzt aber ist es so, dass die Bibel es genehmigt. Gewiss: Ich vermute, dass, selbst wenn es nicht so in der Bibel stehen würde, wir auch nicht ganz viel anders handeln würden.

Aber die Bibel hat im Erbe des biblisch-christlichen Verständnisses uns eine Ethik aufoktroyiert, die den Begriff des Moralischen, den Begriff der Verantwortung, rein weg auf den Menschen zentriert. Mit anderen Worten: Was wir den Tieren zufügen, unterliegt einer Wertneutralität, die noch nicht in eigentlichem Sinne mit Verantwortung zu tun hat. Hingegen was den Menschen betrifft, das muss bis ins Unendliche verantwortet werden. Ein kleines Beispiel dafür ist die Bovine Spongiforme Enzephalopathie, BSE genannt. Sie entstand auf den Rinderhöfen, vor allem in Großbritannien, in denen man Tiere, die bekanntlich von Pflanzennahrung leben, zur Verbilligung der Futterhaltung mit dem Kadavermehl ihrer eigenen Artgenossen fütterte. Auf diese Weise übertrugen sich durch die Prionen Hirnschäden. Dann tauchte die Vermutung auf, dass der Konsum von Rinderfleisch, bei dem Prionen eine Rolle spielen, in Form der Creutzfeldt-Jakob-Krankheit auf den Menschen übertragbar seien könnte. Die bloße Möglichkeit, dass es so sein könnte, führte dazu, dass man Militär heranließ, um etwa vier Millionen Rinder niederzuschießen. Es wurde noch wahnsinniger. Die Tierkadaver wurden verbrannt und die Prionen damit in die Luft geschleudert. Die Möglichkeit, dass durch eine Tierhaltung, die alles andere als artgerecht ist, Tiere krank werden, dass man sich das Recht nimmt, sie als Nahrungsmittel zu nutzen und dann selber in die Gefahr kommt, infiziert zu werden, nötigte sämtliche Gesundheitsminister in Europa dazu, gegen die Tiere als Feinde vorzugehen.

MICHAEL ALBUS: »Keulen« nennt man das.

EUGEN DREWERMANN: So sah Verantwortung aus. Sie betraf allein die Menschen. Es war möglich, dass Menschen hätten krank werden können. Es ist auch in Deutschland zu zwei Verdachtsfällen gekommen, die man eventuell auf den Verzehr von Rindfleisch hätte zurückführen können. Oder geht es noch um Menschen oder nicht vielleicht nur noch um die Renditevermehrung des Kapitals? Im Vergleich: Immer noch sterben rund dreieinhalb tausend Leute pro Jahr, macht pro Tag im statistischen Durchschnitt zehn Menschen durch Autounfälle. Das ist zwar ein unteres Datum nach dreißig Jahren Verkehrsgeschichte bis hin zur Anschnallpflicht, mit Radarbeobachtung des Straßenverkehrs. Das rechtfertigt indessen nicht, dass wir die Autos aus dem Verkehr ziehen, dass wir die heiligen Kühe auf den deutschen Straßen zahlenmäßig minimieren. Unsere Autoindustrie ist uns heilig, und sie kann Menschen überrollen, leider, das müssen wir in Kauf nehmen. – So unterschiedlich ist es, was wir als Menschen mit Menschen machen und was wir als Gefahr den Tieren gegenüber ansetzen.

Es kommt noch toller. Im Jahre 2009 brach die »Schweinegrippe« aus, vermutlich infolge der hygienisch absolut unzureichenden Bedingungen bestimmter US-amerikanischer Schweinemastbetriebe in Mexiko. Plötzlich aber hatte man die Ukraine, deren Anschluss an den Westen favorisiert wurde, als Hauptverbreitungsgebiet der Schweinegrippe ausgemacht. Für viele Millionen Dollar hatten die westeuropäischen Länder den Impfstoff Tamiflu zu kaufen und zu lagern, – der politische Druck und die wirtschaftliche Ausbeute waren den Machern hocherfreulich; nur: es gab keine Schweinegrippe-Epidemie. Im deutschen Fernsehen zeigte man tagelang verängstigte Leute in Kiew mit Mundschutz herumlaufen. Doch als ich in der Zeit nach Kiew kam, war es geradezu grotesk: Einzig das Abfertigungspersonal im Flughafengebäude in Kiew trug einen Mund- und Atemschutz, sonst buchstäblich niemand! Die kranken Tiere waren nur ein Mittel zu Gesundung der Pharmafirmen.

Inzwischen sind wir in eine Situation gekommen, in der uns die Gefahr droht, dass wir der Natur uns gar nicht mehr aussetzen dürfen, weil die Verkünstlichung der Lebensformen es verlangt, aus Verantwortung eine Art medizinische Megaprothese um uns zu legen. Die Häufigkeiten von Allergien aller Art zum Beispiel nimmt zu, Pollenflug, Phobien aller Art, Insekten, Zecken, die auftauchen im Sommer, der bloße Kontakt mit bestimmten Pflanzen, –man müsste, um die Menschen vor der Natur zu schützen, konsequenterweise ganze Teile der Natur ausrotten, und es hätte prinzipiell kein Ende. Die endgültige Lösung des Problems, wenn es so weitergeht, wäre wohl eine Kunstglocke in der Tiefsee. Man nimmt die Reste der menschlichen Kultur und schließt sie ein in etwas, das nur noch von Menschen selber gemacht wird und von keinerlei natürlichen Einflüssen mehr zu stören ist. So eine Glocke – schrittweise – legen wir heute bereits um das, was wir menschliche Kultur nennen. Eine solche Kultur ist in sich selber für die Lebewesen an unserer Seite eine Dauergefahr geworden. Bis dahin sind wir gekommen mit dem rein anthropozentrisch definierten Begriff von Verantwortung.

Natürlich sollte man denken, dass vor allem der Begriff des Wirtschaftens reformbedürftig sei. Profitmaximierung ist lehrbuchmäßig das einzige Ziel, das in der kapitalistischen Wirtschaftsordnung anzustreben ist. Und dafür nehmen wir jetzt die gesamte Natur als Rohstoff her. In diesem Konzept ist Mitleid mit Tieren ein Fremdwort, es ist eine Betriebsstörung, die wir uns nicht erlauben sollten. Ein Kind, dem wir im Fernsehen zeigen, wie sechstausend Schweine in den Haltungen zusammengepfercht werden, wie hunderttausend Hühner auf engstem Raum zusammengesperrt werden, wie man Puten in der Bodenhaltung zusammenpfercht, kann nur den reinen Schrecken kriegen. Jedem Kind ist es evident, dass das keine artgerechte Tierhaltung sein kann, dass das Gebot, wenigstens Wirbeltiere artgerecht zu halten, das gesetzlich vorgeschrieben ist, an jeder Stelle unter solchen Zuchtbedingungen null und nichtig ist; sobald Wirtschaftsinteressen eine Rolle spielen, endet jede Rücksichtnahme. Gleichwohl haben wir Tierärzte, die dafür bezahlt wurden, kennenzulernen, wie ein Tier artgerecht lebt. Dieser Berufsstand zeigt sich bis heute außerstande, gegen die Praktiken zu revoltieren, die man in Anwendung bringt gegen ihre eigene Klientel, gegen die Tiere. Solche Veterinärmediziner fühlen sich selber lediglich als Handlanger der Agrarindustrie und werden in den Massentierhaltungshöfen entsprechend mit allem möglichen Einsatz von Pharmaka die Tiere gerade bis zur Schlachtreife lebensfähig halten. Das einzige Problem, das wir bis heute darin sehen, ergibt sich daraus, dass die Vorbelastung der Tiere durch die Pharmaka natürlich auch Folgen haben könnte für den menschlichen Organismus. Dann erst ist es bedenklich. Aber wirklich erst dann.

Mir zeigt dies, dass die gesamte Ethik, die wir haben, falsch ist, weil sie rein selbstreferentiell die Überlebensinteressen der Spezies Homo sapiens sapiens gegen den ganzen Rest der Welt mit absolutem Anspruchsrecht, mit göttlicher Relevanz, durchzusetzen versucht. Eine solche Weltsicht kann nicht die Wahrheit sein. Sie ist auch nur durchsetzbar, weil wir wieder an der alten Front halten, dass wir Verstandestätigkeit, Zweckrationalität in einer Weise isolieren, die nicht mit irgendwelchen Gefühlen rückgekoppelt wird. Würden wir fühlen, wie wir die Tiere quälen, wir könnten es nicht tun. Wir dürfen es daher nicht fühlen. Und deshalb dürfen wir es auch nicht sehen. Die Mehrheit der Bevölkerung wäre nicht imstande, sich auf diese Weise weiter ernähren zu wollen, wenn man ihr jeden Tag zeigte, unter welchen Bedingungen die schöne Wurst, das schöne Kotelett produziert wurden.

Geradezu absurd ist, dass wir gegenüber der Ökologiebewegung von Kanzlern wie Helmut Kohl gesagt bekamen: Wir brauchen eine starke Ökonomie, damit wir uns eine gesunde Ökologie leisten können. Dieses »Argument« spiegelt eine Vereinbarkeit von Interessen vor, die sich kategorisch ausschließen. Derselbe Kanzler konnte übrigens auch erklären, dass wir die Urwälder ruhig abholzen könnten, weil wir sie ja wiederaufforsten können. Einen Mann von dieser Art der Naturkenntnis hätten wir nicht mit solch einer Verantwortung ausstatten sollen. Einen Urwald kann man nicht mehr »nachrüsten«. Er ist kein Veranstaltungsraum für die Forstwirtschaft. Wir können Stangenwälder nachforsten, das ist möglich und solche haben wir. Aber einen Urwald kann man nur zerstören – wir sind dabei. Zwischen dem Wattengebiet der Nordsee und den Gletschern der Hochalpen haben wir heute schon kein Stück Natur mehr, das nicht aus Menschenhand hervorgegangen wäre. Das zeigt die Grenzen dessen, was wir machen sollten – es sollte eine absolute Demarkationslinie markieren, bis wohin wir weiter nicht mehr schreiten dürften. Die Ökonomie aber treibt uns an jeder Stelle ins Grenzenlose hinein. Sie dehnt sich aus im Zugriff auf alles, womit sich Geld und noch mehr Geld verdienen lässt.

Global wirtschaften heißt auch zu begreifen, dass der Globus eine definierbare Grenze hat, – sechstausend Kilometer imRadius. Da lässt sich leicht errechnen, wie groß die Oberfläche dieser Erde ist und was maximal auf ihr möglich ist. Mehr ist da nicht zu haben. Also müssten wir die Anzahl der Menschen begrenzen, wir müssten die Anspruchsrechte der Ökonomie begrenzen. Am allerwirksamsten wäre es, dass eine Art Selbstkontrolle vor dem Kollaps eingeführt wird, indem wir merken, dass die heutigen Produktionsbedingungen der Naturzerstörung alles verteuern und deshalb selber in die Preisgestaltung unserer Produkte Eingang finden sollten. Der Betrug, auf welchem der Kapitalismus basiert, besteht darin, dass wir die Kosten, die wir der Natur auferlegen, vollkommen außer Betracht lassen. Wir haben die Natur vermeintlich zum Nulltarif. Die gesamte Wirtschaft funktioniert unter keinerlei Auflage der Restitution für vernichtete Natur. So etwas ist nicht die Aufgabe der Wirtschaft. Man hat ein Gebiet zerstört; was man daraus gewonnen hat, kann man auf dem Markt in Form von Umsatzsteigerung eintragen; dass man der Natur etwas wiedererstatten müsste, ist überhaupt nicht vorgesehen ...

MICHAEL ALBUS: Verbrannte Erde ...

EUGEN DREWERMANN: Wenn es denn doch passiert, ist es Aufgabe des Steuerzahlers, dies und das nachzuarbeiten, vielleicht ein Hochmoor doch einmal zu renaturieren oder einen Fluss, den man begradigt hat, an den Uferzonen wieder in den ursprünglichen Zustand zurückzuversetzen, damit er für Fische wieder lebbar sei und die Anglervereine wieder neue Freuden erleben dürfen, – so etwas ja. Aber die Industrie, die den Schaden verursacht hat, ist in keiner Weise regresspflichtig zu machen. Das zeigt, dass derzeit ein Wirtschaftstyp favorisiert wird, der auf Rücksichtnahme von Umweltinteressen keinerlei Wert legen muss, weil die gesamte Umwelt in diesem Rechensystem keinen Wert besitzt. An der Stelle muss sich etwas ändern. Wir können nicht erwarten, dass die dauernde Stärkung dieser Art von Ökonomie dahin führen würde, auf Lebewesen Rücksicht zu nehmen. Natürlich dürfen wir uns auch nicht wundern, dass, wenn man mit Tieren so umgeht, man auch mit Menschen ähnlich umgehen wird.

MICHAEL ALBUS: Es sind ja auch Tendenzen dieser Art zu beobachten.

EUGEN DREWERMANN: Soviel zu dieser Gegensätzlichkeit von Ökonomie und Ökologie. Beide müssen verträglicher zusammenkommen, weil die Grenzen des Planeten Erde überdeutlich sind und weil die Zerstörungsenergie unserer Art zu wirtschaften derart krass vor

Augen tritt, dass sie sich in den Folgen längst schon zurückmeldet. Die Klimaerwärmung ist lediglich ein erstes Vorzeichen dafür, dass es so nicht weitergeht. Alles fängt an, teurer zu werden. Wir müssen inzwischen Tornados, Hurrikans, Überschwemmungen, Gewitter, einen weitgehenden Umbau der Klimazonen in ständigen Schadensbilanzen einkalkulieren; unsere Art zu wirtschaften kostet sehr viel Geld, und die Frage ist: Wollen wir das so?

MICHAEL ALBUS: Die Weltbank hat vor kurzem die Nachricht veröffentlicht, dass bis 2020 die Katastrophen sich so steigern werden, dass es ein Geldfaktor wird, den wir nicht stemmen können.

EUGEN DREWERMANN: Genau. Und deswegen sind wir jetzt mit der Klimadebatte beschäftigt, weil wir schon die Kosten kommen sehen, die uns unbezahlbar werden. Aber wir haben Politiker, die immer noch zynisch genug sind, uns dahin zu informieren, dass die Hauptschäden in den mittleren Bereichen des Globus um den Äquator liegen, also nicht Nordeuropa betreffen oder Nordamerika. Von daher können wir uns das doch scheinbar leisten. Und dass wir wärmere Sommer haben – wer hätte etwas dagegen? Was die da machen in der Sahel-Zone, was geht uns das überhaupt an? – Diesen Zynismus haben wir inzwischen. Wenn in ganzen Landstrichen keine Menschen mehr sind, werden ja die Rohstoffe nur umso billiger. Folglich brauchen wir uns nicht groß zu scheren. Mithin: Die Katastrophen in den Ländern der »Dritten Welt« sind die Einstiegsbedingungen in neue Vertragsverhandlungen für günstigere Konditionen bei der Rohstoffgewinnung, – beim Abbau dessen, was uns gehört, weil wir es brauchen.

Ich denke, wir müssen begreifen, dass die Schäden, die wir der Natur zufügen, wiedergutgemacht werden müssen, und dass die Kosten, die eine solche Restitution benötigt, in die Preisgestaltung der Produkte Eingang finden müssen. Erst dann ist eine Ökonomie denkbar, die ökologiefreundlich ist, indem sie ein Gleichgewicht zwischen Mensch und Natur vorsieht. Irgendwann wird es dahin kommen, weil es unvermeidlich ist, davon bin ich überzeugt. Die Frage lautet aber mal wieder, wie viele Opfer wir noch bringen müssen, um dahin zu kommen. Der Kapitalismus wird so erfolgreich sein, dass der frontale Crash gegen die

Wand bei hohem Tempo irgendwann zur Selbstkorrektur führen wird. Irgendwann ist die Natur mit uns am Ende, und sie wird zeigen, wo die Grenze ist.

MICHAEL ALBUS: Ein großes Problem ist, dass man immer noch glaubt, die Natur sei regenerierbar ins Grenzenlose. Bestimmte Dinge, die wir kaputtmachen, wird die Natur selber in Wahrheit nicht mehr aufbauen.

EUGEN DREWERMANN: Fügen wir noch hinzu, dass unsere jetzige Regierungsträgerin, unsere Kanzlerin, kein anderes Mantra kennt zur Lösung sämtlicher Probleme als das Wort »Wachstum«. Schon das zeigt, dass wir jede Art von Vereinbarkeit zwischen Ökonomie und Ökologie aufgegeben haben. Wenn eine Wirtschaft nur funktioniert durch permanentes Wachstum, ist sie wie ein Krebsschaden im Raume der Natur. Wenn wir eine Zellansammlung haben, die sich nur erhält durch Wachstum, nennen wir das Krebs, und wir machen sie verantwortlich für den baldigen Tod des Restorganismus. Genau das ist die Art, in der wir wirtschaften. Wir können nur durch Expansion uns selber erhalten. Der Grund dafür ist im übrigen einfach formulierbar – wir haben ihn eben schon erwähnt: Wir können nur wirtschaften, wenn wir Kredite aufnehmen, auf denen Zinsen liegen, die wir abarbeiten müssen. Das sind genau die mindestens zwei Prozent Wachstum, die wir brauchen, um aus der Schuldenkrise rauszukommen. Das ist volkswirtschaftlich absolut nötig, um das vorgegebene System stabil zu halten. Wir könnten aber auch wirtschaften ohne Zins. Silvio Gesell, ein Argentinier, hat um 1900 schon sehr schön gezeigt, wie das möglich ist. Wir bräuchten eine Wirtschaft, die sich vom Wachstumszwang entfernt. Das setzt voraus, dass wir eine zinslose Form der Wirtschaft einrichten, denn es ist der Zins, der immer wieder Wachstum erzwingt. Schulden, die nicht bezahlt werden, wachsen über den Zinsfuß einfach durch die Länge der Zeit, da sie nicht bezahlt wurden. Der Zinseszins steht da drauf, und der steigt in geometrischer Reihe an. Der Erfolg des Kapitalismus liegt in diesem ständigen Schuldendruck, den er den Wirtschaftsteilnehmern auferlegt über den Zins. Deswegen sind Wachstum und Kapitalismus im Grunde ein und dasselbe.

Ein Hauptproblem besteht darin, dass auch die Opposition gegen den Kapitalismus, der Marxismus, an dieser Stelle nie wirklich angesetzt hat. Natürlich gibt es bei Marx im »Kapital« eine Menge von Analysen über den Zins. An seine Abschaffung aber hat er nicht gedacht, und vor allem das Umweltproblem ist bis heute nicht in die Sicht der linken Strategen und der Marktanalytiker gekommen. Auch sie gehen davon aus, dass etwas, das nicht durch Menschenhand erarbeitet wurde, keinen Wert besitzt. Deswegen lösen sie das Wachstumsproblem eigentlich nur, indem sie ihm behilflich sind. Das einzige, was sie am Kapitalismus auszusetzen haben, sind die zu niedrigen Löhne und, dadurch bedingt, der mangelnde Nachfragesatz beim Binnenkonsum. Die Arbeiter müssten mehr Geld verdienen, damit sie aktiver im Wirtschaftskreislauf tätig würden. Die sozialistischen Wirtschaftstheoretiker stützen die Arbeitnehmerseite gegen die Arbeitgeberseite. Aber beide spielen ja zusammen. Insofern ist Kapitalismus und Marxismus im Grunde nur wie eine Drehbewegung in derselben Trommel. Was wir brauchen, ist eine Beendigung beider, und dafür ist die Umweltfrage ein ganz wichtiger Gradmesser: Wie weit lernen wir als Menschen, als Spezies, uns zurückzunehmen zugunsten der Überlebensinteressen der Lebewesen an unserer Seite?

Ich glaube, es ist auch schöpfungstheologisch, religiös betrachtet, ein ganz elementares Bedürfnis. Ich kann nicht ernsthaft denken, dass Gott, der Herr, zum Beispiel sechzig Millionen Jahre sich Zeit genommen hat von der Kreidezeit bis heute, den Amazonasurwald aufzubauen, nur um mitzuerleben, dass wir ganze sechzig Jahre benötigen, um ihn niederzubrennen und mit Kettensägen flachzulegen. Aber das ist das Faktum. Wir haben eine Theologie, die darin kein Problem findet. Später wird man uns gewiss erklären, dass man natürlich immer schon dagegen war, aber jetzt, wo es drauf ankäme, höre ich nicht, wie man dagegen ist. Auch die Befreiungstheologen stehen auf Seiten der armen Menschen, der Indios, die ja von etwas leben wollen. Also: Wachset und mehret euch! Wir haben eine Kirche, die künstliche Empfängnisverhütung für schwere Sünde erklärt. Die Vermehrung von Menschen innerhalb von dreißig Jahren um zwei Milliarden ist für sie kein Problem; die Empfängnisverhütung ist in dieser artegoistischen Moraltheologie ein Problem, das Kondom ist eine Todsünde.

Wenn wir so weiter denken, werden wir die Probleme nur vertiefen, statt sie zu lösen. Wir müssten die menschliche Spezies so aus dem Gang des Lebens heraus zu verstehen suchen, dass sie kompatibel wird mit dem Leben, aus dem sie hervorgegangen ist und mit dem sie gemeinsam das Überleben retten sollte. Das wäre unsere Verantwortung, aber nicht, wie wir nur unsere eigene Art gegen den Rest der Welt durchsetzen. Das allerdings geschieht, und offenbar wollen wir es nicht anders. So wie wir derzeit Ökonomie definieren, ist es sogar unser Handlungsauftrag, aus der Natur das meiste von allem herauszuholen, was uns Geld bringt. Wenn es so steht, haben wir eine Konfliktsituation zwischen Ökologie und Ökonomie, die gar nicht gelöst werden darf und die als Problem gar nicht bewusst werden soll, damit alles so weiter funktioniert. Umso entschiedener müssen wir dem widersprechen, und das tun wir gerade.

MICHAEL ALBUS: Mir fällt an der Stelle Albert Schweitzer ein. Auf seinem Schreibtisch in Günsbach liegt ein Zettel mit dem Satz aus seiner Ethik:»Leben ist Leben, das leben will inmitten von Leben, das leben will.«Für mich eine der schönsten Definitionen von Leben überhaupt. Das haben wir vergessen. Wir leben im Wesentlichen rein anthropozentrisch, bezogen auf uns selbst. Die Erlösungslehre, die Schöpfungslehre der christlichen Kirchen bauen auf falschen Voraussetzungen auf.

EUGEN DREWERMANN: Ja, das tun sie. Dabei ist die Bibel manchmal sensibler als die Theologen, die sich auf sie berufen. Sie hat im zweiten Schöpfungsbericht, Genesis 2,4b–25, um genau zu sein, gesehen, dass man die priesterliche Vorstellung von der Schöpfung unbedingt korrigieren muss durch ein anderes Bild, wo der Mensch nicht aufgefordert wird, die Erde zu beherrschen, sondern den Garten der Welt zu »bedienen und zu bewahren«. Das steht wörtlich da. Die Bibel hat gespürt, dass die Einseitigkeit des ersten Schöpfungsberichtes in Genesis 1,1–2,4a korrekturbedürftig war durch ein Gegenbild. Nur in der Theologie hat das bis heute keine erkennbare Rolle gespielt.

MICHAEL ALBUS: Welche Möglichkeiten gibt es jetzt, aus dieser Frontstellung herauszukommen?

EUGEN DREWERMANN: Wir müssten die Wirtschaft ändern. Die Natur müssen wir nicht ändern. Die ist, wie sie ist. Wir müssen uns selber ändern, wir, die wir hinter dieser Wirtschaft stehen.

MICHAEL ALBUS: Nehmen wir das Beispiel der sogenannten Energiewende. Um was geht es da jetzt?

EUGEN DREWERMANN: Was die Energiewende angeht, ist die Diskussion schon fünfzig Jahre alt. Damals hat der Biologe und Ökologe Barry Commoner darüber nachgedacht, warum die Solarenergie eigentlich den energieliefernden Firmen so gefährlich ist, und das damit begründet, dass, wenn jemand seine Solarzellen auf dem Hausdach hat, er zum Selbstversorger wird. Er braucht einen energieproduzierenden Konzern überhaupt nicht. Plötzlich hätten wir also eine sehr demokratische Form der Energiegewinnung, die jeder für sich nutzen könnte, so viel er gerne möchte. Darum ist die Solarenergie recht teuer und subventionsbedürftig geworden – auch zur Abschottung von asiatischen Solarzellenherstellern – und im Grunde wieder in das Monopol von Konzernen eingegangen. Die verkaufen dann die Zellen, die man privat nutzen kann. Inzwischen merken wir, dass natürlich die Wende auch etwas kosten wird. Das Paradox ist der Zugriff auf die Verteilersysteme, auf die Kabel. In Mitteldeutschland weht der Wind nicht so kräftig wie ständig an der Nord- und Ostsee. Windräder sind offshore in großer Zahl zu installieren, ob sie da schön aussehen, ob sie den Vogelflug gefährden, das alles werden wir merken, – es kostet in jedem Falle seinen Preis. Aber immerhin, die Windräder drehen sich und schaffen Strom, den wir durch entsprechende Kabel an jede gewünschte Stelle leiten können. Das kostet aber Geld, und die Frage ist jetzt, wem wir es auferlegen. Man sollte denken, dass die Firmen, die das alles machen, es zu verantwortlichen Preisen tun sollten. Aber natürlich, wenn sie erst einmal über eine Monopolstellung verfügen, werden sie diese auch ausnutzen.

Vielleicht gibt es kein eindrücklicheres Beispiel für die Schwierigkeit, Ökonomie und Ökologie unter kapitalistischen Wirtschaftsvoraussetzungen miteinander vereinbar zu machen, als unsere Atomindustrie.

Ich sagte eben, wir unterhalten ein Wirtschaftssystem, das sich über die Folgen, die es anrichtet, in keiner Weise Gedanken machen muss, weil es nicht in die Verantwortung genommen wird. Bei der Atomlobby haben wir das dreisteste Beispiel dafür. Wie wir, als Frau Merkel noch Umweltministerin war, die Asse atomar belastet haben, ist heute ein Problem, das aber nicht die Atomindustrie lösen muss, sondern wir, die Steuerzahler. Man hat entdeckt, dass man die Asse natürlich gar nicht mehr entsorgen kann. Die Fässer liegen da. Man merkt auch, dass man da vorgebliche Forschungsdeponien errichtet hat, in denen man gar nicht wirklich forschen wollte, sondern eigentlich längst zu einer Endlagerung übergegangen ist, die die Atomlobby nichts kosten sollte. Der Steuerzahler muss in unbegrenzter Zukunft dafür gerade stehen, Jahrtausende kann uns das kosten, aber ganz sicher wird es die Betreiber der AKWs, die heute an der Stromerzeugung verdienen, nichts kosten. Wenn so gewirtschaftet wird, liegen Ökologie und Ökonomie miteinander absolut in Todfeindschaft. Wo das eine ist, kann das andere nicht sein.

Also müssen wir dahin kommen, dass wirtschaften bedeutet, der Natur etwas zu entnehmen, das wir ihr eins zu eins wiedererstatten, oder es ist nicht korrekt gewirtschaftet. – Manche sogenannte Primitivkulturen, manche Indianerstämme waren dazu imstande. Sie wussten, dass man der Natur etwas nur entnehmen kann, indem man es nachwachsen lässt oder eins zu eins ihr zurückgibt, dass man Tiere nur töten kann, wenn man ihnen erlaubt, sich wieder zu vermehren, dass man Wälder nicht abholzt, denen man nicht die Chance gibt, von alleine sich zu erneuern, dass man ins Gleichgewicht kommen muss. Man hat das verstanden als Gerechtigkeit. Der Bruder Büffel ist schützenswert, weil er derselben Natur zugehört wie die Menschen. Damit ist jener einseitige Kulturbegriff, dem wir folgen, und auch vor allem die Vorstellung von Wirtschaft gar nicht möglich, die wir diesen »Primitiven« aufzwingen. Statt bei ihnen zu lernen, was menschlich wäre, betrachten wir sie als eine niedere Kultur, die wir jetzt erst einmal nach unseren Vorstellungen ummodeln. Das geschieht seit über 100 Jahren in Indianerschulen. Dort lernen die Kinder, was Eigentum ist. Sie wussten bis dahin gar nicht, dass die Erde als Eigentum okkupiert werden kann. Bis dahin dachten sie, wer die Erde okkupiere, tue etwas, das psychoanalytisch einem Inzest gleichkomme. Die Mutter Erde wird geschwängert von Menschen, die sie vergewaltigen. Das ist so entsetzlich, dass Schlimmeres nicht gedacht werden kann. Dieses Denken muss man ihnen abgewöhnen. Die Natur ist natürlich kein Lebewesen, das man vergewaltigt, sondern sie ist ein Rohstoff, den man benutzt, so muss man denken. Und dann kann man sich noch darum zanken, wer die größere Macht hat, diesen Rohstoff sein Eigentum zu nennen. Man hat natürlich auch das Recht, Krieg zu führen, um seine Interessen begreifbar zu machen.

MICHAEL ALBUS: Was heißt »Natur schwängern« in diesem Fall?

EUGEN DREWERMANN: Es ist nicht ganz korrekt ausgedrückt. Die Mutter Erde wird vergewaltigt. Und sie gebiert den Tod. Was man auf diese Weise mit ihr erzeugt, ist kein Leben mehr.

MICHAEL ALBUS: Schauen wir wieder in den Innenraum. – Wie kann ich diese Antinomie, diesen fürchterlichen Zwiespalt, diese beiden Fronten auflösen?

EUGEN DREWERMANN: Wenn Sie nach dem Innenraum fragen, muss man natürlich denen Recht geben, die sagen: Mit jeder Blumenart, die wir ausrotten, mit jeder Pflanzen- und Tierart, die wir aus der Evolution entlassen, zerstören wir den Dichtern ein Wort, rauben wir der Vorstellung ein Bild, verarmen wir unsere Träume. In denen tauchen immer noch Tiere auf. Die Mythen erzählen an jeder Stelle von der Verwandlung der Kreaturen ineinander, sogar von Tieren in Menschen und von Menschen in Tiere, – psychologisch eine ganz tiefe Wahrheit! Alles, was wir Gefühl nennen, ist geboren worden in über zweihundert Millionen Jahren der Säugetierevolution, ein ungeheurer Zeitraum.

Ich treffe manchmal Theologen, die fragen, ob Tiere eine Seele haben. Schon die Frage verrät, dass man überhaupt nicht vermutet, wie eng Mensch und Tier zusammenhängen, gerade in dem, was wir Seele nennen, was emotional die größte Rolle spielt. Wir nennen das »limbische System«, in dem Gefühle kodiert werden, auch das Säugetiergehirn. Es ist mit dem Aufbau unseres Gehirns identisch. Tiere können die gleichen Schmerzen empfinden. Sie verfügen als höhere

Säugetiere über ganz ähnliche Gefühle wie wir Menschen. Die Gefühle bei uns Menschen verändern sich, indem wir darüber nachdenken können. Dadurch können sie völlig neue Dimensionen annehmen und eine andere Verarbeitung von Erfahrungen ermöglichen. Aber zunächst einmal sind sie identisch mit dem, was Tiere auch fühlen und empfinden. Diese Gleichheit sollte uns eine Ethik lehren, die eine Form sich wechselseitig austauschender Berechtigung erlaubt. Tiere können nicht von Natur aus Rücksicht nehmen auf uns Menschen, aber wir Menschen müssen es auf die Tiere. – Übrigens, jeder Hundehalter wird sehen, wie sehr sein Tier, indem es seinen Halter an die Spitze des Wolfsrudels setzt, in dem es lebt, Rücksicht auf ihn nimmt. Es ist unglaublich zu sehen, wie ein Hund immer wieder schaut, was Herrchen jetzt macht, und jedem Wink, jedem Blick, jedem Tonfall sich fügt mit einer unglaublichen Bereitschaft und Geduld.

MICHAEL ALBUS: Das ist manchmal richtig rührend, wenn man so etwas sieht.

EUGEN DREWERMANN: Es ist absolut rührend und eigentlich kaum noch damit erklärbar, dass Hunde natürlich einmal Rudelwesen waren, die jetzt im Menschen ihren Leitwolf sehen. Es ist eine wirkliche Beziehung, der man Gefühlskomponenten nicht absprechen kann. Ein Tier, das sich so einfühlt in den Menschen, muss doch auch einfühlend behandelt werden. Das ist ein Gebot der Gleichberechtigung.

MICHAEL ALBUS: Das geht so weit, dass manche sogar sagen: Der Hund ist der beste Freund, weil er treu ist, wie kein Mensch sein kann.

EUGEN DREWERMANN: Ja, man meint auch zynisch, wer im Weißen Haus einen Freund haben wollte, sollte sich einen Hund anschaffen. Bill Clinton hat das schon gelernt.

MICHAEL ALBUS: Putin hat auch einen.

EUGEN DREWERMANN: Na ja! – In den Träumen und in den Gefühlen zeigt sich, wie eng wir immer noch der Natur zugehören,

165

aus der wir kommen. Ich behaupte, dass auch in unserer Kultur heute die Favorisierung der Sozialwissenschaften auf Kosten der Biologie, der Verhaltensforschung, der Tiefenpsychologie Einseitigkeiten kreieren muss. Wir tun so, als wenn alles, was menschlich ist, unter gesellschaftlichen Bedingungen umformbar, plastisch manipulierbar wäre. Wenn wir es so brauchen, ist es eben so. Wir nehmen keine Natur mehr wahr, sondern ein Naturkonstrukt, das wir uns gesellschaftlich bilden. Und entsprechend geben wir uns dann das Recht oder die Pflicht, den Menschen dementsprechend in unsere gesellschaftlich, vor allem wirtschaftlich bedingten Konstrukte einzupassen. Die Menschen sind aber das Ergebnis einer unglaublich langen Zeit der Evolution, und sie erfinden sich nicht neu. Sie sind erst einmal, wie sie sind. Sie haben erst einmal Gefühle, die so sind, wie sie sind. Nur wenn wir das zulassen, können wir erwarten, dass eine Identität entsteht, mit der Menschen leben können, ohne permanent an sich zu leiden.

MICHAEL ALBUS: Haben wir Menschen den Trieb, uns selbst auszulöschen?

EUGEN DREWERMANN: Es gibt durchaus die Idee, dass wir eines Tages dahin kommen könnten, eine Silizium-Evolution zu erleben. Bis jetzt haben wir die Evolution von Kohlenwasserstoffen durchlaufen als Lebensbasis. Es zeigt sich aber, dass die ersten Synthesen von organischen Strukturen auf Silizium-Basis verlaufen sind.

MICHAEL ALBUS: Das heißt?

EUGEN DREWERMANN: Silizium konnte als Katalysator die Prozesse vermitteln, die nötig waren, um Kohlenwasserstoff-Kettenmoleküle zu bilden, um Leben zu schaffen. Und nun wäre es möglich, dass wir eines Tages wieder ins Silizium-Zeitalter eintreten. Die Computer fangen an, sich selber zu konstruieren, sich selber zu vermehren und die Menschen abzuschaffen. Es könnte sein, dass wir gerade dabei sind, das vorzubereiten. Wir sagten schon: Wir delegieren nicht mehr in Science-Fiction-Romanen, sondern in der Wirklichkeit heutiger Politik bereits ethische Verantwortung an Entscheidungsmaschinen. Wenn wir so weit kommen, besteht der nächste Schritt eigentlich nur noch darin, dass wir uns selber zurücknehmen, weil wir das, was wir anrichten, gar nicht mehr verantworten können. Warum aber sollen wir es dann noch erleben? Dann sollten es die Maschinen doch selber weitertragen, und wir sollten sie so konstruieren, dass sie unter sich bleiben, vor allem, weil der Zwang immer größer wird, den Hauptteil unserer Menschlichkeit abzuschaffen: die eigenen Gefühle, das, was man bis dahin Menschlichkeit nannte, die Fähigkeit zu persönlicher Begegnung. Inzwischen finden wir im akademischen Raum interessante Diskussionen, ob nicht der Begriff der Person auf Illusionen basiere. Also es ist eigentlich besser, dass wir, statt von Person zu reden, kybernetische Steuerungssysteme etablieren, die wir als Androiden generieren oder als Modell zum Verstehen menschlicher Verhaltensweisen kreieren. Wenn es so steht, dass wir uns nicht mehr als Menschen betrachten sollen, sondern nur noch nach dem Modell der Maschinen, haben wir eigentlich den wünschenswerten Programmansatz zur Selbstabschaffung.

Michael Albus: Das sind Horrorvisionen.

Eugen Drewermann: Wenn Sie mich als Science-Fiction-Autor ranlassen, hätte ich solche Vorstellungen, ja.

Michael Albus: Lasse ich Sie aber nicht.

Eugen Drewermann: Ähnliches ist bei Hoimar von Ditfurth vor über dreißig Jahren schon im deutschen Fernsehen als Möglichkeit zu hören gewesen. Die Evolution, meinte er, werde sicherlich weitergehen. Auf dem Planeten Erde geben uns die Astrophysiker ungefähr noch fünf Milliarden Jahre Zeit, bis die Sonne zerbirst und dann in die Phase eines Roten Riesen eintritt – vielleicht kann dieser Prozess schon in drei oder dreieinhalb Milliarden Jahren alles Leben auf dem Planeten Erde auslöschen. Aber ich frage Sie: Was sind dreieinhalb Milliarden Jahre, was kann bis dahin alles noch passieren? Wer könnte ernsthaft glauben, dass diese Spezies Homo sapiens in dem Tempo, wie zurzeit, dreieinhalb Milliarden Jahre so weitermachen wird? Dreitausend Jahre sind schon eine Überforderung, von Millionen Jahren erst gar nicht zu reden. Dass aber von uns Menschen irgendetwas weitergehen wird, ist höchst wahrscheinlich. Dann werden die Computer unsere Nachfolger – Androiden, in denen wir das Leben weitergeben in jenem Zustand, der uns am meisten wünschenswert erschien, in Form einer Intelligenz, einer gepflegten Mathematik, die imstande ist, die Weltenrätsel auf ihre Weise zu ergründen, um uns als ein rein kohlenwasserstoffbedingtes Übergangsprodukt der Natur zu einer höheren Form der Verwirklichung zu bringen. Wäre das nicht die Ernstnahme der Evolution? Es begann mit der chemischen Evolution, dann kam die biologische und nun kommt die technologische. Es gibt wirklich Leute, die das für wünschenswert halten, nicht nur für höchst wahrscheinlich, sondern sogar für erstrebenswert. Wir hätten dann Kreaturen vor uns, die keinen Schmerz mehr kennen, die kein Mitleid mehr brauchen, die keinen Hunger mehr haben, die nicht ermüdbar sind – eigentlich brauchen die nur noch Energie, und die können sie haben, denn die Sonne scheint immer weiter, und die können sie dann sicher zu ihrem Vorteil nutzen. Wäre es das nicht?

MICHAEL ALBUS: Noch einmal: Ich finde, das ist wirklich eine Horrorvision.

EUGEN DREWERMANN: Ich sage das auch nur zur Abschreckung, als Aufforderung zum Innehalten.

## Freiheit und Gerechtigkeit

MICHAEL ALBUS: Gehen wir zur nächsten Front: Freiheit und Gerechtigkeit. Wir sind jetzt in den bisherigen Beschreibungen von Fronten, bei der Erörterung von synthetischen Möglichkeiten immer wieder darauf gestoßen, dass sich darin auch die Freiheitsproblematik verbirgt. Wir haben gesellschaftlich bei uns eine Situation, in der die Freiheit von wenigen auf Kosten der Gerechtigkeit für viele geht. Die Situation haben wir. Wie beschreiben Sie die Front zwischen Freiheit und Gerechtigkeit?

EUGEN DREWERMANN: Die ganze Schwierigkeit liegt in zwei gegenläufigen Ansätzen. Wir haben vorhin schon gesagt, dass in der Philosophie Immanuel Kants Freiheit, Autonomie identisch ist mit einem Gesetz, das für alle gilt. Da sind Individualität und Verantwortung absolut identisch. Es gibt keine Freiheit, die sich nicht wesentlich vor allen anderen Menschen zu verantworten hätte. Das ist die Bestimmung von Moral in klassischer Form. Eigentlich mit der gleichen Tendenz, aber mit einer radikal anderen Wirkung, hat Adam Smith schon versucht, Wirtschaft zu beschreiben. Er hat gemeint, wenn ein Einzelner sein eigenes Wohl betreibe als Unternehmer und dabei erfolgreich sei, so fördere er damit zugleich auch das Allgemeinwohl. Nachdenkend über den Wohlstand der Nationen, kam er zu dem Ergebnis, dass uns nichts Besseres werden könnt, als dass möglichst viele für den Erhalt und den Erwerb ihres eigenen Wohlstandes sorgen. Je erfolgreicher sie dabei statistisch sind, formt es sich zusammen zum Allgemeinwohl.

Adam Smith war ein ernsthafter Mann. Er hat über zehn Jahre geforscht, um das bedeutende Buch »Der Wohlstand der Nationen – Eine Untersuchung seiner Natur und seiner Ursachen«, im Grunde die Bibel des Liberalismus, zu formulieren. Und er meinte, damit etwas Richtiges zu tun. Er war sogar des Glaubens, dass eine bestimmte Grenze bestehe, oberhalb derer es nicht mehr sinnvoll sei, Privateigentum anzusammeln. Wenn der Unternehmer so erfolgreich ist, dass er über ein Privatvermögen verfügt, das er nicht mehr sinnvoll investieren, aber auch nicht mehr sinnvoll privat konsumieren kann, dann wird er einfach durch die Menge im Kochtopf, der überquillt, mildtätig werden und den Überfluss herabfließen lassen auf die Leute, die weniger haben. Man muss also nur erfolgreich genug sein, damit Gerechtigkeit eintritt. So ernsthaft Adam Smith. Der Mann wusste so viel an historischen Beispielen vorzubringen, er war derart gelehrt in Fragen der Kulturgeschichte, er verfügte für jede These, die er aufgelegt hat, über entsprechende Anschauungsmaterialien. Es ist ein geniales Buch, das er der Menschheit hinterlassen hat. Dennoch ist das Ergebnis von unglaublicher Wirklichkeitsfremdheit. Man hat im Kapitalismus noch nie erlebt, dass Überschusskapital eingesetzt wurde, um die notleidende Bevölkerung aufzupäppeln. Ganz im Gegenteil. Das Kapital vermehrt sich auf Kosten der notleidenden Bevölkerung. Der Kostenfaktor Arbeit wird immer billiger und dadurch umso nützlicher zur Erhöhung der Kapitalrendite. So hat es funktioniert und sollte es auch funktionieren. Dahin, dass sich der Gewinn oben rückkoppelt mit den Bedürfnissen unten, ist es nie gekommen. Es kann auch nicht dahin kommen, weil der Kapitalismus unter Konkurrenzbedingungen nie ein Ende findet. Es ist nicht möglich, dass im Kapitalismus jemand genug hat. Er kann gar nicht genug haben, weil sein Konkurrent ihn schon dadurch bedroht, dass er mehr hat als er. Dann gewinnt dieser einen Vernichtungsüberhang, der seine Existenz gefährdet. Man kann eigentlich nur als der Stärkste überleben. Man hat den reinen Sozialdarwinismus im Kapitalismus vor sich. Nur der Fitteste überlebt. Er ist der Reichste, der Stärkste, der Mächtigste, der Expansivste. Dahin also muss man es bringen, unter allen Umständen.

Wenn dies das Wirtschaftssystem ist, ist Gerechtigkeit absolut unmöglich; die Definition des privaten Unternehmertums ist so geprägt, dass sie den legitimierten Egoismus wiedergibt und zur Betriebsbedingung erhebt. Dann in der Tat sind individuelle Freiheit und soziale Gerechtigkeit ein absoluter Widerspruch. Strukturell ist und bleibt das denn auch so, in jeder Form der liberalen Wirtschaftsordnung. In Deutschland schien einen kurzen Moment lang, in den fünfziger Jahren, in den Tagen von Ludwig Erhard, die Sachlage ein Stückchen anders. Es sollte trotz allem eine soziale Marktwirtschaft, ein hölzernes Eisen sozusagen, geben. Tatsächlich war es möglich, diesen Zustand illusionär zu erzeugen, weil wir damals ein ungeheures Wachstum hatten. Durch die Kriegsschäden hatten wir einen Expansionsbedarf, der enorm war. Arbeitslosigkeit war seinerzeit ein Fremdwort. Wir brauchten Arbeiter an jeder Stelle. Es gab einen Mittelstand, der stark genug war. Es gab Handwerker. Es war keine Schande, von der Schule abzugehen. Es gab alle möglichen Formen, im Arbeitsmarkt integriert zu werden und einen ordentlichen Lohn zu erzielen. Damals – Mitte der fünfziger Jahre des vergangenen Jahrhunderts – schien eine soziale Marktwirtschaft tatsächlich möglich. Dann aber merkte Ludwig Erhard Anfang der sechziger Jahre, dass es so nicht weitergehen konnte. Er forderte dazu auf, Maß zu halten. Das nahm man ihm bitter übel. Maß halten müssten eigentlich nicht die Konsumansprüche der Arbeiter, sondern die Praktiken der Produzenten.

MICHAEL ALBUS: Er hat selber kein Maß gehalten.

EUGEN DREWERMANN: Er selber hat seine eigenen Möglichkeiten als Professor der Wirtschaft überschätzt und die Analyse in der Radikalität, wie sie nötig gewesen wäre, nicht zu Ende geführt. Dann hätte er nämlich sehen müssen, dass die Dinge sich auseinanderentwickelten. Die Wirtschaft, die er liberal als marktwirtschaftliche Ordnung definiert hatte, konnte nicht sozial sein. Das wusste man jenseits der Mauer auch noch nach 1961. Da glaubte man all die Zeit zu wissen, dass für den Kapitalismus Gerechtigkeit ein Fremdwort sein und bleiben muss. Man erwartete, dass wenigstens im Sozialismus der Zustand erreicht werde, dass Gerechtigkeit für alle da sei, dass das Unternehmertum durch Staatssozialismus kontrolliert würde, indem es durch den Fünfjahresplan der Partei gedeckelt bliebe; überhaupt sollte es keine privatwirtschaftliche Ordnung geben zugunsten der kollektiven Gerechtigkeit für alle. Der Sozialismus war ein absolut konträres Modell zum Kapitalismus. Dass auch in diesem Konzept die Ökologieprobleme nicht gesehen wurden, habe ich schon gesagt; es fehlte aber auch vieles andere. Es fehlte tatsächlich die Wertschätzung des Individuellen. Beide Systeme standen sich 40 Jahre lang an der Grenze quer durch Mitteldeutschland in der Zeit des Kalten Krieges in absoluter Bedrohung gegenüber. Es war eigentlich nur die Frage, wer bringt wen um? Einzig das Gleichgewicht des Schreckens, das auch so formuliert wurde, hat so etwas suggeriert wie einen Frieden. In Wahrheit bekämpften beide Systeme sich bis zur wechselseitigen Vernichtung, und die Gerechtigkeit blieb so utopisch wie der Friede, wie die Freiheit, wie die Menschlichkeit, wie das Glück.

MICHAEL ALBUS: Welches Verständnis von Freiheit herrscht heute nach Ihrer Meinung bei uns vor?

EUGEN DREWERMANN: Wenn wir es marktwirtschaftlich sehen, haben wir ein Unternehmertum, das in eigener Verantwortung sich selbst dazu verurteilt, unter bestimmten Konkurrenzbedingungen erfolgreich sein zu müssen. Die Durchsetzungsfähigkeit ist die Legitimation des Privatunternehmertums. Es fehlt die Verantwortung für das Gemeinwohl. Wir haben eine betriebswirtschaftliche Ordnung, in der der Unternehmer für nichts weiter Verantwortung trägt als für die Kapitalrendite innerhalb seines Betriebs in Konkurrenz zu anderen Betrieben.

MICHAEL ALBUS: Die Sozialbindung fehlt.

EUGEN DREWERMANN: Die Sozialbindung fehlt vollkommen. Dass die Ausnutzung der Natur zum Nulltarif verrechnet wird, habe ich schon erwähnt. Es wird aber auch anderes zum Nulltarif verrechnet. Die Erziehung der Kinder zum Beispiel, die eines Tages als Arbeiter über die Voraussetzungen verfügen, dem Unternehmer dienstbar zu sein, bekommt der Unternehmer selber zum Nulltarif. Er baut keine Schulen, er braucht keinen Beitrag für Kitas zu leisten, er bewegt sich betriebswirtschaftlich in einem vollkommen isolierten Raum, indem er nur noch seine Produktionskosten und -summen beim Absatz verrechnet, – wenn er nicht gleich zur Börsenspekulation übergeht. Er bekommt den Transport seiner Waren auf den Straßen geschenkt. Die Transportsysteme, die Eisenbahn muss er nicht mitfinanzieren. Das alles macht der Steuerzahler, ohne dass er für den Steuerzahler selber Verantwortung trüge. Wir erhalten auf diese Weise einen Wirtschaftsbetrieb, der von Anfang an nicht sozial konzipiert ist, weil dessen einziges Ziel die Gewinnmaximierung darstellt. Deswegen können freie Marktwirtschaft und Gerechtigkeit nie zusammenkommen. Die Akkumulation des Kapitals in den Händen von immer weniger zur Ausbeutung von immer mehr Menschen ist die logische Folge des gesamten Wirtschaftssystems. Anders soll das nicht laufen. Wie kann man das ändern? Einfach nur durch Rückbindung: Wir geben dir die Möglichkeit, dich als Unternehmer zu betätigen, aber dann musst du natürlich mit involviert sein in all die Voraussetzungen, unter denen du antrittst.

MICHAEL ALBUS: Welches Verständnis von Freiheit oder welche Freiheit meinen Sie?

EUGEN DREWERMANN: Kapitalsteuer, Umsatzsteuer, Ertragsteuer, so etwas haben wir ja. Börsenspekulationen müssten wir aber ebenfalls besteuern. Alleine das Eigentum, das nicht investiert wird, das als Privatvermögen irgendwo herumliegt, müssten wir entsprechend hoch besteuern. Von der Erbschaftssteuer haben wir vorhin schon gesprochen. Wir müssten sie nur von zwölf auf zwanzig Prozent steigern, und wir hätten plötzlich acht Milliarden Euro im deutschen Staatshaushalt mehr zur Verfügung. Es bedeutete für niemanden einen Schaden. Wir könnten Gerechtigkeit einfach über die Steuersätze zumindest ein Stück weit heraufführen.

MICHAEL ALBUS: In einer ganz bestimmten Hinsicht von Freiheit hieße das aber, Freiheit zu beschneiden.

EUGEN DREWERMANN: Es hieße, Freiheit richtiger zu definieren. Freiheit ist nicht ohne Verantwortung, Unternehmertum nicht ohne soziale Rückbindung, nicht ohne das Eingeständnis, dass man nicht in einem luftleeren Raum antritt, sondern von Anfang an sich vernetzt vorfindet in einem Gesamtorganismus, der volkswirtschaftlich funktioniert. Wir können nicht ungehemmt die Betriebswirtschaft zur Volkswirtschaft erklären, ohne dass wir die volkswirtschaftlichen Grundlagen an die Betriebssysteme rückmelden. Beides müsste sich austauschen. Es müsste ein solches Konzept nicht zu einem Zwangsdiktat des Staates geraten, aber wir könnten dafür sorgen, dass diese Rückkoppelung unter entsprechenden Gesetzen und einer sozial verantwortlichen Besteuerung funktionsfähig wird.

MICHAEL ALBUS: Warum tut man es nicht?

EUGEN DREWERMANN: Das ist eine gute Frage. Weil wir in der Politik heute die Handlanger des Unternehmertums in Aktion sehen. Wir haben keine Rückmeldung von Volksinteressen an die Wirtschaft, sondern umgekehrt. Wir haben die Durchsetzung der Wirtschaftsinteressen auf Kosten des Volkes. Wir müssen die Demokratie an die Wirtschaft anpassen, – so in den Worten von Frau Merkel.

MICHAEL ALBUS: Aber da gibt es doch Institutionen, die eigentlich die Aufgabe hätten, das einzuklagen. Ich sage jetzt mal Gewerkschaften.

EUGEN DREWERMANN: Genau! Deswegen war es 2003 ein ganz großes Interesse der Schröder/Fischer-Regierung, die Tätigkeiten der Gewerkschaften immer mehr auszuhöhlen Die Macht der Gewerkschaften wurde immer weiter reduziert. Margret Thatcher in Großbritannien war das Vorbild: wie man die Labour Party deckelt und wie man die Arbeiterbewegung aushebelt. Das Argument war immer, dass die Gewerkschaften nur die Leute vertreten, die Arbeit haben. Wenn die Löhne steigen, wächst die Arbeitslosigkeit, und eben deshalb muss man die Macht der Gewerkschaften beschneiden, damit sie nicht nur die Interessen derer, die in Arbeit sind, vertreten können. Wer aber vertritt dann die Interessen der Arbeitslosen?

MICHAEL ALBUS: Wie könnte man das ändern? Ich weiß jetzt schon: Sie antworten mir wieder entweder im Konjunktiv oder im Optativ.

EUGEN DREWERMANN: Ja, wir »müssten«. Aber das ist nicht ein Optativ, sondern ein konditionierter Imperativ.

MICHAEL ALBUS: Aber warum hört keiner darauf?

EUGEN DREWERMANN: Weil wir eine Volksvertretung haben, die nicht uns vertritt, sondern die im Sponsoring und im Lobbyismus vollkommen korrumpiert ist von denen, die wirklich das Sagen haben. Ehe das nicht transparent wird, wird es nie eine Änderung geben. Wir müssten wissen: Wer berät jetzt wen? Wir sind inzwischen ja dabei, dass ganze Gesetzestexte von irgendwelchen Firmen gemacht werden, wie zur Selbstbedienung. Dann werden Expertisen in Auftrag gegeben, die natürlich sehr günstig für das jeweilige Unternehmen sind. Und auf diese Weise dreht man uns alles an. Dass Monsanto plötzlich genveränderte Nahrungsmittel ausstreuen kann, wird genehmigt – was sollte auch dagegen zu sagen sein? Die Amerikaner wollen das, und die Deutschen müssen das.

MICHAEL ALBUS: Ich frage, wie ein Kind, einfach weiter: Wie bekommen wir andere Volksvertreter?

EUGEN DREWERMANN: Auch eine gute Frage. Immer mehr Leute tendieren dahin, gar nicht mehr zu wählen und passiv zu bleiben: Sie denken: Die vertreten uns sowieso nicht, also tun wir auch nicht so, wie wenn wir das glauben würden. Dann überlassen wir die Veränderung der Gesellschaft nur noch denen, die wollen, dass sie sich so weiterentwickelt, wie wir sie schon haben. Das kann aber nicht die Lösung sein. Ich glaube, die Schwachstelle unseres jetzigen Apparates liegt in der Intransparenz der Entscheidungsfindungen, vor allem in der heimlichen Allmacht des Lobbyismus, mit anderen Worten der Korruption. Sie frisst mittelbar die Parteien auf. Auf unsere rund 600 Parlamentarier kommen rund 5000 Lobbyisten, die den Reichstag umlagern. Was tun die da? Die Parteienfinanzierung ist bis heute nicht geklärt. Und überhaupt nicht thematisiert ist die mögliche Korruption einzelner. Wer bezahlt da wen? Wie sind die Nebeneinkünfte? Warum darf man das alles nicht offengelegt sehen?

MICHAEL ALBUS: Weil man etwas zu verbergen hat.

EUGEN DREWERMANN: Ja klar! Und warum hat man etwas zu verbergen? Weil die Entscheidungen mit Sicherheit anders ausfielen, wenn das zu Verbergende offenbar würde. Demokratie ist aber Transparenz. Anders ist sie nicht zu haben. Also müssten wir an dieser Stelle als allererstes beginnen. Immanuel Kant war auch an dieser Stelle ganz großartig. In den »Gedanken zum ewigen Frieden« meinte er, die Sittlichkeit des öffentlichen Handelns liege im Prinzip der Öffentlichkeit. »Handle so, dass die Absicht deines Handelns jederzeit öffentlich gemacht werden könnte.« – Wäre dieses Prinzip in Geltung, wären wir dicht an der Lösung des Konflikts von Freiheit und Gerechtigkeit beziehungsweise Verantwortung. Da aber die Leute nicht so handeln, dass ihre Absichten öffentlich bekannt gemacht werden könnten, brauchen wir Gesetze, die sie nötigen, sie öffentlich zu machen. Auch dies ist eine Groteske, dass die uns Regierenden alle Bürger dieser Welt beliebig überwachen können, bis zu jedem Telefonat, bis zu jedem Handyanruf, – »das ist nötig der Sicherheit zuliebe«; es dient aber nicht der Sicherheit des Volkes, sondern der uns Regierenden. Denen zugunsten ist die Transparenz absolut, die Kontrolle absolut, die Überwachung absolut, – all das ist das Gegenstück der Freiheit. Und wir wagen, das alles noch Demokratie zu nennen. Es ist unglaublich. Wer kontrolliert die uns Kontrollierenden? Das wäre Demokratie. Wer hört eigentlich die uns Abhörenden ab? Wer zerrt die Geheimdienste endlich in die Öffentlichkeit? Das alles darf nicht sein, weil es unsere »Sicherheit« gefährden würde. In Wirklichkeit wäre dies das Ende des Verbrechertums, das unter staatlicher Aufsicht organisiert wird.

MICHAEL ALBUS: Welche Sicherheit würde da gefährdet?

EUGEN DREWERMANN: Das frage ich mich auch. Die CIA könnte nicht mehr operieren, indem sie Volksaufstände anzettelt, indem sie Regierungen stürzt, indem sie ganze Kulturzonen destabilisiert. Die Unterwanderung ganzer Gesellschaften wäre nicht mehr möglich. Wir müssten diejenigen, die im geheimen arbeiten, endlich unter die Kontrolle der Gesellschaft bringen. Das ist es, was im Kantischen Ethos von den öffentlich Handelnden verlangt wird: sie müssten öffentlich werden. – Wir haben eben noch darüber nachgedacht, ob man eine Schauspielerin auf dem Balkon in zwei Kilometer Abstand, wenn sie sonnenbadet, fotografieren darf. Das kam uns obszön vor. Dass wir ständig überwacht werden, in jedem Privatraum, dass die Amerikaner es wagen, in Brüssel die Verhandlungsräume zu verwanzen, um alles mitzuhören, das muss man angeblich hinnehmen, weil es ja unsere Freunde sind. Dass die Briten in Bayern von Aibling aus alles mithören, wusste man schon vor dreißig Jahren. Aber natürlich! Dass man gerade dabei ist, in Bagdad – warum nur haben wir das auch besetzt? – eine Botschaft zu errichten für die Amerikaner, die so groß ist, dass alles, was Saddam Hussein da je errichtet hat, rein schon vom Volumen her aufgezehrt wird, zu keinem anderen Zweck, als die größte Abhöranlage im ganzen Mittleren Osten zu installieren, darf man das alles nicht wissen? Wer bricht ein solches Wertesystem auseinander? Nein, das darf man nicht sagen. Man muss weiter mitmachen, scheinbar, und das Volk belügen, so gut man kann. Dann sind Freiheit und Gerechtigkeit natürlich ein Widerspruch. Dann haben ein paar Leute die Freiheit, machen zu können, was sie wollen, auf Kosten aller anderen. Das werden wir nur ändern, wenn wir Gerechtigkeit und Individualität im Status der Verantwortung favorisieren, mit Kantischen Begriffen. Zu denken ist das sehr einfach, durchzusetzen unter den bestehenden Bedingungen ist das solange nicht, wie wir die Bedingungen nicht selber ändern.

MICHAEL ALBUS: Ich will jetzt noch keine Bilanz ziehen, sondern nach der Beschreibung der Fronten und der möglichen Auswege, die wir ja immer damit verbunden haben, eine grundsätzliche Frage stellen. In dem, was Sie gesagt haben, entdecke ich im Hintergrund eine bestimmte Vorstellung oder einen bestimmten Befund über den Menschen. Ich bin weit davon entfernt zu sagen: Der Mensch ist gut. Er sollte gut sein. In allen Frontbeschreibungen taucht mehr das auf, was besser werden sollte, als das, was gut ist.

EUGEN DREWERMANN: Es liegt nicht am Menschen. Ich glaube nicht, dass wir sagen können: Wir sind schlechte Menschen. Im Gegenteil, ich sehe die Menschen viel besser als die Ordnungssysteme, die man über sie stülpt, weit besser als die Wirtschaftsbedingungen, die man ihnen zumutet. Das ist wirklich wie bei Bertolt Brecht: »Wir wären gut, anstatt so roh, doch die Verhältnisse, sie sind nicht so.« – Die können und müssen wir ändern, und zwar im Namen der Menschen.

MICHAEL ALBUS: Ein guter Mensch sein! Ja, wer wär's nicht gern ... aber die Verhältnisse, sie sind nicht so.

EUGEN DREWERMANN: Ich will damit nicht sagen, wir seien dauernd die Opfer und könnten nichts dafür. Wir können auch den Bedingungen, unter denen wir antreten sollen, standhalten und uns selber durchhalten. Aber: Ich sehe nie, dass Menschen etwas Böses tun, das sie wirklich wollten. Wenn sie das tun, sind sie Opfer. Das müssen nicht unmittelbar die Arbeitsbedingungen sein oder die Wirtschaftsbedingungen, eher schon die psychologischen Bedingungen. Die Art, wie man als Kind die Welt erleben musste, ist viel ausschlaggebender dabei. Die Persönlichkeitsformung, die man durchlitten hat, bis man sich erwachsen nennen durfte, – die macht uns irgendwie zu Gefangenen.

MICHAEL ALBUS: Aber darin zeigt sich doch offenbar ein Hang des Menschen – jetzt interpretiere ich das für mich einmal – ein Hang, der mehr zum Bösen neigt als zum Guten. Die Kräfte des Guten unterliegen oft.

EUGEN DREWERMANN: So kann man es schwerlich sagen. Ich glaube, die Physik hat Recht. Es gibt das Gesetz der Schwerkraft; alles drängt zu einem Ort der Gleichgewichtslage und der geringsten Energievergeudung. Das ist auch psychisch so. Eigentlich möchten die Menschen nicht eine Riesenaufregung, eine Riesenverausgabung. Sie möchten in Ruhe leben. Dann wären sie auch weit entfernt von dem, was wir in moralischer Wertung böse nennen. Sie wären mit sich im Ausgleich, sie wären mit sich identisch. Wenn dieser Zustand allerdings gestört wird, fühlen sie Angst, bis dahin, dass Angst sogar ein Teil ihrer Persönlichkeitsstruktur wird. Das deformiert den ganzen Handlungsapparat ihrer Persönlichkeit, das verformt die Wahrnehmung, das erzwingt Reaktionsweisen, die schädlich werden können, sich selbst und anderen gegenüber. Dann sind sie – nach moralischer Elle gemessen – böse. Aber man hilft ihnen nicht damit, dass man ihnen diese Wertung um die Ohren haut. Man muss den Gründen nachgehen und den Betroffenen helfen, wieder an sich selber Anschluss zu finden. Ich sehe, dass Menschen Furchtbares tun können. Aber ich finde darin keinerlei Grund zum Pessimismus oder zum Zynismus oder zum Antihumanismus, den Menschen voller Verachtung als eine Raubaffenspezies abzustempeln.

## Freiheit und Notwendigkeit

MICHAEL ALBUS: Aus der Frage nach Freiheit und Gerechtigkeit ergibt sich fast logisch die Frage nach Freiheit und Notwendigkeit. Beim Ausbrechen aus den Fronten stellt sich diese Frage noch einmal verstärkt. Wir sollten noch ein bisschen darüber nachdenken, wie sich Freiheit und Notwendigkeit darstellen bei dem Versuch, aus den Niemandsländern auszubrechen.

EUGEN DREWERMANN: Die Frage ist nicht nur logisch, sie ist unvermeidbar und im Grunde in der Problemstellung Freiheit und Gerechtigkeit schon enthalten. Womit wir es zu tun haben, ist die Ökonomisierung der gesamten Gesellschaft bis in alle Teile hinein. Und sie wäre nicht denkbar, träte sie nicht auf in Ableitung der naturwissenschaftlichen Durchdringung der gegebenen Sachverhalte. Die Ökonomie stützt sich auf eine technologisierte Industrie, die selber ein durchgängig kausales Erklärungsschema zur Grundlage nimmt, für das die Naturwissenschaften gerade stehen. In dieser Betrachtung gibt es, streng genommen, gar keine Freiheit. Sie wäre ja der Ort des Nichterklärbaren, des unableitbar Willkürlichen, des rein spontan Gesetzten, für welches es streng genommen keine weiteren kausalen Erklärungszusammenhänge gäbe. Mit anderen Worten: Naturwissenschaftlich kann Freiheit keine mögliche Kategorie des Erklärens sein. Sie kommt nicht vor.

Man macht sich an dieser Stelle nicht immer genügend klar, dass die Naturwissenschaften methodisch das Zentrum des menschlichen Selbstverständnisses, den Begriff der Freiheit, prinzipiell ausklammern. Sie sind überaus erfolgreich in Hilfestellungen für das menschliche Zusammenleben heute. Wir könnten ohne technische Hilfsmittel unter jetzigen Lebensvoraussetzungen in der Großstadt nicht zwei Tage lang existieren. Aber so notwendig die Naturwissenschaften, die Technik, in gewissem Sinne auch, darauf gestützt, die Ökonomie, sind, so wenig sind sie uns hilfreich zu verstehen, wer wir selber sind, aus welchen Sinnzusammenhängen wir leben, wie wir uns als Menschen begreifen sollten im Umgang mit der Natur. Es gibt naturwissenschaftlich keine Sinnvorgaben, es gibt keine Ethik, es gibt keine Verhaltensregeln. Es gibt den gesamten Bereich nicht, den man, gegenüber dem Erklären nach dem Kausalsatz, als hermeneutische Sinnsuche im Menschlichen verstehen könnte. Das hat eine Fülle von Konsequenzen.

Wir haben bereits großen Wert darauf gelegt, zu zeigen, dass in unserer heutigen Gesellschaft im Grunde nur die Gesunden, Leistungsstarken, im Extrem sogar nur die Fittesten eine Überlebensberechtigung und -chance besitzen. Diese Grausamkeit selber schon schreit nach einer Änderung. Sie kann aber in dem Weltbild, das uns naturwissenschaftlich vermittelt wird, nicht vorkommen. Eine kleine Krankheit indessen kann den ganzen Weltaufbau, der so wunderbar funktional geregelt zu sein scheint, für mich selber zum Einsturz bringen. Plötzlich haben wir Fragen, mit denen wir absolut allein stehen. Wir kollabieren nicht nur in uns selber, wir fallen heraus aus all dem, was bis dahin wünschenswert erschien. Plötzlich sind wir überflüssig, eigentlich illegitim, ein Versorgungsfall, der nur noch der Krankenkasse auf die Tasche fällt und den Angehörigen mehr als mühselig wird. Diese Situation wird dahin führen, dass wir – wie ich vermute, in den nächsten Jahrzehnten schon – eine Vermehrung des Wunsches erleben werden, selber aus dem Leben zu treten, weil es unter diesen Bedingungen keinen sinnvollen Zusammenhang mehr ergibt, weiter sich am Leben erhalten zu wollen.

Für die Medizin ergibt sich daraus eine Aufgabenstellung, die sie bis heute nicht wirklich sehen will oder darf. Naturwissenschaftlich ist als Hintergrund medizinischer Ausbildung vorgegeben, dass man das therapeutische Geschehen als Eingriff in kausal erklärbare Zusammenhänge begreift. In den letzten zwanzig, dreißig Jahren lernt man pflichtgemäß über die Neurologie freilich auch, dass ein Krankheitsgeschehen psychosomatische Bedingungen und Ursachen haben kann, dass der persönliche, subjektive Faktor im Krankheitsgeschehen demgemäß berücksichtigt werden sollte. Er wird aber faktisch und praktisch viel zu wenig berücksichtigt. Man wird weiter Psychopharmaka verschreiben, man wird mit naturwissenschaftlichen Mitteln antworten auf ein zutiefst nicht naturwissenschaftliches, sondern menschliches sinntragendes Problem. Man hat unter dem Behandlungsdruck, unter dem Dokumentationszwang, unter dem ganzen Firlefanz von Krankenkassenabrechnungen überhaupt nicht die Zeit, sich einem Patienten in dem notwendigen Umfang zu widmen. Ein Durchlauf von fünf Minuten pro Patient ist schon viel in der Sprechstunde eines Arztes am Vormittag. Was kann er machen?

Er wird die Symptome durchchecken, den Stempel auf das Rezept für das Medikament, das er verschreibt, drücken und den Patienten zur Apotheke schicken. Das war's dann. Die Pharmaindustrie verdient ungeheuer viel daran. Sie sponsert genau diesen Zustand. Was wir vorhin beschrieben haben als Dauerkreislauf von Produktion und Konsumtion trifft jetzt auf eine sehr verwundbare Stelle im menschlichen Leben im vollen Umfang zu.

Alles schreit danach, dass wir aus den Erkenntnissen, die wir sogar naturwissenschaftlich heute gewinnen können, die richtigen Folgerungen ziehen: Es gibt viel mehr im Menschen, als man naturwissenschaftlich erklären kann. Wir sollten daher die medizinischen Interventionsstrategien erweitern und neue Zugangswege für die Psychotherapie, für die medizinische Therapie, für die Vermenschlichung unserer Kultur suchen und gehen.

Damit kommt der Begriff der Freiheit, der Sinnsuche, der Persönlichkeit, des Subjekts vollkommen neu zum Tragen, und er wird ein eigenes Schwergewicht in der Debatte bilden. Es ist bedauerlich, dass gerade die Philosophie, mithin die Nachdenklichkeit, die Reflexivität, von der wir gesprochen haben, aus der Routine des Wissenschaftsbegriffs, als wäre sie überflüssig, herausgedrängt wurde. Noch um 1900 gab es grundlegende Fragestellungen, etwa von Wilhelm Dilthey, nach dem Verhältnis von Naturwissenschaften und Geisteswissenschaften. Dilthey brachte es, kurz gesagt, als Resultat eines komplizierten Gedankengangs auf den Begriff, dass die Naturwissenschaften es mit dem Erklären zu tun hätten, – darunter verstand er die Erklärung des objektiven Geschehens nach Verstandeskategorien im Sinne Kants; demgegenüber meinte er, dass die Geisteswissenschaften es zu tun hätten mit dem Begriff des Verstehens. Verstehen ist gerade nicht eine Beziehung zwischen Ich und Es, zwischen erklärendem Subjekt und zu erklärender Objektwelt, sondern der Austausch zwischen Ich und Du, ein dialogisches Geschehen, ein Wechsel des Standpunkts der Betrachtung. Man nähert sich dem anderen an, ohne dass man wissen kann, wer er ist. Der einzige Zugangsweg zum Verstehen sind die Selbstmitteilungen des anderen; nur was er als Subjekt von sich äußert, öffnet mir die Tür, mich in ihn einzufühlen, in ihn hineinzuschauen, mich von ihm einladen zu lassen, dass er mir seine Welt »erklärt«. Und je mehr ich mich in seinem Innenraum bewege, beginne ich ihn zu verstehen. Ein solches Geschehen hat nichts Zudringliches, nichts Invasives, es ist überhaupt nur möglich, durch die Tür der Seele des anderen zu kommen, wenn sie sich von innen öffnet, wenn so viel Vertrauen besteht, dass der andere sich nicht bedroht fühlt, – wenn ich also konsequent darauf verzichte, ihn begreifen zu wollen, angreifen zu wollen, ergreifen zu wollen. Nur wenn ich die ganze objektivierende Zugangsmethodik abstelle, erhalte ich eine Chance, das zu tun, was in der Psychotherapie, in der Hermeneutik, in einem zwischenmenschlichen Dialog der Fall sein sollte.

Nun behaupte ich, dass der strikte Ausfall solcher Zugangswege in sich selber pathologische Konsequenzen zeitigen muss, indem er eine Hauptursache der Unmenschlichkeit des Zusammenlebens in unserer Kultur und einen Hauptfaktor für vielerlei Krankheiten darstellt. Eine Kultur, die nur mit naturwissenschaftlichen, technischen, pharmakologischen Mitteln auf das Krankheitsgeschehen antwortet, treibt notwendigerweise die Symptomatologien des Krankheitsgeschehens ins Unendliche. Wir haben bereits festgestellt, dass darin genau der »Sinn« unserer heutigen Vorgehensweise liegt: Es soll am Ende auch die Krankheit finanziell ausgebeutet werden. Sie soll den Kapitalrenditen behilflich sein, und das tut sie zweifellos unter den Bedingungen, die wir geistig und gesetzlich geschaffen haben. Wir brauchen den kranken Menschen, damit ein kleiner Teil der noch Gesunden an ihm immer reicher wird. Auf diese Weise produziert sich das Schema von Freiheit und Ungerechtigkeit, will sagen: von Durchsetzungsfähigkeit der Brutalität im Unternehmertum und der Verarmung ganzer Bevölkerungsschichten, unter anderem auch im Konflikt zwischen Gesund und Krank.

MICHAEL ALBUS: Ich denke, das Defizit der Naturwissenschaft besteht auch darin, dass sie alles erklären will, also aufs Ganze ausgreift, es aber nicht kann. Die Geisteswissenschaften müssten im Grunde genommen das Nichterklärbare aufgreifen. Das heißt, sie können durchaus Ergebnisse der Naturwissenschaften mit einbeziehen, müssen sie sogar unbedingt. Sie könnten von dem Ansatz ausgehen: Die Naturwissenschaft kann den Menschen nicht vollständig erklären. Es gibt so etwas wie ein Geheimnis der Persönlichkeit, ein Geheimnis der Person, das ich auf dem Wege, wie Sie ihn eben beschrieben haben, versuchen muss zu verstehen.

EUGEN DREWERMANN: Es bleibt das Rätsel des Subjekts, das nie ein Objekt wird. Es war das große Verdienst der protestantischen Theologie im ganzen 20. Jahrhundert, dass sie beharrlich Gott so definierte: Gott ist das Subjekt, das nie ein Objekt wird. Hätten die Theologen diese Einsicht angewandt auch auf die Beschreibung des Menschen, wäre der unsinnige Konkurrenzstreit zwischen Naturwissenschaft und Geisteswissenschaft in der Stellung des Primats von Erklären und Verstehen der Weltwirklichkeit und der menschlichen Situation als Missverständnis entlarvt und völlig überflüssig geworden. Die Naturwissenschaftler sollten sich nicht als Vertreter einer Totalanschauung verstehen, obwohl sie tüchtig dabei sind, ihre Methoden und Ergebnisse totalisierend in die Wirklichkeit auszudehnen. Dadurch kann sehr leicht der Eindruck entstehen, als wenn das bisschen Macht über die Natur, das wir gewonnen haben, Allmachtsträumen gerecht zu werden vermöchte. Die Geisteswissenschaften haben vor allem in Gestalt der Theologie, nicht so sehr der Philosophie, indessen selber den Aberglauben genährt, als bestehe da wirklich ein Konkurrenzverhältnis. Wer hat die Welt geschaffen? Schon so zu fragen war eindeutig nur zu beantworten mit: Gott! Die Welt hat einen Anfang, der kann nicht aus sich selber geschehen sein, also: Gott! Wie konnte das menschliche Bewusstsein entstehen? Natürlich nicht aus der Tierreihe, also: Gott! Wie konnte Leben entstehen? Natürlich nicht aus dem Unbelebten, also: Gott! An jeder Stelle, wo die Naturwissenschaft vor fünfzig Jahren noch nicht so weit war, kohärente Erklärungsmuster zu bieten, glaubte man in der Lücke der Erklärbarkeiten den alten theologischen Absolutheitsanspruch geltend machen zu können: Wir wissen, was die Anderen nicht wissen können.

MICHAEL ALBUS: Gott als Lückenbüßer.

EUGEN DREWERMANN: Als Lückenbüßer, als Kausalbegriff, um etwas zu erklären inmitten der Welt. Das war ein großes Missverständnis, denn dann müsste man, wenn Gott eine Ursache ist, ihn auch ursächlich erforschen können. Also: Was hat er gemacht? Wie hat er es gemacht? Wann hat er es gemacht? Unter welchen Voraussetzungen und mit welchen Quantitäten hat er agiert, damit er es machen konnte? Je länger dieser Zustand geistiger Verwirrung anhält, werden die Erklärungen der Theologen obsolet, wird Gott aus der Welt noch weiter ausgetrieben als vorher, weil er nicht als vermittelnder Sinnzusammenhang auftaucht, sondern eben als Erklärung der bestehenden Welt vermutet wird. Damit stehen die Menschen noch hilfloser und ratloser da. Sie wandern aus den Kirchen aus, weil sie da Gott nicht mehr finden. Sie gehen zum Arzt, ohne sich dabei selber zu finden. Sie gehen in eine Gesellschaft, in der sie gar nichts mehr finden außer der Hypnose des Surrogatenglücks der Kapitalrendite und des Jackpots.

Michael ALBUS: Es geht in diesen Spannungsverhältnissen darum, Mensch zu werden. Es geht um den Prozess der Menschwerdung.

EUGEN DREWERMANN: Wir haben bisher das Bild gebraucht, dass das Niemandsland ein Terrain sei, das eigentlich den verfeindeten Kombattanten gemeinsam gehört und über das sie sich einigen sollten. Wir kommen jetzt vielleicht auf ein anderes Modell. Es gab den Grenzstreifen zwischen Ost und West, als noch die DDR bestand. Das ist heute noch de facto das größte Naturschutzgebiet, das in Deutschland je eingerichtet worden ist. Es wäre doch auch möglich zu sagen: Dieses Niemandsland gehört überhaupt keinem der Kombattanten. Wir belassen es einmal, wie es ist, und überlassen es dem lieben Gott, oder der Seele, oder all dem, worüber wir alle sonst nicht verfügen. Wir lassen einmal etwas unangetastet und erhalten es als eine Tabuzone des Anspruchsdenkens. Wir hören auf, uns darüber zu streiten, was uns gehören soll. Wir begreifen, dass etwas ist, das wir nicht machen müssen, das wir auch nicht verwalten sollten, das wir durchaus nicht beherrschen müssen, sondern das einfach ist, wie es ist, und das wir in Kenntnis, wie wunderschön es ist, beginnen, dankbar zu genießen, indem wir es nicht zerstören. Das wäre mein Vorschlag, mit der Natur anders umzugehen, als wir es tun, mit den Menschen anders umzugehen, als wir es tun, die Gesamtwirklichkeit einmal anders zu begreifen als in der Zudringlichkeit von Begriffen, die selbst den Theologen immer noch geläufig scheinen:»Herrscht über die Natur!« –»Wachset und mehret euch!«

MICHAEL ALBUS: Wenn es um Menschwerdung geht, hören die Fragen nicht auf: Was»brauche« ich dazu? Welche Instrumente brauche ich, um das Niemandsland, die Niemandsländer zu verlassen? Welche Werkzeuge – ganz banal gesprochen? Wie muss ich mich zurüsten, damit ich diesen Weg gehen kann? Ich begreife das Niemandsland als einen Ort, den ich und in dem ich nichts ändern kann. Ich muss mich ändern.

EUGEN DREWERMANN: Die Änderung könnten wir jetzt sehr schön formulieren. Selbst Menschwerdung assoziiert in aller Regel, dass wir etwas triggern müssen, am besten gleich genetisch: Wir verbessern das Genom und haben dann den neuen Menschen, den wir selbst kreieren. Die Frauen werden dann alle schöner, die Männer alle klüger und so weiter. Die ganze menschliche Spezies wird moralisch verbessert, sie legt ihre Herkunft aus der Reihe der Anthropoiden zugunsten künftiger Androiden ab. Ein solches Denken ist der reine Wahnsinn und erzeugt den reinen Wahnsinn. Der wichtigste Beitrag hingegen, den jeder für sich selber leisten kann, wenn er darüber nachdenkt, wie er leben sollte, um menschlicher zu sein, besteht entsprechend dem Bild vom Grenzstreifen in einem Areal von Wirklichkeit, das wir buchstäblich unangetastet lassen sollten. Jeder kann sich fragen, wie er denn die Wirklichkeit und sich selber wahrnimmt, wenn er nichts macht. Oder wie er sich fühlt, wenn einmal mit ihm nichts gemacht wird, kurz: wie die Wahrheit in Erscheinung tritt, wenn sie nicht von außen oder von innen mit Zwängen überlagert wird.

Wir haben vorhin schon gesagt, dass in der Psychotherapie die Anknüpfung an den Innenraum eigener Wünsche, spontaner Gefühlsregungen nichtzensierter Träume wie ein Medikament wirken könne. Das gilt jetzt umso mehr. – Die Juden hatten ihre Vorstellung, dass zum richtigen Leben der Sabbat gehöre. Gott selber setzte sich am siebten Tage zur Ruhe und brachte die Chuzpe auf, die Welt, so wie sie ist, gut zu finden. Ich glaube, uns Menschen fällt genau das ungewöhnlich schwer. Wir haben immer etwas zu verbessern und sogar viel Grund dazu, uns unzufrieden zu geben. Dennoch bleibt es dabei: Wir können die Welt nicht als ganze ändern, aber wir können mit dem Ganzen einverstandener werden, wir können dankbarer werden, wir können gütiger werden. Es ist nicht möglich, mit den Absurditäten des Weltenlaufs einverstanden zu sein, mit den Notizen in den Zeitungen über die Machenschaften der menschlichen Geschichte, mit der Beobachtung grassierender Unvernunft; es ist nicht möglich, einem faulen Frieden resignativ das Wort zu reden. Aber im Umgang mit Menschen zeigt sich dieses: Jemand kommt zu einem Psychotherapeuten und klagt über seine Erfahrungen, über die Situation, in der er lebt, über den Druck, dem er kaum noch stand hält, über die Schmerzstellen, körperlich und seelisch, die er mitbringt; in einer Therapieform, die verändern will, setzt man sich jetzt hin und geht nach normativen Vorgaben daran, das Verhalten des Patienten zu konformieren, zu korrigieren, umzutrainieren, in der Hoffnung, dann ganz rasch eine bessere Situation für ihn zu erstellen. Bei dieser Vorgehensweise herrscht ein hohes Maß an direktiver Manipulation. Es vermehrt sich der Druck von außen, es entsteht wieder der Eindruck aufseiten des Patienten: Ich habe alles falsch gemacht; jetzt muss ich nur gehorsam auf dem Kasernenhof des Lebens antreten und entlang den Befehlen des Therapeuten losmarschieren.

Wenn es um Verstehen geht, darf man indessen überhaupt nichts ändern wollen. Man hört zu, man lässt gelten, man ist erst mal mit dem einverstanden, wie der andere ist. Es ist schlimm genug, wie er sich fühlt, aber man ist damit einverstanden, dass er da ist, dass es ihn gibt – mit der Art, wie er sich sieht, mit den Möglichkeiten, die er selber wahrnimmt und ins Spiel bringt. Indem sich die Eigenwahrnehmung verstärkt, wird sich von innen her etwas ergeben, das Selbstvertrauen bildet, das den Eindruck schafft, ich bin nicht ganz verkehrt, ich hab nicht alles falsch gemacht, es hat doch einen Sinn, dass ich fünfzig Jahre lang versucht habe, so zu leben, es kann doch keiner sagen, mein ganzes Leben sei überflüssig und sinnlos verlaufen. An den Elementen, die sinnvoll waren, lässt sich anknüpfen.

Mich beeindruckt, wenn ich darüber nachdenke, eine Schlüsselstelle im Alten Testament. Es geht darum, dass Moses im 3. und 4. Kapitel des zweiten Buches Moses, im Buche Exodus, berufen wird, Israel in die Freiheit zu führen aus der Tyrannei des Pharao. Historisch mag diese

Darstellung sehr ungerecht sein, – ich nehme an, die Söhne der Rachel konnten froh sein, dass sie im Nildelta überleben durften. Aber die Bibel schildert den Exodus als eine Freiheitsbewegung des Volkes aus Sklaverei und Unterdrückung. Das ist ein Bild, das gültig sein kann in sehr vielen analogen Lebenssituationen. Das Problem, das sich für Moses ergibt, liegt in seiner »Berufung« selbst. Er fühlt glühend den Willen zur Freiheit. Es sollte möglich sein, ein ganzes Volk in die Freiheit zu führen. Er will das. Das ist seine Vision von Gott. Da sieht er einen Dornbusch in Flammen stehen, der nicht verbrennt, und dieser Widerspruch ist ein Bild für ihn selbst. Das Volk soll in die Freiheit ziehen, gewiss, doch dafür ist er, Moses, der falsche Mann. Um ein ganzes Volk in Brand zu stecken, müsste man reden können, begeistern können …

MICHAEL ALBUS: Sprachlosigkeit überwinden …

EUGEN DREWERMANN: … dramatisch als Rhetor auftreten, als Demagoge von göttlicher Herkunft sich präsentieren, und das alles kann er nicht. Deshalb erklärt er Gott, dass seine Idee, das Volk zu befreien, wunderbar ist, nur mit ihm ist sie nicht zu machen. Er sagt sogar: »Ich bin ein Mann – schwer der Worte, schwer die Zunge, ich! Und nicht nur seit gestern und vorgestern, auch seitdem du mit mir redest.« Das heißt: »Wenn du mich schon brauchen willst, dann solltest du mich zum Besseren verändern, das ist die Bedingung. Du aber tust das nicht. Ich fühle mich keinen Deut anders und besser, seit ich dir zuhöre. Also such dir, wen du willst, mit mir klappt es nicht.« – Alles, was wir von Medizin, von Psychotherapie, von Verwirklichung der Freiheit, von Veränderung des Menschen zur Identität im Glück erwarten, müsste erfolgsorientiert dahin gehen, dass Moses von Gott verändert wird, dass er auftritt als der Held, den das Volk gebrauchen könnte. Stattdessen erklärt ihm Gott: »Wer macht denn den Menschen« – und jetzt muss man fast erschrocken zuhören – »lahm oder gehend, taub oder hörend, stumm oder sprechend, wenn nicht ich selber? Und jetzt gehst du, und ich werde mit deinem Munde sein.«

Dass Moses seiner Berufung nachkommt, liegt daran, dass er bleibt, wie er ist, aber denkt, er sei für Gott gut genug, und dann soll er doch wohl auch für sich selber genug sein. Dann ist es, wie es ist, und besser muss es nicht sein. Es reicht jetzt. – Das hieße einverstanden sein: wenn das, was ich bin, einen Sinn bekommt, wenn es ein Ziel aufweist, wenn der Anspruch nicht dauernd besteht, man müsste, um etwas zu tun, über Instrumente, wie Sie sagen, verfügen, die das Wunder bewirken, wenn man auf beiden Beinen gehen und die beiden Hände benutzen kann, wenn man nicht mehr in lauter Angst und Minderwertigkeitsgefühlen sich Steine in den Weg rollt, – dann könnte man es schaffen. Aber damit man es schaffen kann, müssen die fremden Ansprüche zurückgefahren werden. Dann hat nur noch Geltung, wer der andere ist, wer ich selber bin, inklusive der Klage »Ich kann doch überhaupt nicht. Ich bin doch nur ein schwacher Mensch.« Ja, das ist er, ja, das bin ich. Doch ändert das nichts an der Berechtigung und Akzeptanz, zu sein und so zu sein. Das ist Einverständnis. Wird das nicht vermittelt, ist der ganze Rest seelsorglichen, therapeutischen oder medizinischen Bemühens umsonst, falsch und sogar schädigend.

MICHAEL ALBUS: Das leuchtet mir ein. Aber ich glaube trotzdem, dass wir noch einmal versuchen müssen, eine gute Antwort zu finden: Wenn ich mich in diese Situation einfinde, wenn ich einverstanden sein will mit dem, was ist, wer der andere ist, wer ich selber bin, komme ich im selben Augenblick wieder vor eine Wand, komme ich wieder vor eine Front, diese Front bin ich selbst. Und ich stehe davor und möchte einverstanden sein, aber mir fehlt die Kraft dazu. Ich habe Sehnsucht danach, die Kraft zu haben. Gibt es Möglichkeiten, gibt es Perspektiven, die man nennen kann, dass ich selber kräftiger werde, dieses Einverständnis dann auch in der Praxis meines Lebens durchzuhalten?

EUGEN DREWERMANN: Wenn Sie amerikanischen Sektenpredigern zuhören, haben Sie ständig diese Vorstellung: Gott ist Power, Kraft, immer stärker als ich. Eigentlich ist das die Volksideologie.

MICHAEL ALBUS: Er ist allmächtig sogar.

EUGEN DREWERMANN: Er ist allmächtig, und er schenkt uns Teilhabe an seiner Macht.

MICHAEL ALBUS: Das könnte man auch in katholischen Kirchen hören.

EUGEN DREWERMANN: Ja klar! Aber wovon wir jetzt reden, ist die Akzeptanz der Schwachheit, der Armut, der Armseligkeit, der Schuldverhaftetheit. Wie geht man damit um, dass man so vieles im Rückblick und im Blick auf die Gegenwart nicht mögen, aber auch nicht ändern kann? Das ist das wirkliche Problem. Es geht nicht darum, noch mächtiger zu sein, es geht im Grunde darum, verständnisvoller und gütiger zu werden. – Also nehmen wir ein Beispiel: Eine Frau wird nicht fertig damit, dass ihr Mann sie so behandelt hat, dass sie sich von ihm hat trennen lassen. Das kann sie ihm nicht verzeihen, denn sie hat ihn einmal wirklich geliebt. Das ist wie in der griechischen Mythe von Jason und Medea, – diese Frau könnte rasen vor Hass. Sie versteht ihren Mann nicht mehr. Sie fühlt sich zutiefst gekränkt und zerstört. Sie hat alles in ihn investiert und für ihn getan, und er hat sie so reingelegt und verraten. Das arbeitet und arbeitet in ihr. Sie kommt nicht darüber hinweg. Ihr Leben ist dadurch zerrissen. Es ist nicht weit entfernt von der Diagnose einer traumatisierten Persönlichkeit.

MICHAEL ALBUS: Was ist eine traumatisierte Persönlichkeit?

EUGEN DREWERMANN: Eine Persönlichkeit, deren Lebenszusammenhang ein Loch bekommen hat, das sich nicht schließen will.

MICHAEL ALBUS: Offene Wunde …

EUGEN DREWERMANN: … eine offene Wunde, die nicht zusammenzuwachsen scheint. Wie soll man jetzt darauf eingehen? Man könnte sagen:»Sie haben so viel Kraft in sich, Sie müssen darüber hinwegkommen. Dieser Knirps von Mann sollte doch nicht die Macht haben, eine solche Brunhild wie Sie aus der Rüstung zu schlagen. Es ist doch Ihrer überhaupt nicht würdig, sich zu messen an diesem Ignoranten. Sagen Sie doch selber: Dieser Kerl verdient nur Ihre Verachtung. Also verachten Sie ihn doch gründlich, gehen Sie über ihn hinweg und treten in Ihr Leben.«

MICHAEL ALBUS: Der Knirps ist ein Riese für die Frau.

EUGEN DREWERMANN: Das kann wohl sein, doch gerade wenn und weil es so ist, lässt es sich nicht einfach wegkommandieren. Solange diese Frau ihren Mann verachtet, ist sie ja immer noch dabei, nur zu reagieren auf das Gefühl, selber verächtlich zu sein. An dieser Stelle müsste man anknüpfen. Sie hat nach ihrer eigenen Einschätzung nicht verdient, so behandelt zu werden, wie ihr Mann es getan hat. Das ist wahr. Aber mit welchen Gefühlen ist sie denn in die Beziehung eingetreten? Es kann sich zeigen, dass sie sich damals wie eine Verzweifelte an jenen Mann gehängt hat. Er sollte endlich das Gegenüber sein, das ihr seit Mädchentagen gefehlt hat, der Ersatz für ihren Vater, ein Mann, der den Himmel auf die Erde holt. Diesen Traum konnte er ihr wahrscheinlich wirklich nicht erfüllen. Vielleicht lag von Anfang an schon eine gewisse Überforderung in dem ganzen Schema. Diese Frau hat ihren Mann alles zu Füßen gelegt, ihre Seele, ihren Körper, all ihr Tun. Sie hat sich geopfert. Womöglich fing damit schon der Fehler an, und den kann man nicht nur ihm zuschreiben. Vielleicht hat er sie auch gar nicht abgelehnt. Er wollte und konnte nur nicht ihr Retter sein. Er hat ihre Verzweiflung nicht verstanden. Und eben dieses fehlende Verständnis sollten wir nach Möglichkeit jetzt nacharbeiten.

So ist es in aller Regel: Wenn Menschen neurotisch werden und seelisch beginnen zu leiden, fängt man an, sich zu interessieren für das, was im Fachjargon eine »prämorbide Persönlichkeitsstruktur« genannt wird. Welche Faktoren im Eigenen haben denn zu dem bestehenden Problem geführt? Fast immer handelt es sich in Beziehungskrisen um solche Widersprüche, inneren Vorwürfe, Schuldgefühle, Insuffizienzgefühle, die eine Rettung vom anderen erwarten und dann ein Verhältnis aufgebaut haben, das so nicht Bestand hatte, nicht haben konnte. Wieder geht es jetzt nicht darum, den Vorwurf zu erheben: »Na, sehen Sie doch, es war schon alles bei Ihnen selber falsch.« Die Suche nach einem Partner war allemal berechtigt und sollte auch nicht aufgegeben werden. Aber sie könnte heute mit mehr Selbstvertrauen erfolgen, mit mehr innerer Würde, von mehr Respekt vor sich und dem anderen begleitet sein.

Kurz: Man könnte aus dem, was geschehen ist, beginnen, konstruktiv zu lernen, das Leben weiterzuentwickeln. Statt nur noch nach rückwärts zu schauen, könnte man langsam den Blick nach vorwärts richten. Es beginnt aber damit, dass man in die eigene Vergangenheit zurückschaut, von einem beliebigen Zeitpunkt an sich die Vorgeschichte der Geschichte deutlich macht und daraus eine Perspektive entwickelt, die darüber hinausführt. Am Ende ist man nicht gerade glücklich, dass alles so gekommen ist, aber man ist einverstanden damit, dass es ist, wie es ist. Man kann damit leben. Und man gewinnt in unserem Fall sogar ein Gefühl dafür, dass man im Grunde eine wunderbare Frau ist, wenn man das alles durchgestanden hat, dass mit einem selber eine Menge anzufangen ist, – nichts Nützliches, nichts Technisches, aber doch voller kreativer Möglichkeiten dem Leiden gegenüber, das einmal das Leben war. Es gibt auch ein verborgenes Wissen um Freude, sonst wäre solch eine Kränkbarkeit gar nicht erklärbar. Es gibt auch die Fantasie von einem anderen Leben, wie man es wirklich verdient hätte. Und warum soll das alles unmöglich sein? Es ist nicht zu»machen«, aber es lassen sich bestimmte Einstellungen ändern; es hat zu tun mit Einverständnis, und es schafft Freiheit gegenüber Zwängen. Plötzlich gehört man sich selber viel mehr, als es bis dahin möglich schien.

MICHAEL ALBUS: Welcher Freiheitsraum entsteht dann, wenn ich im Einverständnis mit mir und mit dem anderen, mit der Situation, in der ich lebe, bin? Es ist ja schon schwer genug, die Situation so, wie sie ist, anzuerkennen, anzunehmen, damit einverstanden zu sein. Ich habe den Eindruck, dass viele Menschen – ich weiß das auch aus der eigenen Erfahrung – diesem Einverständnis nicht den Freiheitsraum zutrauen, der dann entsteht, entstehen könnte.

EUGEN DREWERMANN: Sie verstehen unter Einverständnis die Passivisierung allen Tuns, die Bequemlichkeit des Zufalls. Das ist aber nicht der Fall. In Wirklichkeit entlastet man lediglich den Begriff der Verantwortung, reduziert ihn auf das Mögliche und gewinnt die Fähigkeit, die Dinge zu tun, die wirklich dran sind. – Wir hatten ja schon das Problem der vorlaufenden Resignation: »Ich fühle mich ohnmächtig. Ich kann die Welt nicht ändern. Ich sehe alles, was verkehrt ist, und ich stehe davor und gehe definitiv nicht mehr zur Wahl. Ich knirsche nur noch mit den Zähnen, die ich auch nicht mehr habe, weil eben alles schiefgeht.« So kann es kommen, wenn man nur konsequent genug die negativen Erfahrungen zusammenaddiert. Wenn man aber erst mal ausgeht von den Dingen, die persönlich stimmen, die im eigenen Umraum durch eine andere Einstellung sich wandeln können, die sich nicht verändern, aber sich wandeln können in ihren Bedeutungszusammenhängen, gewinnt man auch die Energie wieder, die Dinge zu tun, die man tun kann und die tatsächlich dran sind. Die Überforderung hört auf, die Fremdbestimmung hört auf, die Sinnlosigkeit des meisten, was man bis dahin glaubte tun zu müssen, verschwindet.

Wir sprachen vorhin vom Umgang mit den Medien. Ich erlaube mir, keinen Computer, kein Handy, kein Tablet – all das Zeug nicht zu haben. Ein Blatt Papier und ein Kugelschreiber reichen völlig aus, verbunden mit der Erwartung, dass die Dinge, die mir wichtig sind, in meinem Kopf hinreichend gespeichert sind und natürlich in den Büchern, von denen ich weiß, wo dies und das steht. So zu leben ist eigentlich illegitim in unserer Gesellschaft, es ist ein bewusster Boykott, eine beabsichtigte Verweigerung. So etwas kann man vermeintlich nicht machen, es ist inkommunikativ, es gilt ganz sicher als unmodern, als altväterlich, als wäre man noch in der deutschen Klassik zu Hause, im 19. Jahrhundert mit Chapeau Claque, aber nicht mit Laptop und iPhone. Tatsächlich aber erspare ich mir viele Zwänge damit, die sonst verpflichtend wären. Ich müsste dauernd online sein, ich müsste anrufbar sein, ich müsste vernetzt sein, ich müsste endloses Gerede anhören, das ich nicht brauchen kann, ich müsste reagieren auf Ansprüche, die ich für null und nichtig halte. Dann höre ich, dass es beseligend sein kann, sich eine Kur verschreiben zu lassen, die man in einem von Menschen entvölkerten Exkloster absolviert, um einmal vierzehn Tage aus der Welt von Stress und Zwang heraus, in ein Einverständnis mit sich selbst zu kommen. Ja, wer hätte das gedacht: Es wachsen wirklich Blumen vor der Tür, es singen Vögel, die man morgens um fünf Uhr schon beim Sonnenaufgang hört, es ist doch möglich, ein anderes Leben zu führen. Das Ganze ist natürlich empfehlenswert, es wird den Managern aber nur empfohlen, damit sie energischer im alten Wahnsinn weitermachen, damit sie Power tanken, um wieder an Bord zu kommen und auf die Brücke zu klettern.

MICHAEL ALBUS: Es ist ja auch der Vorwurf gegen die Psychotherapie, dass sie nichts anderes macht, als den Menschen ein Stück weit aus dem Gang der Dinge herauszunehmen, um ihn dann nachher repariert wieder in den alten Prozess reinzuschicken.

EUGEN DREWERMANN: Der Vorwurf ist absolut richtig, weil der Verdacht sich inzwischen zur Gewissheit erhärtet hat, dass die Unterstellung der Psychotherapie unter die Krankenkassenleistungen Erfolgseffizienz in genau diesem Sinne zur Auflage erhoben hat. Das ist ungut. Es ist nicht möglich, auf Menschen zuzugehen mit der Frage: Wie reintegrieren wir dich wieder als ein nützliches Mitglied der Gesellschaft in den Arbeitsprozess? Das ist keine therapeutisch mögliche Frage; die Frage ist nicht: Was kann man mit dir machen, was kannst du machen für die anderen? Die Frage ist: Wer bist du selber, was geht in dir vor sich, wer möchtest du sein, was sind die unentdeckten Zonen, auf die du nie Wert gelegt hast? Wenn sich diese Bereiche rekonstruieren und regenerieren, ergibt es sich von alleine, dass man die Türe zur Zukunft nicht mit dem Rammbock öffnen muss, sondern dass ein kleiner Schlüssel genügt, sie aufzutun. Am Ende wird die Welt sehr einfach. – Ich sehe im übrigen aber auch nicht, warum das, was uns leben ließe, nur als Ausnahme unter ärztlicher Genehmigung gelebt werden sollte und nicht in eigener Regie als überhaupt ganz richtig wahrgenommen werden könnte. Ich gebe allerdings zu, dass meine Situation eine privilegierte ist. Ich muss kein Geld nehmen, wenn ich Leuten zuhöre, ich kann es mehr oder minder sokratisch halten: Ich bin den Leuten dankbar, die mir ihr Vertrauen schenken, ich bezahle unter Umständen dafür auch selber, damit sie die Mittel bekommen, das zu tun, was dran ist und was sie sonst nicht könnten. Ich habe also keine Verdiensterwartung in meinen Seelsorge- oder Therapiegesprächen. Manchmal schildere ich die Entdeckungen, die ich dann mache, in Buchform. All das erscheint mir absolut privilegiert, aber es stellt mich deshalb auch unter eine

Verantwortung, die ich gerne wahrnehme. Da ist Freiheit und Aufgabe ein und dasselbe.

MICHAEL ALBUS: Ich verweile noch mal ein Stück weit bei dem Begriff des Einverständnisses. Wenn ich es tatsächlich schaffe, mit dem, was ist, einverstanden zu sein, also auch mit dem, was mit mir ist, einverstanden zu sein, habe ich dennoch das Bedürfnis – ich spüre es zumindest, – mich zu wandeln. Ich sage bewusst nicht: mich zu ändern, sondern mich zu wandeln. Dann frage ich oft: Vielleicht ist der Ansatz schon wieder falsch. Woher nehme ich die Kraft, mich zu wandeln, oder – das sage ich jetzt mit religiösem Hintergrund – mich wandeln zu lassen? Woher nehme ich die Kraft? Also ich beobachte das zunehmend, auch bei Studierenden zum Beispiel, dass eine tiefe Ohnmachtserfahrung in der Folge des Einverständnisses liegt. Wenn sie es schaffen, damit einverstanden zu sein, wie die Situation ist, wie sie selber sind, dann setzt Ohnmacht ein. Diese Ohnmacht ist gefährlich, kann lebensbedrohlich werden.

EUGEN DREWERMANN: Das Problem ist, dass wir wieder einmal von einem Ideal ausgehen. Wir müssen uns jetzt wandeln, und dann müssen wir die Kraft dazu haben. Dann haben wir sie nicht, und dann ist es wieder falsch.

MICHAEL ALBUS: Also muss ich das auch noch aufgeben?

EUGEN DREWERMANN: Ja! Es geht nicht um Kraft, die man einsetzt, um einen Effekt zu erzielen. Kraft ist ja physikalisch definiert als die Energie, die aufgewandt wird, um eine Bewegungsleistung zu vollbringen. Darum kann es nicht gehen. Die Entdeckung ist, dass die Dinge da, wo sie liegen, am rechten Platze sind. Es geht um Vertrauen. Da wird nichts »gemacht«.

MICHAEL ALBUS: Um Vertrauen in was?

EUGEN Drewermann: Das schönste Bild in der Bibel dafür ist die Erzählung im Markus-Evangelium (Mk 4,35–41), wie Jesus und die Jünger im Boot über den See setzen und es kommt Sturm auf. Jesus aber schläft. Man müsste denken, gegen Sturm, gegen die enorme Energie des Windes kann man nur mit Kraft die Segel setzen oder reffen oder das Steuer ergreifen ...

MICHAEL ALBUS: ... man muss etwas tun ...

EUGEN DREWERMANN: ... und das tun die Jünger auch. Es wird aber nicht besser, sondern ärger. Sie schreien vor Angst, sie wecken Jesus auf, sie sind voller Ärger auch darüber, dass er es wagt zu schlafen, statt mitzuhelfen. Jesus aber ist ganz erstaunt, und sagt: »Was seid ihr für Kleingläubige?«

MICHAEL ALBUS: Woher nehme ich aber die Kraft, im Sturm die Ruhe zu bewahren?

EUGEN DREWERMANN: Das hat Sören Kierkegaard in seinen Tagebüchern genau zu der Stelle einmal geschrieben: Das können nur die Tiere, die Kinder und der Gottessohn, im Sturm schlafen.

MICHAEL ALBUS: Ich bin aber ein Mensch.

EUGEN DREWERMANN: Von einem solchen rede ich ja. Geschrieben steht: ›Dann aber trat eine große Stille ein.‹ Damit endet diese wunderbare Erzählung. Es beruhigt sich der Sturm, indem man Vertrauen gegen das Gewirbel setzt. – Natürlich ist das jetzt keine Rezeptur, wie man am See von Genezareth real gegen Fallwinde antritt. Es ist ein Bild vom rechten Umgang mit sich selber. Und so stimmt es. Sobald wir Angst haben, greifen wir nach allem, was wir meinen machen zu müssen. Wir tun, was wir sollen und können, wir hören auf Ratschläge, die es noch verbessern könnten, aber alles verwirbelt sich nur noch viel mehr. Die Schuldgefühle wachsen, die Ansprüche wachsen, die Nervosität wächst, das Stressgefühl wächst, die körperlichen Belastungen wachsen, es ist eine Schraube ins Unendliche. Die ganze Kunst hingegen liegt darin, die Dinge strömen zu lassen, sein zu lassen.

Um noch einmal auf die Psychotherapie zurückzukommen: Das menschliche Genie Sigmund Freuds liegt in meinen Augen darin, dass er sich verboten hat, während der Behandlung etwas machen zu wollen. Er hat den Patienten sogar vorgeschrieben, sie sollten aufhören, ihre Träume zu zensieren, sie sollten ablassen davon, sich vorzustellen, was sein müsste, was getan werden sollte, sie sollten unzensiert, wenn es irgend ginge, nur strömen lassen, was spontan sich melden würde. Wenn man sich in den Strom des eigenen Gefühls, der eigenen Vorstellungswelt einmal hineinbegibt, dann hat man nicht mehr den Druck der Wellen gegen sich, man fühlt sich getragen. Alleine schon, dass man das darf, verändert die gesamte Einstellung. Allein, dass das geschieht, ist in der Psychoanalyse viel, viel wichtiger, als was konkret an Traumdeutungen dann angeboten wird. Da öffnet sich ein Erlaubnisraum, in dem einmal nichts gemacht, aber alles zugelassen wird.

Michael Albus: Aber ich habe doch in dem Sturm auch Angst.

Eugen Drewermann: Eben.

Michael Albus: Ich sitze doch in dem Boot, und manchmal kommt das Tun ja nur aus der Angst, unterzugehen. Mir fällt jetzt ganz spontan die Stimmung des Psalms 55 (Vers 5–9) ein: Mein Herz ist verwirrt in mir, ich bin durcheinander, ich habe Angst, ich habe die Sehnsucht, Flügel zu bekommen gleich einer Taube, um an ein anderes Ufer zu fliegen, wo Stille ist und Ruhe. Aber die Angst bleibt auch dort. Wie gehe ich denn dann damit um?

Eugen Drewermann: Die Angst kann sich eigentlich nur beruhigen im Gegenüber eines anderen. Analytisch in der orthodoxen Form vor hundert Jahren sah das so aus, dass der Patient auf dem Sofa liegt, und hinter dem Kopfende brummt freundlich der Therapeut; er signalisiert: Es ist alles erlaubt. Es ist zugelassen. Es darf jetzt sein, und es kann auch nichts schiefgehen, weil ja der andere dahinter sitzt. Das ist eine Situation wie zwischen einem Kind und seiner Mutter oder seinem Vater.

MICHAEL ALBUS: Und was ist, wenn ich den anderen nicht habe?

EUGEN DREWERMANN: Das natürlich ist ein Problem, das sehr schwer lösbar ist. Man kann im Letzten mit Angst nur umgehen, wenn man nicht wieder mit Instrumenten dagegen operiert, sondern mit einem persönlich geschenkten Vertrauen darauf antwortet. Ein solches Vertrauen kann sich ergeben aus glücklichen Erfahrungen in der Kindheit schon, es kann sich auch ergeben aus einem tiefen Verhältnis der Zuneigung zu einem anderen Menschen. Beides geht oft ineinander. Vater und Mutter sind womöglich längst gestorben, der Partner, den man lieb hat, wird aber immer noch empfunden im Rahmen der Bilder von Vater und Mutter. Doch solche Erfahrungen kann der andere nicht vollständig erfüllen. Im Letzten projiziert man alles, was bis dahin Vertrauen begründet hat, in einen Hintergrund, der die ganze Welt umspannt. Das ist, was wir dann Gott nennen. Sie fragen: Wie kann man das machen, wenn man es nicht hat? Man kann es überhaupt nicht machen. Man kann sich nur öffnen dafür und finden, dass es richtig ist.

MICHAEL ALBUS: Man kann aber auch zugrunde gehen dabei.

EUGEN DREWERMANN: Man kann merken, dass jeder andere Weg in den Abgrund führt. Paradox formuliert: Die Ertrinkenden würden ja nicht ertrinken, wenn sie sich nur mal der Schwerkraft ausliefern würden. Das spezifische Gewicht des menschlichen Körpers ist so, dass es nach dem archimedischen Prinzip sich in etwa von selbst an der Wasseroberfläche hält. Man muss schon eine Menge in Angst tun, um sich hinabzuschaufeln und zu rudern, damit man wirklich ertrinkt. Natürlich hat das damit zu tun, dass man die Nase nicht mehr über Wasser kriegt, und dann beginnen alle die Prozesse, die die Angst verschlimmern. Aber man kann eigentlich nur ertrinken, indem man mit der Angst genau die Bewegungen, die einen aus dem Wasser schrauben sollten, so vollführt, dass sie einen immer tiefer hineinziehen. Könnte man – eine entsprechende Wassertemperatur vorausgesetzt – sich einfach aufs Wasser legen, würde man nicht untergehen. Zumindest würde man so sparsam sich nur bewegen müssen, dass man für lange Zeit immer noch friedlich atmen könnte.

MICHAEL ALBUS: Im Sturm?

EUGEN DREWERMANN: Das war selbst für Odysseus schwierig. Aber wir wissen, dass der Sturm in der biblischen Szene vorhin ein Bild war.

MICHAEL ALBUS: Sie würden sich doch auch wehren gegen das Untergehen, oder?

EUGEN DREWERMANN: Ja, klar! Aber das beste Mittel ist, sich treiben zu lassen.

MICHAEL ALBUS: Notfalls in den Tod?

EUGEN DREWERMANN: Sich anzuvertrauen.

MICHAEL ALBUS: Aber notfalls in den Tod, wenn ich mich treiben lasse?

EUGEN DREWERMANN: Auch das ist nicht verkehrt. Auch der Tod ist nicht das Unheimliche, gegen das wir kämpfen müssen. – Ich höre das immer wieder bis zum Unsinnigen. Man hat jemandem erklärt, dass er Krebs hat, Brustkrebs, Prostatakrebs, was auch immer. Das hat man festgestellt, nachdem entsprechende Aufnahmen vorlagen. Dann kommt ein Ärzteteam, vier, fünf Leute, die sich auch nicht einig sind, wie das insgesamt zu interpretieren ist, aber sie einigen sich nach dem Mehrheitsprinzip »Es muss was getan werden!« Und dann geht es los. Es wird was getan, es wird bestrahlt, es werden Kuren verschrieben, es wird dem Patienten klar gemacht und auch seinen Angehörigen: Wir müssen jetzt kämpfen. Und so wird gekämpft, bedingungslos, ohne wirklich zu unterscheiden, ob nun der Tod am Kopf- oder Fußende des Krankenlagers steht, ob es sinnvoll ist, Heilung anzustreben, oder nicht viel richtiger, sich einzufügen in das Unvermeidliche, in das Natürliche, in das von Gott Gesandte.

MICHAEL ALBUS: Das alles anzunehmen, damit einverstanden zu sein, da gehört schon eine ungeheure Kraft dazu. Aber dennoch ist es verständlich, dass sich in einer solchen Situation, wie sie im Markusevangelium beschrieben worden ist, im Sturm, der Überlebensinstinkt meldet: Ich möchte einfach nicht untergehen, ich möchte einfach leben, und deswegen muss ich kämpfen. Ich sage es noch einmal: Ich fühle, ich muss kämpfen. Ich kämpfe instinktiv, damit ich ein Stück weit – egal, was für ein Leben jetzt – einfach ein Stück weit weiter atmen kann.

EUGEN DREWERMANN: Angst ist so, bei Ihnen, wie bei jedem Menschen, bei den Tieren schon. Sie ist ein archaisches Gefahrensignal, das sich beantwortet mit Flucht oder Angriff. Das ist physiologisch, psychologisch auf jeder Ebene der Wirklichkeit aus den Verarbeitungsmechanismen der Wirbeltierreihe in den Menschen hineingelegt. Das ist eine Geschichte von hunderen Millionen Jahren lebendiger Erfahrung. Angst wird beantwortet mit dem Reflex, irgendetwas zu tun, und sei es auch durch Stillstand. Auch Stillstand ist eine mögliche archaische Reaktionsform. Dann rast natürlich das Herz, dann ist die Muskulatur aufs Äußerste angespannt. Man hofft lediglich, dass der Raubvogel das Huhn nicht entdeckt, wenn es sich dicht genug und mit entsprechendem Federkleid an den Boden drückt. Sobald der Beutegreifer wieder weg ist, setzt der Bewegungssturm ein. Natürlich empfinden wir Menschen ganz genauso. Aber Bewegungssturm oder Stillstandreflex ist nicht das, wovon wir wirklich reden. Wir sagen: entspannt werden heißt nicht neue Anstrengung, sondern Vertrauen.

Im Kern fragen Sie danach, wie Leben überhaupt strukturiert ist. Eine der Unhaltbarkeiten unseres gegenwärtigen Lebensgefühls und Weltbildes liegt in meinen Augen darin, dass wir das Leben verraten, indem wir seine Endlichkeit nicht akzeptieren. Alles, was Endlichkeit bedeutet, kommt uns vor wie ein Versagen, gegen das wir uns wehren und auflehnen müssen. Krankheit ist in unseren Augen eine bloße Störstelle der Natur, die wir unter Reparaturbetriebsbedingungen stellen müssen; wir dürfen sie nicht akzeptieren, wir stehen in der geradezu gesetzlichen Pflicht als Arzt, wir haben vermeintlich ein

Anspruchsrecht als Patient, dass durch entsprechende Eingriffe und Maßnahmen die Störung beseitigt wird. Am Ende gilt uns auch der Tod als eine reine Nullstelle, die wir nur noch nicht haben verhindern können. Er gilt als ein Versagen des Arztes, weil er die Noxen, die letale Mechanismen eingeleitet haben, nicht früh genug erkannt und in den Griff bekommen hat; dann ist er im Falle individuellen Versagens sogar vor Gericht haftbar zu machen; wenn in der Forschung noch nicht genügend Unterlagen und Expertisen vorliegen, werden wir versuchen, aus jedem Todesfall neue Erkenntnisse zu gewinnen und im Kampf gegen Gevatter Hein nachzurüsten. Doch diese Einstellung ist offensichtlich falsch. Gevatter Hein parkt immer schon vor der Türe jedes Hauses, das wir bewohnen möchten.

Wie also, wenn wir uns zugestehen würden: Unser Leben ist endlich, es wird tödlich enden. Dann müssten wir gegen die Einrichtung der Natur nicht kämpfen, wir müssten sie lediglich akzeptieren. Der Tod kann eintreten, auch bei jungen Leuten, zu beliebiger Stunde. Er wird ganz sicher irgendwann kommen. Dagegen kann man überhaupt nicht kämpfen. Wieso also muss man dauernd in Angst sein gegen eine Möglichkeit, die ganz gewiss eintritt, von der man lediglich nicht weiß, wann und wie sie eintritt? Man muss lernen, mit ihr zu leben, und finden, dass es eben nicht schlimm ist, dass es so ist. Dazu freilich gehört ein Vertrauen, dass das Leben als Ganzes in guten Händen liegt.

Ich weiß gegen die Stumpfheit, mit der wir uns im Endlichen vergraben, letztlich kein anderes Rezept als Religion. Wenn, wie die Religion sagt, der Tod gar kein Tod ist, sondern lediglich die Öffnung eines Lebens, das endlich so beginnt, wie es sein sollte, muss man gegen gar nichts kämpfen.

MICHAEL ALBUS: Dann fängt also Religion an mit dem Einverständnis, dass ich sterben muss.

EUGEN DREWERMANN: Absolut! Religion ist die beste und einzig sinnvolle Antwort auf die Tatsache der Endlichkeit.

MICHAEL ALBUS: Wollen Sie sterben?

EUGEN DREWERMANN: Eine der Formen der Endlichkeit ist der Tod. Ob ich das will, danach werde ich nicht gefragt. Die Frage ist, wie ich mir vorstelle, ihn erleben zu dürfen oder zu sollen.

MICHAEL ALBUS: Vielleicht war die Frage jetzt ein bisschen zu banal gestellt. Aber ich will leben, ich will doch nicht sterben!

EUGEN DREWERMANN: Das sagt ja die Religion: Sie werden leben, selbst wenn Sie sterben. Das gilt grundsätzlich. Unter Umständen freilich kann der Tod als Ende des irdischen Lebens wünschenswert sein. Ich komme mir nicht suizidal vor. Ich glaube aber wirklich, dass es Situationen gibt, in denen der Tod eine letzte Gnade ist, und dass Gott gut daran getan hat, dass er, nachdem die Menschen – in der Sündenfallerzählung – erst mal in Angst verwirbelt waren, es ihnen erspart hat, sich Unsterblichkeit am Baum des Lebens zu eressen. Deswegen hat er sie aus dem Paradies der Welt vertrieben. Es wäre das Schlimmste, so leben zu müssen, wie wir das derzeit tun, mit keiner anderen Aussicht, als dass diese Art von Leben sich ins Unendliche erstreckt. Wir werden jetzt bald, wenn es so weitergeht, in wenigen Jahrzehnten, im Durchschnitt einhundertzwanzig Jahre alt, vielleicht eines baldigen Tages hundertfünfzig Jahre, und verbringen siebzig Jahre davon in Demenz und Pflegebedürftigkeit? Das ist ein Albtraum.

MICHAEL ALBUS: Das Einverständnis, das Akzeptieren von Endlichkeit, von Sterben, von Tod ist nur möglich – haben Sie gerade gesagt – mit der Religion?

EUGEN DREWERMANN: Als Perspektive ins Unendliche. Das hat auch zu tun mit der Bilanzführung über unser Leben. Die meisten können sich die Endlichkeit nicht eingestehen, weil ihnen alles Mögliche unerledigt vorkommt. Da ist ein riesiger Haufen verdrängter Schuldgefühle, ein ganzes Bündel von Fehlern, die nie eingestanden wurden, ein Konvolut gefälschter Bilanzen, die man sich schön geredet hat. Wie soll man denn abtreten von der Bühne, wenn nichts, überhaupt nichts erledigt ist? Das kann man doch nicht!

MICHAEL ALBUS: Das heißt also, dass ich die Fronten des Lebens nur verlassen kann oder nur aus ihnen auswandern kann, dass ich einen neuen, anderen, offenen Weg nur betreten kann, wenn ich einverstanden bin, dass dieser Weg endlich ist.

EUGEN DREWERMANN: Es ist nicht möglich, sich sinnvoll ins Leben hineinzugeben mit der Gewissheit, sich damit auch in den Tod geben zu sollen, wenn nicht die Erwartung von Vergebung und Gerechtigkeit in die Perspektive des Unendlichen eingefügt wird.

MICHAEL ALBUS: Man kann mit dem Leben doch nur einverstanden sein, wenn man irgendwie gefunden hat, dass es gerecht zugeht; aber wo tut es das? Und dann bleiben noch die vielen Szenen, in denen ich einem anderen Unrecht getan habe, und er hat mir bis heute nicht vergeben. Oder umgekehrt – er mir, ich ihm.

EUGEN DREWERMANN: Der Gegensatz »Gerechtigkeit und Vergebung« ist eine weitere Spannung, die wir im Umgang unserer Gesellschaft mit Menschen überhaupt nicht gelöst bekommen.
Vergebung ist ein juristisches Unwort. Laut Gesetz müssen wir nach Paragrafenvorschrift Fehlverhalten strafen. Gerechtigkeit misst sich im landläufigen Verständnis in aller Regel so gut wie ganz an dem Verhalten, das sich von außen beobachten lässt, und an den Verfügungen, die nach Maßgabe der Regularien des bürgerlichen Rechts oder des Strafrechts bei Gesetzesübertretung in Anwendung kommen. Einem Menschen wirklich »gerecht« zu werden bedeutet demgegenüber, ihn zu verstehen, nach all dem, was gerade gesagt wurde, von innen her zu begreifen, wie er das, was getan wurde, was nicht richtig war – gar keine Frage –, hat tun können, und wie man ihm hilft, darüber hinauszuwachsen. Wenn das bedeutet, einem anderen gerecht zu werden, ist damit schon gegeben, nicht dass die Dinge für in Ordnung befindlich gehalten werden, sondern oft ganz im Gegenteil: man merkt überhaupt erst, wie ungeheuerlich das war, was geschehen ist. Aber dass Vergebung darüber liegt, ist die einzige Möglichkeit, damit zu leben. Je tiefer man versteht, desto unheimlicher können die Zusammenhänge erscheinen.

Durch Verstehen wird nichts verharmlost. Aber am Ende wird es möglich, damit zu leben, indem man sich oder den anderen in all dem zu begreifen beginnt. Es gibt keinen Grund mehr zum Verurteilen, wenn man versteht. Wohlgemerkt: In unserem Leben, das wir hier führen, ist ein solcher Zustand vollkommenen Verstehens absolut unmöglich. Er ist nicht denkbar. Verstehen ist keine Kategorie des menschlichen Zusammenlebens, so wie es sich in der bürgerlichen Welt darbietet. Deshalb brauchen wir eine Perspektive, in der nicht die Gesellschaft, nicht die Nach- und die Umwelt entscheidet, wer wir sind, sondern ein Gegenüber, das einzig imstande ist, uns wirklich ganz und gar zu verstehen. Ein solcher Dialog des Verstehens beginnt hier auf Erden schon, wenn wir endlich mit der Frau reden über all die Dinge, die wir falsch gemacht haben, oder mit dem Mann darüber, wie verloren wir uns vorkommen, oder mit den Kindern, die uns nach dreißig Jahren endlich wieder besuchen, nachdem sie die Flucht ergriffen haben vor uns, – wir schildern ihnen mal, wie wir damals waren, als Mutter oder als Vater. Das alles sind Vorerfahrungen für eine Reifung, die ein wenig von der Perspektive vermittelt, die wir brauchen, um über die Endlichkeit hinaus zu hoffen.

MICHAEL ALBUS: Zwischenfrage: Und was ist dann mit denen – für mich sind es zum Teil große Vorbilder, ich könnte jetzt auch Namen nennen, auch bekannte Namen –, die sagen: Die Dinge können nicht so bleiben, wie sie sind. Und in die Elendsviertel der Städte gehen und dort wirklich Barmherzigkeit üben. Sie üben da aber auch Barmherzigkeit mit sich selber, wenn sie das tun. Was ist dann mit denen, die versuchen, Hand anzulegen und zu sagen: Das, was ich hier sehe, kann so nicht bleiben. Was ist mit denen?

EUGEN DREWERMANN: Das schließt sich ja nicht aus, ganz im Gegenteil. Man kann in die Elendsviertel mit Überzeugung nur gehen, wenn man den Kapitalismus so radikal kritisiert, wie geschehen, wenn man ein Lebenskonzept entwickelt, das sich nicht mehr um bloße Renditemaximierung dreht. Nur dann gewinnt man die Freiheit zu sagen: Dies sind Menschen, die mir näher stehen als die Bonzen im Fünfsternerestaurant.

MICHAEL ALBUS: Ja, klar! Ich wollte das nur fragen, weil es mir eben einen Moment lang so schien, als ob derjenige, der in dieser Perspektive kämpft, eigentlich ein Nobody ist.

EUGEN DREWERMANN: Die Frage ist, was wir unter »Kampf« und »Kraft« verstehen. Graham Greene hat Anfang der fünfziger Jahre des vergangenen Jahrhunderts als Karikatur des angelsächsischen Traums von »The Power of Glory« einen Roman geschrieben, der genau so hieß: »Die Kraft und die Herrlichkeit«. Es geht dabei um einen Priester, in Lateinamerika, und so erwartet man natürlich, dass, wenn er schon einen Priester schildert, jemanden darstellt, der wie ein Heiliger durch die Elendsviertel der Südhalbkugel wandelt. Stattdessen schildert er jemanden, der sich mühsam mit Messwein und Schnaps über Wasser hält und der irgendwo im Dorf eine Freundin hat; aber er steht zu ihr, er hat sie wirklich lieb, er verrät sie nicht, obwohl er sein Zölibatsgelübde damit ständig bricht. Er ist kein Heiliger, aber gerade darum versteht er die Kleinigkeiten des Alltags, die Erniedrigungen, die Hoffnungslosigkeiten des trostlosen Dahinvegetierens so vieler. Er geht zu ihnen, obwohl er weiß, dass man ihm auflauert, um ihn als für das System gefährlich zu erschießen. Vielleicht wollte Greene sagen, dass das die Kraft und die Herrlichkeit ist: Wir wissen, dass wir überhaupt keine Heiligen sind, dass wir schwache Wesen sind, dass das bisschen an Gnade, das wir hoffen können, so lebensnotwendig ist, dass wir es den anderen nicht absprechen dürfen. Dann hätten wir die gelebte Bergpredigt, – alles, was Jesus mochte. Er wollte nicht sagen: Ich nenne die glücklich, die es geschafft haben. Er sagt: Ich nenne diejenigen glücklich, die ihre Armut kennen und anerkennen. Sie werden andere Menschen. Sie werden reich mit dem, was vom Himmel auf die Erde fällt, sie werden teilen können, sie werden friedfertig sein können, denen wird die Erde gehören, weil sie die Welt nicht mehr in Fronten und Kampfzonen einteilen müssen. Das ist ein Projekt, das uns eigentlich nach zweitausend Jahren gelebten Christentums noch nicht abhanden gekommen sein sollte, obwohl die Gründe, die uns das alles wie ein Märchen erscheinen lassen, in der Realgeschichte eine enorme Wirkung entfaltet haben.

MICHAEL ALBUS: Es gibt natürlich solche Leute. Gott sei Dank gibt es sie noch, die diesen Weg gehen, die sagen:»Ich kann jetzt nicht in den Innenraum zurückgehen, ich muss handeln.« Ich denke an meine eigenen Erfahrungen, die haben mich grundsätzlich und grundlegend verändert, an die Tage und Nächte, an die Wochen und Monate mit den Straßenkindern in Bogotà. Ich habe versucht zu kämpfen, soweit es mir möglich war. Ich habe auch festgestellt, meine Kampfkraft ist begrenzt. Ich habe keine großen Ergebnisse erzielt, allenfalls mal, dass mich ein Kind in den Arm genommen und Papa zu mir gesagt hat. Das kann man aber nicht verrechnen ...

EUGEN DREWERMANN: Es war ein Zeichen dafür, dass etwas richtig war und ist ...

MICHAEL ALBUS: Ja, es war nur für mich die Frage, dass das kein falscher Weg ist, wenn ich auch spürte, dass ich im richtig verstandenen Sinne politisch handeln muss.

EUGEN DREWERMANN: Genau! Aber es geht darum, dass ich den Raum des Politischen, des Sozialen in der Relativität begreife, sonst ist der Anspruch von Anfang an entmutigend. Es muss von innen nach außen gehen. Vieles läuft, glaube ich, bei der »Theologie der Befreiung« falsch, weil sie sich nicht für die Seele interessiert, programmatisch und kategorisch nicht interessiert. Ich kenne Vertreter der Befreiungstheologie, die sich sogleich unwohl fühlen, sobald von Psychologie die Rede geht, die in ihren Augen nichts als bürgerlicher Quatsch ist.

Die Verleugnung des persönlichen Innenraums führt leicht zur Projektion von Sehnsüchten, die man ersatzweise drüben auf anderen Kontinenten erfüllen möchte. So etwas ist mir vor Jahren bei Theologiestudenten deutlich geworden. Die saßen zusammen, es war vor Weihnachten, sie wagten nicht, ihre Eltern zu besuchen, sie waren vollkommen allein. Aber sie träumten von irgendeinem Weihnachten in Nicaragua, das sie aus Büchern kennengelernt hatten. Da würden sie mal hingehen. Es war nichts weiter als eine Projektion der Sehnsucht im Status der Entfremdung. Man kann Menschen nicht befreien, wenn man selber unfrei ist.

MICHAEL ALBUS: Genau das ist der Punkt.

EUGEN DREWERMANN: Die Frage ist, was praktisch am nächsten liegt. Wenn wir, Sie und ich, in einer der über sechshundert Favelas von Rio leben würden, dann würden wir im Umfeld der nächsten vierzig Häuser versuchen, irgendetwas Vernünftiges zu machen, die Wasserversorgung zu verbessern und so weiter. Nun leben wir aber nicht in Rio und auch nicht in einer der Favelas. Wir haben es zu tun mit der Einsamkeit, der Entfremdung und der Armseligkeit der Menschen hier in Mitteleuropa. Wenn eines hoffentlich baldigen Tages ein Anschluss der Gesellschaften in Lateinamerika an das Lebensniveau in Westeuropa oder Nordamerika möglich wird, dann werden die Menschen die gleichen Probleme haben, die wir jetzt schon haben.

MICHAEL ALBUS: Das glaube ich auch.

EUGEN DREWERMANN: Psychologisches und soziales Engagement ist meiner Meinung nach nicht in Konkurrenz zueinander zu sehen. Es ist das eine das Bild für das andere oder umgekehrt das eine das Motiv für das andere. Wir müssen den Mut haben, endlich davon loszukommen, dass soziale Aufgabenstellungen oder politische Verwaltungsfragen uns den lieben Gott ersetzen. Auf der Ebene überfordern wir uns selber und geraten um die Ecke wieder in die Gefahr der Ideologisierung, des Totalanspruchs, der einzig richtigen Lösung; wir sind dann nicht mehr verhandlungsfähig und schaffen am Ende mehr Schaden als Nutzen. Wenn wir hingegen erst einmal wissen, dass das, was wir machen, wirklich nur das zu Machende ist, dann haben wir einen großen Raum im Hintergrund, in dem man erst mal zu leben lernt und lernen kann. Man wird auch andere Menschen nicht glücklich machen können, wenn man selbst zerquält dahin geht und den Hass, den man auf sich selber hat, mit all den Leuten abarbeitet, die man lehrt, das zu hassen, was sie unterdrückt.

MICHAEL ALBUS: Im Niemandsland kann ich nicht wohnen, ich kann nicht dauernd vor den Fronten stehen bleiben. Ich muss einen anderen Weg gehen, ich muss den Weg für mich selber gehen. Das haben wir jetzt ausführlich besprochen. Dabei soll ich bestimmte Dinge akzeptieren, einverstanden sein. Ich glaube schon, dass jeder Mensch die Sehnsucht hat, irgendwo anzukommen und daheim zu sein, eine Wohnung zu haben, ein Dach über dem Kopf, auch ein Dach für die Seele. Gibt es solche Orte, an denen ich mich niederlassen kann in dem schmalen Raum an Freiheit, den ich habe? Wo kann ich eigentlich wohnen, wo kann ich eigentlich Heimat finden, da ich im Niemandsland nicht leben kann? Das Niemandsland kann nicht mein Heimatland werden.

EUGEN DREWERMANN: Das Erste wird sein, zu merken, dass das sogenannte Niemandsland das Ergebnis innerer Widersprüche ist, die nicht vereint wurden. Wir haben immer wieder gesagt: Es geht um die Synthese von Widersprüchen im eigenen Ich. Solange das nicht geschieht, erlebt man sich im Schussfeld von Fronten, die sich bekämpfen und deren Opfer man wird. Natürlich ist man dann nicht zu Hause. Löste man indessen die Widersprüche in sich selber, träte Waffenstillstand, schließlich Friede ein, und man könnte beginnen, das einstige Niemandsland unter den Pflug zu nehmen. Man richtete dort sein Zuhause ein. Man würde nicht noch lange herumlaufen auf der Flucht vor neuem Granateneinschlag, sondern man würde entdecken, dass da, wo man sich gerade befindet, der Ort des Handelns wie des Bleibens ist.

MICHAEL ALBUS: Wo kann ich Wohnung finden? Bei mir kann ich nicht wohnen.

EUGEN DREWERMANN: Ganz richtig, weil das Ich sich nicht selbst gehört, sondern eingespannt ist zwischen zwei grundverschiedenen Sphären: Materie und Geist, Diesseits und Jenseits, Zeitlichkeit und Ewigkeit, Notwendigkeit und Freiheit, Endlichkeit und Unendlichkeit. Eine der Syntheseleistungen, die wir gerade zuletzt angesprochen haben, ist die zwischen Unendlichkeit und Endlichkeit. Das Paradox ist, dass wir im Endlichen lauter Niemandsländer entdecken, weil wir die Kategorie des Unendlichen gar nicht für möglich halten. Damit überfordern wir uns ständig ins Unendliche. Wir generieren ein schlechtes Unendliches. So hat Hegel das genannt: die schlechte Unendlichkeit. Er meinte damit eine Verewigung des Irdischen, und das ist qualitativ etwas wirklich Anderes als die Entdeckung wahrer Unendlichkeit.

Die wahre Synthese würde lauten: Der Tod ist nicht der Tod. Dann könnten wir leben im Endlichen mit dem Trost des Unendlichen. Die quantitativ schlechte Unendlichkeit indessen besteht in der Erwartung, wir könnten gar nicht aufhören zu leben, wir müssten unendlich leben, indem wir immer älter würden. Schon die alten Griechen wussten, dass eine solche Erwartung furchtbar ist, – dass es schlimmer nicht kommen kann als wie bei Tithonos, dem die Göttin der Morgenröte, Eos, die Unsterblichkeit geschenkt hatte, – sie wollte einen ewigen Geliebten haben; aber sie hatte vergessen, dass Tithonos anders ist als sie. Sie geht jeden Morgen verjüngt und erneuert in Schönheit am Himmel auf. Aber Tithonos nicht. Eos, die rosenfingrige, hatte vergessen, die Götter zu bitten, Tithonos, ihr Geliebter, möge nicht altern. Aber das tat er nun, – er lebte in irdischer Unendlichkeit und unendlicher Zeitlichkeit. Tithonos konnte irgendwann nur noch wie eine Heuschrecke zirpen und klagen, und sie, Eos, wird ihn in den Abstellraum bringen und sich schadlos halten mit anderen Männern. – So sah es der Realismus der Griechen. Es hat keinen Sinn, ewig leben zu wollen, schon weil wir nicht ewig jung bleiben werden. Wir müssen mit der Reifung im Leben umgehen können. Das heißt: Zeitlichkeit und Endlichkeit sind nicht der Katastrophenzustand, der uns der Jugend beraubt. Sie bieten die Chance, dass wir uns hin entwickeln auf ein Ziel, das keine Grenze finden kann, obwohl das irdische Leben ganz sicherlich begrenzt ist. – Das ist der religiöse Standpunkt, um aus dem Niemandsland herauszukommen. Unser Selbst ist eine Synthese von zwei Kategorien, von denen wir eine, die Endlichkeit, falsch interpretieren, wenn wir ihr eine nur quantitative Unendlichkeit gegenüberstellen; beide Bestimmungen gingen dann ja ineinander über – die Brücke zwischen beiden, die unsere Existenz bilden sollte, stürzte dann in die Schlucht.

MICHAEL ALBUS: Sollen wir noch einmal die richtige Definition wiederholen?

EUGEN DREWERMANN: Das Unendliche ist das qualitativ andere, das alles Endliche verwandelt auf dem Weg zu sich selbst. Es ist die Hoffnung, dass es all das wirklich gibt, was wir dringend brauchen und ahnungsweise auch ein Stück weit uns ermöglichen können. Eben sagten wir »Vergebung und Gerechtigkeit« seien solche Bedürfnisse, die sich auf Erden nicht gänzlich realisieren lassen. Aber endlich eine Einsicht zu gewinnen in dieses schattenverwirrte Leben von ein paar Jahrzehnten, die uns hilft, klar zu sehen und zu begreifen, wofür wir wirklich da sind, das setzt eine Bewegung ins Unendliche voraus, die dahin führt, dass wir die Menschen an unserer Seite zu begreifen beginnen. Ein solcher Prozess hat überhaupt kein Ende. – Manchmal stelle ich mir den Himmel genau so vor: Wir fangen an, alles zu verstehen. Wir lernen, es mit Gottes Augen zu sehen.

MICHAEL ALBUS: Gute Augen!

EUGEN DREWERMANN: Er schenkt sie uns jedenfalls. Goethe hat einmal gemeint: »Wär' nicht das Auge sonnenhaft, es würd' die Sonne niemals schauen.« Dass es Gott gibt, schenkt uns die Fähigkeit, das Licht wahrzunehmen. Wie er selber sieht, das können wir nicht wissen. Aber wir lernen, in seinem Licht zu schauen. »In deinem Licht sehen wir das Licht.« (Psalm 36,10)

MICHAEL ALBUS: Mir fällt ganz spontan ein Satz von Gotthold Ephraim Lessing ein, in den »Fragmenten«, der noch einmal eine Gegenwelt aufmacht:

»Den ernsten ersten Blick, den ich in mich geschossen,
Hat mein erstauntes Herz mit Schwermut übergossen.
Verloren in mir selbst, sah, hört' und fühlt' ich nicht.
Ich war in lauter Nacht und hoffte lauter Licht.«

Mir begegnen oft Menschen, die in diesem Entwurf sich verzweifelt bemühen und nicht rauskommen. Die Verhältnisse, die wir in unserem Gespräch geschildert haben, die politischen Verhältnisse, die ökonomischen Verhältnisse, die kulturellen, die religiösen Verhältnisse, die sind ja oft so, dass ich manchmal dabei bin zu kapitulieren und zu sagen: Ich werde das nicht schaffen, und es fällt mir – das sage ich ganz offen – unendlich schwer, solche Situationen, die ich in sich für falsch und böse, verletzend und traumatisierend halte, anzunehmen. Das fällt mir einfach schwer. Es gibt Menschen, die können es einfach nicht, die kommen nicht einmal dahin, zu sagen: Das fällt mir schwer. Sie können es einfach nicht annehmen. Den Optimismus will ich auch haben. Ich glaube auch, dass er dringend notwendig ist. Aber wenn ich bestimmte politische und soziale Verhältnisse ansehe, wenn es Kriege und Konflikte gibt ohne Ende, wenn falsche Lösungen angestrebt werden, Gewaltlösungen, die eh zu keinem Ergebnis führen, dann weiß ich manchmal nicht mehr aus noch ein, dann fühle ich mich nur noch solidarisch mit solchen Menschen, die die Situation als ausweglos erfahren.

EUGEN DREWERMANN: Ja, klar! Es gibt, solange Sie im Endlichen verbleiben, eigentlich nur die Alternative der Resignation oder der Rebellion. Ohne religiösen Hintergrund könnte man bis zum Irrsinn Terrorist werden.

MICHAEL ALBUS: Liegt dann nicht der Verdacht nahe, dass, wie Karl Marx gesagt hat, Religion nur der Heiligenschein des Jammertals ist?

EUGEN DREWERMANN: Nein! Religion ist eine Zuversicht, die die Resignation auffängt, die Geduld lehrt, die Beharrlichkeit schenkt, die den menschlichen Zusammenhang bewahren lässt und die vor allem den Anspruch verzichtbar macht, es müsste just jetzt zu unseren Zeiten die große Wende kommen. Das tut sie sicher nicht. Wie also anders? – Ich leide genau wie Sie furchtbar unter all dem, was Menschen zugefügt wird. Fünfzig Millionen Verhungernde, endlose Kriege, wahnsinnige Ausgaben an der falschen Stelle, die Gesundbeterei der schlimmsten Verbrechen, die von den Staaten begangen werden und die obendrein noch von den Leitartiklern als »alternativlos« erklärt werden, – ich könnte die Wand hochgehen. Dann sehe ich viele Einzelne ringen um ein bisschen Glück in ihrem Leben und um eine gemeinsame Menschlichkeit an ihrer Seite. Ich sehe, wie begrenzt das alles ist, wie oft das scheitert, obwohl es gar nicht falsch versucht wurde. Und ich leide genau wie Sie darunter, dass ich das nicht ändern kann, dass ich auch keine goldenen Wege aufzuzeigen vermag, wie es sich verbessern ließe.

Ich glaube dennoch, dass jeder einzelne Mensch umgeben ist von einer Macht, die ihn weiterführt und ihn beschützt. Wenn ich das nicht glauben würde, wäre die Welt absolut und definitiv für mich unerträglich. – Ich höre Menschen zu, und ich weiß, sie kommen als Verzweifelte in die Therapiestunde, und es ist nicht unmittelbar besser nach einer dreiviertel oder nach einer ganzen Stunde Gesprächs. Es sind ein paar Aspekte vielleicht klarer geworden, – wir werden weitersehen beim nächsten Mal. In der Zwischenzeit kann viel passieren, was ich noch nicht kenne. Fast ist das für mich eine Art des Gebets, nein, es ist Gebet, zu denken: Dies, was der andere ist, steht in den Händen Gottes, und dahin darf ich es übergeben. Ich bin nicht im Letzten verantwortlich, das kann ich überhaupt nicht sein. Aber ich kann dazu beitragen, dass der andere besser herausfindet, was unter seinen Verhältnissen sich zum Guten wandeln könnte. Dazu kann ich von außen, wenn Bedarf ist, natürlich helfen und intervenieren, ich kann versuchen, die nötigen Mittel zur Verfügung zu stellen. Das alles ist nicht falsch, aber das Entscheidende ist zu glauben, dass jedes Menschenleben in den Händen Gottes liegt, so wie ich es von meinem eigenen Leben glaube. – Wie denn anders? Sie lesen die Zeitung, sehen die Nachrichten, und es geht immer so weiter: Da werden Menschen zerfetzt von Hellfire-Raketen, von Drohnen, durch Sprenggranaten, durch die Bomben syrischer Kampfbomber, da werden Menschen ermordet durch Sprengfallen von Terroristen, oder ganz leise und unspektakulär und eben deshalb womöglich noch grausamer: sie sterben an Entkräftung und Hunger. Das alles sollten wir ändern mit aller Kraft, die uns zur Verfügung steht, aber ohne zu resignieren darüber, dass wir so wenig ändern können und dass, was wir tun, bei weitem nicht genug ist. Die Kraft, nicht zu resignieren, kommt gerade aus jener anderen Dimension als dem irdischen Betrachten.

Sören Kierkegaards anfangs gegebene These gilt: Leben sei eine Synthese zwischen Zeitlichkeit und Ewigkeit, zwischen Endlichkeit und Unendlichkeit, es sei in einer Doppelbewegung des Unendlichen gelegen. Das erste ist, man entdeckt mitten in der Welt das Unzureichende, die Negativität des Zeitlichen. Es ist nichts endgültig, es ist alles vordergründig, es ist im Letzten unerträglich, darüber könnte man zum romantischen Ritter werden, zum Don Quichotte. Entscheidend ist, dass man das Ewige nicht nur entdeckt, um von der Endlichkeit enttäuscht zu sein, sondern dass man aus der Unendlichkeit zurückkehrt ins Endliche. Kierkegaard beschrieb das damit, dass ein wirklich Glaubender in dieser Doppelbewegung der Unendlichkeit kaum unterscheidbar ist von irgendeinem normalen Bürger. Er sitzt am Fenster, er schaut am Abend in den Sonnenuntergang, er raucht sein Pfeifchen – er ist ein gemütlicher Mensch. Was sich in ihm wirklich begibt, zeigt sich allerdings im Ernstfall des Lebens. Es stirbt ein Mensch, mit dem er aufs Engste verbunden war; das wäre für jemanden, der nur im Endlichen lebt, eine endgültige Katastrophe, für einen wirklich glaubenden Menschen aber nicht, denn er hat ja die ganze Zeit gewusst, dass Menschen überhaupt nur im Unendlichen beheimatet sind und dass der ganze Weg von den paar Jahren, die wir hier existieren, nur ein Unterwegssein dahin sein kann. Das Endgültige kommt noch; man muss es nicht machen. Dieses Wissen überragt den Eindruck der Zerstörung im Irdischen. Ohne den Glauben an Auferstehung lässt sich mit dem Tod nicht leben, ohne Glauben an Vergebung lässt sich mit der Schuld nicht leben, ohne Zuversicht ins Unendliche lässt sich nicht leben mit all dem Abbruch, den wir im Endlichen bewältigen müssen. Das ist jetzt sehr abstrakt ausgedrückt, aber in jeder Form zu konkretisieren.

Michael Albus: Ich will es konkretisieren: Wo entdecken Sie in Ihren eigenen Lebenserfahrungen oder auch in denen von anderen, die Ihnen diese Erfahrungen schildern, Ewigkeit? Und woher nehmen Sie das Vertrauen? Aus welchen Erfahrungen?

Eugen Drewermann: Die Hoffnung auf Auferstehung entdecke ich in der Tat als etwas Alternativloses. Ich finde, dass die Leute, die so gelebt haben, wie ich es richtig finde, nur aus diesem Glauben existiert haben, und dass unterhalb dieses ihres Glaubens das richtige Leben nicht zu haben ist. Ich kann mir nicht anders vorstellen, als dass Jesus seinen Weg nur gehen konnte, weil er geglaubt hat, dass es sich genau so verhält: Er wird sterben, man wird ihn umbringen, man wird heilige Worte zu seiner Verurteilung finden, man wird sein Grab versiegeln, dass er für endgültig tot gilt, und draußen wird sich nichts ändern; und doch bleibt es gerade deshalb dabei, dass der wahre Maßstab, der wirkliche Hintergrund des Lebens Gott ist. Jesus wird nicht sicher gewusst haben, ob er diesen seinen Gott »richtig« gelehrt hat. Er hat ihn so geglaubt, wie er ihn zu vermitteln suchte, und dass Gott die Liebe ist, war das Beste, was er geglaubt hat, von Gott zu verstehen. Das hat er den Menschen geschenkt. Wenn ein solches Leben in dieser Überzeugung enden soll mit dem Todesurteil, dann ist die Welt halt so, wie sie ist. Sie wird auch nicht anders werden, es sei denn, man steht für die Wahrheit gerade, die man gesehen hat. Das kann man aber nicht, wenn man die Welt, gegen die man angetreten ist, zum Maßstab macht. Es braucht einen gründlich anderen Maßstab, um der Welt, wie sie ist, standzuhalten. Das ist die Doppelbewegung, von der ich gerade sprach. Dann kann es gehen.

Es gibt eine wunderbare Stelle im 23. Kapitel bei Lukas, die anders ist als in den drei anderen Evangelien. Lukas lässt Jesus sterben mit den Worten des 31. Psalms: »In deine Hände gebe ich mich jetzt ganz.« – Darinnen liegt vor allem das Vertrauen, dass wir im Leben wie im Sterben ganz in Gott geborgen sind. Jesus hat den Glauben an Auferstehung nicht selber in die Welt gebracht, doch er hat ihn so gelebt, dass der Tod seine Macht verloren hat, noch länger unser Dasein zu einem bloßen Kampf ums Überleben zu verformen.

Michael Albus: Ich habe erlebt, aus nächster Nähe, wie ein Polizist in Bogotà, auf einem Motorrad, die linke Hand am Lenker, die rechte Hand an der Maschinenpistole, einem Straßenkind in den Kopf geschossen hat. Ich war fünf Meter daneben. Ich bin hin und habe das Kind vom Boden aufgehoben, das Blut ist aus der Kopfwunde herausgeschossen, und ich wusste genau, ich kann nichts mehr tun. Ich habe dann zu mir, fast verzweifelt, den Satz aus einem alten Choral gesagt: »Da nun kein Mensch uns helfen kann, rufen wir Gott um Hilfe an.«

EUGEN DREWERMANN: Genau! Dieses Kind ist unendlich viel mehr wert als das, was die Schergen dieser Todeskommandos mit ihm gemacht haben. Aber das sieht man nur, wenn man die Evidenz des Menschlichen festmacht in einer anderen Sphäre der Wirklichkeit als in der Welt, wie wir sie haben. Es muss eine Perspektive durch die Folterkammerwände dieser Welt hindurch geben.

## Jesus: Ein anderer Zugang zur Wirklichkeit

MICHAEL ALBUS: Es gibt wohl ein Reservat oder ein Potenzial, das im Letzten den religiösen Hintergrund unseres Lebens bildet. Er ist sehr verletzlich und sehr verwundbar. Wenn wir von religiösem Hintergrund sprechen, wenn wir unsere Geschichte und unsere Welt und unser Leben anschauen, dann taucht mit einmal in unserem Gesichtskreis so eine Gestalt wie Jesus auf.

EUGEN DREWERMANN: Es ist wirklich nötig, zu erläutern, warum die Gestalt des Mannes aus Nazareth so wichtig ist. Wir erleben Tod, Scheitern, Schuld, Gewalt, Zerstörung. Auf all das muss es eine Antwort geben. Aber das Entscheidende ist, dass diese Mangelstellen unserer Existenz nur den irdischen Innenraum unseres Daseins charakterisieren. Der Tod ist zwar die Grenze unseres Lebens hier auf Erden, aber da er jederzeit möglich ist, verlangt er mitten im Leben eine Antwort. Wir sind die einzige Spezies, die nicht einfach irgendwann sterben wird, sondern die mit dem Tod leben muss.

MICHAEL ALBUS: »Mitten im Leben sind wir vom Tod umfangen ...«

EUGEN DREWERMANN: Genauso ist es mit all den anderen Begrenztheiten und Randbedingungen des Daseins. Es ist wie in der Geometrie der Mittelstufe: Wir können einen Kreis nur konstruieren, wenn wir einen Mittelpunkt haben. Der Rand wird definiert vom Mittelpunkt. Oder umgekehrt. So ist Leben: Wir sehen Ränder, aber wir müssen versuchen, richtig zentriert zu existieren. Das, glaube ich, hat der Mann aus Nazareth, den wir »Christus« als den wirklichen »König« unserer Lebenswirklichkeit nennen, so brüchig die Informationen im Neuen Testament darüber auch sein mögen, beispielgebend und befreiend gezeigt.

Es gibt ein paar Worte von ihm, die uns erhalten sind, die er nicht aufgeschrieben hat im Vertrauen darauf, es werde schon Leute geben, die ihn verstünden, und wie sie es dann weitergäben, werde es auch stimmen wieder für Leute, die es richtig verstehen. Eine Glaubensweitergabe dieser Art muss man nicht kontrollieren, nicht unter Aufsicht stellen, sie wirkt einfach von Person zu Person. Davon gibt es wunderbare Sätze im Neuen Testament, die zu begreifen einen Maßstab abgeben können, wie geistige Entwicklung religiös gelingt. Der Dichter Jochen Klepper zum Beispiel hat mal gemeint, die Bilanz der letzten zwei Jahre seines Lebens bestehe darin, dass er ein paar Bibelworte besser, richtiger verstanden habe. Das war seine Antwort auf den Nationalsozialismus und auf den drohenden Tod seiner jüdischen Frau und auf den Beginn des Plans, mit ihr gemeinsam in den Tod zu gehen. Jochen Klepper verdanken wir ein paar Kirchenlieder, die im Gesangbuch beider christlicher Konfessionen stehen.

Michael Albus: In seinem Tagebuch steht am Schluss, kurz bevor er mit seiner Frau in den Tod geht:»Wir sterben nun – ach, auch das steht bei Gott – wir gehen heute Nacht gemeinsam in den Tod. Über uns steht in den letzten Stunden das Bild des segnenden Christus, der um uns ringt. In dessen Anblick endet unser Leben.«

Eugen Drewermann: Das sind wunderbare, tragende Worte, gesprochen in dem Wissen, dass das Kreuz nur möglich ist mit dem Blick auf das Leben jenes Mannes, der überhaupt nicht gekreuzigt werden wollte, sondern einfach dafür eintrat, dass Menschen glücklich werden könnten im Vertrauen auf Gott, und der darin die Fähigkeit gewonnen hat, den Tod nicht mehr zu fürchten. Es sind fast mythisch klingende Worte im Johannes-Evangelium, wenn Jesus sagt:»Wer an mich glaubt, wird den Tod nicht kosten, selbst wenn er stirbt« (Joh 8,51). Der Tod existiert für Jesus nicht. Es gibt für ihn nur ein Leben, das nie aufhört in Gottes Ewigkeit. Die Augenblicke, die man richtig lebt, gehen immer, immer weiter. So war das bei Jesus. Sie konnten ihn überhaupt nicht töten. Sie haben lediglich bewiesen, dass sie selber der Tod sind, – ganz sicher sind sie nicht das Leben. Bis zu diesem Punkt musste es Jesus offenbar treiben. Er hatte jedenfalls keine Angst davor, es dahin zu bringen. Und das macht den Unterschied. Wir alle werden voller Angst sofort danach suchen, was wir gegen die Bedrohung durch den Tod tun können, und uns in Wahrheit als Feiglinge erweisen, die aus lauter Angst am Ende wieder faule Kompromisse eingehen und uns verhudeln in den »realistischen« Machbarkeiten. Jesus hatte demgegenüber recht, als er im Sturm die Fähigkeit zum Schlafen aufbrachte. Er hat sich all die Unruhe des Daseins mit Ruhe angesehen und ist dadurch gegangen. So kann man es machen. Es gab ihm die Fähigkeit, uns von Angst verwirrte Menschen davor zu bewahren, sich immer weiter in Turbulenzen bringen zu lassen; er legte den Verängsteten die Hand auf.

Das ist jetzt zunächst nur ein Bild. Was aber konnten Sie machen bei dem Kind, als es starb? Was haben Sie getan? Im Grunde genau das: eine Gebärde der Zusammengehörigkeit angesichts des Todes und über den Tod hinaus. Und so gilt es generell. Sie haben schwerverletzte Menschen vor sich, sie können gegen eine bestimmte Erkrankung nicht mit neuen Rezepturen und Hilfsmaßnahmen ankommen. Aber es beruhigt gegen Angst die Auflegung der Hand, bildlich gesprochen. Es öffnet sich da auf einmal ein Raum, in dem der andere sich ein Stück weit behütet vorkommt, verstanden sieht, begleitet fühlt. Das allein genügt.

In manchen Handlungen, die uns im Neuen Testament als Wunder überliefert werden, geschieht etwas, das als modellartig betrachtet werden kann. Ein Beispiel für eine derartige Heilung durch Vertrauen wird überliefert im 5. Kapitel des Markus-Evangeliums. Da kommt eine Frau zu Jesus, die schon zwölf Jahre am Blutfluss leidet. Markus berichtet, sie habe immer wieder die Ärzte aufgesucht, sie habe ihr ganzes Vermögen verbraucht, um die Ärzte zu bezahlen, doch besser sei es nicht geworden, sondern nur immer schlimmer. Was sie jetzt tut, darf sie eigentlich überhaupt nicht tun: sie geht auf Jesus zu. Als blutflüssige Frau müsste sie den Kontakt mit allen anderen meiden, denn sie ist unrein, und sie macht alle unrein. Das ist ein Problem bei den Orthodoxen in Israel auch heute noch. Eine Frau, wenn sie die Tage hat, darf nicht in einem Bus Platz nehmen. Die einschlägigen Gesetzesbestimmungen kennt natürlich auch diese Frau. Sie hat überhaupt kein Recht, sich Jesus zu nähern; sie tut es aber trotzdem, von hinten, ganz verstohlen. Sie denkt im Grunde magisch: Wenn ich auch nur den Saum seines Gewandes berühre, werde ich vielleicht gesund, hofft sie.

Die Geschichte ist so lehrreich, weil sie so menschlich ist. Setzen wir zu ihrer Deutung einmal alles ein, was wir vorhin über eine rein äußere medizinische Behandlungsform gesagt haben, dann ist der Teufelskreis perfekt beschrieben. Wir könnten als das Hauptproblem der Frau unterstellen, dass sie sich in ihrem Frausein zentral abgelehnt fühlt, sie hat als Frau halt die Tage, sie ist deswegen kultisch für diese Zeit ausgeschlossen, sie hat dieses Ausgeschlossensein inzwischen als Dauerzustand erlebt und sie hat darüber jegliches Vertrauen in menschlichen Kontakt verloren. Es ist erlaubtermaßen vielleicht möglich, dass sich ihr jemand zuwendet, wenn er wirtschaftlichen Nutzen davon erfährt, aber auch das ist eine bloße Travestie des Zustandes, den wir gerade hatten: nur zugelassen zu sein unter gewissen materiellen Vorleistungen. Darin hat diese Frau sich so weit verschlissen, dass sie sich mittlerweile sagt: Es müsste einmal dieser ganze Teufelskreis durchbrochen werden. Ich weiß nicht, wie, aber dieser, der jetzt kommt, macht offenbar die Dinge anders, er geht sie anders an, er ist nicht in den Gesetzen und Vorschriften vollkommen gefangen, er dreht sich nicht, wie andere Rabbinen, nur in den Pirouetten der Paragrafen. Er geht auf Menschen zu. Vielleicht lässt er es ja zu, dass ich auf ihn zugehe und ihn berühre, vielleicht merkt er es auch gar nicht. Vielleicht funktioniert es ja und ich schleiche mich förmlich mit einem kleinen Diebstahl ins Leben.

Die Geschichte endet damit, dass die Frau tatsächlich geheilt wird. Aber viel entscheidender, als dass die Berührung selbst eine heilende Wirkung besitzt, ist die Nacharbeitung der Heilung in direkter Begegnung. Jesus dreht sich um zu der Frau und lässt sich ihre ganze Geschichte erzählen. Das ist das Entscheidende. Jesus will sagen: Du hast dich mit deinem Mut zur Nähe ins Leben geschlichen wie unter den Kautelen eines Diebstahls, aber es war richtig, dass du es getan hast. Du hast Gott viel mehr zugetraut, als alle Religionsvertreter dir erlaubt haben. Und es war richtig, dass du so getan hast. Du hast dein Leid ernst genommen und die einzig richtige Konsequenz daraus gezogen. Die Antwort auf deine Krankheit war nicht der Arzt, sondern dein Vertrauen. Das hat dich gerettet. Dein Vertrauen habe nicht ich erzeugt. Aber ich war die Brücke dafür, ich war ein Mittler, dem du glauben konntest, es öffnete sich dir der Himmel. Darum kannst du jetzt geheilt nach Hause gehen.

Die Geschichte ereignet sich übrigens in höchster Dringlichkeit, denn eigentlich sollte Jesus etwas ganz anderes tun. Er sollte ein

Mädchen retten, das gerade dabei war zu sterben. Das Erstaunliche ist, dass Jesus sich auch für diesen Fall absolut Zeit lässt. Er erklärt: Das Mädchen ist überhaupt nicht tot, es schläft nur. Das sagt er dem Vater, der schier verzweifelt ist vor Angst um seine Tochter. – Auch das kann man oft erleben, dass Eltern ihre Kinder derart erziehen möchten, dass sie gefeit sind gegen alle Gefährdungen des Lebens, das heißt, die Kinder müssen gesund sein, sie müssen tüchtig sein, sie müssen klug sein, sie müssen fleißig sein, – bis sie ersticken an all der Fürsorge. Am Ende kann das Kind, die Tochter des Synagogenvorstehers Jairus, wirklich nicht mehr leben.

MICHAEL ALBUS: Meine Großmutter im Schwarzwald hat oft gesagt: »Vor lauter Lieb´ verreckt man schier.«

EUGEN DREWERMANN: So ist das im Volksmund auch: »Pastors Kinder, Lehrers Vieh gedeihen selten oder nie.« Das kommt wohl auf dasselbe hinaus.

MICHAEL ALBUS: Wer ist dieser Jesus für Sie als jemand, der Sie recht und schlecht leben und sterben lässt?

EUGEN DREWERMANN: Er war schon groß darin, dass er alle Verfeierlichungen seiner Person abgelehnt hat. Mich hat das als Schuljunge entsetzt, aber auch befreit, als ich bei Karl Jaspers in dem Buch »Der philosophische Glaube« las, dass die Theologen Jesus falsch darstellten. Sie nennen ihn den Sohn Gottes, – das ist eine Denomination, über die man natürlich reden kann, aber sie entfernt sich weit von der Selbstwahrnehmung Jesu. Der Beweis, wie wenig Jesus selbst an solche Titel dachte, steht in der Geschichte vom reichen Jüngling im 10. Kapitel des Markus-Evangeliums. Der junge Mann kommt zu Jesus und redet ihn an: »Guter Meister.« Doch sogleich weist Jesus ihn ab. »Keiner ist gut, denn einer: Gott.« Jesus wollte nicht an Gottes Statt verehrt und angebetet werden, er wollte ein Vertrauen bilden, das sogar die verklammerten Hände um den Reichtum löst. Geld ist kein Lebensinhalt. Jesus mochte so ein Fenster sein, durch welches das Licht fällt, und er wollte dieses Fenster nicht verdunkeln durch eigene Wichtignahme.

219

Dann sind die Bilder zur Deutung seiner Person im Neuen Testament ganz richtig, nur muss man sie symbolisch lesen und darf sie nicht als historische Fakten objektivieren, – etwa das Bild der jungfräulichen Geburt. Es will keine Information über die wunderbare Biologie der Zeugung Jesu bieten, es möchte etwas vermitteln von der Bedeutung, welche die Person und Botschaft Jesu besitzt; es möchte sagen: Jesus ist nicht zu verstehen aus der menschlichen Geschichte, als Sohn von Josef und Maria. Er kommt wirklich von Gott her in die Welt. Er ist wie ein Meteorit, der aus einer anderen Welt hier eingeschlagen ist, nur viel sanfter. Er hat den Gesang von Engeln auf die Welt gebracht, – das ist die Art, wie er überhaupt zur Welt kam. All die mythischen Erzählungen haben einen wunderbaren Sinn, indem sie uns helfen zu verstehen, was von ihm ausging. Eigentlich hat er nur die Wolken der Angst, der Sorge und der Bitternis hinweggeschoben, die uns die Sonne verstellt haben. Er machte die Blumen an den Frühling glauben, statt weiter gegen die Kälte des Winters zu kämpfen. –

Franz Kafka hat einmal gesagt: Man kann gegen Frost nur mit Hacke und Schaufel ankommen. Das ist richtig. Für die Straßenverwaltung der Stadt Paderborn im Winter ist Streusalz und der Räumpanzer auf der Straße richtig. Aber dann kann kein Mensch mehr in Ruhe übers Trottoir gehen. Wälle von Schnee liegen da und versperren alles. Man hat die Kälte mit viel Arbeit lediglich umgeschichtet, man hat sie überhaupt nicht verwandelt in Wärme. Wenn aber der Frühling kommt, treten die Flüsse über die Ufer, dann versumpft das Land, das bis dahin so fest gefroren war, dann hebt die Ordnung der Kälte sich auf, doch gerade so wollte Jesus, dass wir leben. Ein wärmerer Wind, der durch die Welt geht, – für ihn war das selbstverständlich, und er wusste, wie viel Veränderung darin liegt. Das Projekt Jesu ist das Gegenteil von Gewalt. Man muss gegen nichts mehr ankämpfen. Man setzt lediglich das Leben frei, das im Boden liegt. Das ist viel, viel stärker als jeder Raupenpanzer, als alle Schaufelbagger.

MICHAEL ALBUS: Bleiben wir mal bei dem Bild mit dem Schaufelbagger. Man muss selber Schaufelbagger werden, um diesen Jesus, den Sie so sympathisch schildern, freizuschaufeln. Er ist ja unter Bergen von Theologieschutt begraben. Wir werden einen Zugang zu diesem Jesus nur finden, wenn wir – ich sage es radikal – den Schutt wegräumen, der um ihn herum aufgehäuft ist.

EUGEN DREWERMANN: Natürlich müssen wir aufräumen. Wir brauchen eine andere Theologie, damit unsere Lehrer anders ausgebildet werden, ihre Schüler anders zu unterrichten. Das freilich ist allein schon wieder so ein Werk, das wir, hier sitzend, sicherlich nicht leisten können. Es scheitert an den Bischöfen, an den staatlichen Aufsichtsbehörden, an den Lehrvorschriften. Es scheitert an nahezu allem. Trotzdem gibt es Lehrer, die versuchen, ihren Unterricht wenigstens etwas anders zu gestalten. Und es gelingt. Es wäre schon viel, wenn wir die richtigen Akzente wahrnehmbar setzen könnten. Es wird immer noch Lehrer geben, die die Christologie im Religionsunterricht, wie sie sollen und müssen, abfragbar zu vermitteln trachten, also die dogmatischen Sprachspiele zum Auswendiglernen weiterreichen; es gibt aber auch andere, die ihren Schülerinnen und Schülern Glauben als eine Form des Lebens vermitteln möchten.

Nehmen wir einmal an, es wäre eine Prüfungsarbeit zu schreiben für die Vierzehnjährigen; das Thema: Wer ist Jesus von Nazareth? Und gesetzt, wir hätten eine Musterschülerin, die würde es auf die Reihe bringen mit dem konstantinopolitanischen Glaubensbekenntnis: »Jesus ist der Logos, der inkarniert ist durch die Jungfrau Maria. Als Logos ist er die zweite Person der dreifaltigen Gottheit. Als Gottmensch vereinigte er die göttliche Natur mit der menschlichen Natur. Das ist die hypostatische Union.« Dann würde ein Lehrer der ersteren Art voll Freuden benoten: Sehr gut, mein Mädchen! Und er wüsste sich eins mit allen Theologen, die zu dem Thema nicht mehr zu sagen haben, als gerade formuliert. Sie können bestenfalls noch die Begriffe näher erläutern, sie können die Dogmengeschichte genauer repetieren. Die Aussage jener Schülerin selbst ist perfekt.

Nehmen wir aber einmal an, ein Mädchen sagte sich: »Ich kenne doch meinen Lehrer. Der will doch nicht alle die gescheiten Sätze hören, die er uns aus der Konziliengeschichte vorgetragen hat, er will hören, was bei uns aus seinem Unterricht hervorgegangen ist. Er hat doch einmal gesagt: »Ein Lehrer ist anders als ein Gärtner. Ein Gärtner baut Tomaten an, und dann weiß er, dass er Tomaten erntet. Ein Lehrer aber, wenn er Unterricht gibt, weiß eigentlich nie, was er erntet. Er fragt jetzt, um zu wissen, was er erntet. Er hat mich gefragt. Also erzähle ich ihm, was sein Unterricht für mich bedeutet hat.« Und das Mädchen – ich habe das wirklich einmal so gehört – erklärte, wer Jesus für es selber ist, indem es vom Tod der Großmutter erzählte: Die Mutter hielt es am Arm, und ihre Hand zitterte. Es sagte zu der Mutter: »Das hast du mich doch gelehrt, dass sie bei Jesus ist.«

Dann schrieb sie noch dazu: »Jesus ist der Trost an einem offenen Grab, er ist die Rettung aus aller Traurigkeit, er ist die Hand, die beruhigt, wenn die Erde bebt und mit ihr das menschliche Herz.« In der Art ganze Seiten lang. Es waren lauter Wörter, die in keinem Glaubensbekenntnis, das die Kirche verordnet hat, vorkommen. Aber es ist eine Sprache, die sich glauben lässt und die in jede menschliche Sprache übersetzt werden kann. – Ich wünsche mir solche Lehrer und keine Tomatenzüchter. C'est ça! Das ist es!

# Die Sprache der Liebe

Eugen Drewermann
**Die Apostelgeschichte**
Wege zur Menschlichkeit

Format 15,5 x 23 cm
1200 Seiten
mit 8 Farbtafeln und s/w-Abbildungen
Hardcover mit Schutzumschlag
ISBN 978-3-8436-0070-5

Die Apostelgeschichte setzt das Lukasevangelium fort, indem es die Ausbreitung der Jesus-Bewegung in die hellenistisch-römische Welt hinein erzählt. Genauso wie in seinem Evangelium will Lukas nicht nur historisch informieren, sondern Glauben verkündigen. In diesem Sinne legt Eugen Drewermann die Apostelgeschichte aus. Er fragt danach, was Menschen brauchen, um ihr Leben zu verändern und wie sie von dem Kampf mit ihrer Lebensangst weg in ein Feld des Vertrauens geführt werden können.

PATMOS     www.patmos.de

# Leben zwischen Skylla und Charybdis

Eugen Drewermann
**Liebe, Leid und Tod**
Daseinsdeutung in antiken Mythen

Format 15,5 x 23 cm
768 Seiten
mit s/w-Abbildungen und 16 Farbtafeln
Hardcover mit Schutzumschlag
ISBN 978-3-8436-0347-8

Man findet sie in jeder gut sortierten Bibliothek: die Sagen des klassischen Altertums. Sie gehören zur Mitte europäischen Kulturguts. Wem fallen nicht ein paar Brocken zur Schlacht um Troja, zu den Irrfahrten des Odysseus oder zum Liebesdrama von Orpheus und Eurydike ein? Aber worum geht es in den Sagen und Mythen eigentlich? Eugen Drewermann führt uns in diesem Buch mit tiefenpsychologisch geschärftem Blick sicher durch die Enge zwischen Skylla und Charybdis.

Er erschließt, warum Liebe, Leid und Tod – drei Konstanten menschlichen Daseins – die beherrschenden Themen in vielen antiken Mythen sind und wie ein tieferes und richtiges Verständnis dieser alten Texte uns heute das Leben besser verstehen lässt.

**PATMOS**   www.patmos.de